U0516241

城市轨道交通
信号专业实验与实践

CHENGSHI GUIDAO JIAOTONG XINHAO ZHUANYE
SHIYAN YU SHIJIAN

户　国　阎国强　闫　冰◎主编

经济管理出版社
ECONOMY & MANAGEMENT PUBLISHING HOUSE

图书在版编目（CIP）数据

城市轨道交通信号专业实验与实践/户国，阎国强，闫冰主编 . —北京：经济管理出版社，2021.7

ISBN 978 - 7 - 5096 - 8178 - 7

Ⅰ.①城… Ⅱ.①户… Ⅲ.①城市铁路—铁路信号—信号系统—教材 Ⅳ.①U239.5

中国版本图书馆 CIP 数据核字（2021）第 151014 号

组稿编辑：高　娅
责任编辑：高　娅
责任印制：黄章平
责任校对：陈　颖

出版发行：经济管理出版社
　　　　　（北京市海淀区北蜂窝 8 号中雅大厦 A 座 11 层　100038）
网　　址：www. E - mp. com. cn
电　　话：（010）51915602
印　　刷：唐山玺诚印务有限公司
经　　销：新华书店
开　　本：720mm×1000mm/16
印　　张：18.5
字　　数：353 千字
版　　次：2021 年 9 月第 1 版　　2021 年 9 月第 1 次印刷
书　　号：ISBN 978 - 7 - 5096 - 8178 - 7
定　　价：49.00 元

编 委 会

主　编：户　国　阎国强　闫　冰
副主编：冲　蕾　魏丽丽　李立明
编　者（按姓氏笔画）：
　　　　李　雪　肖立明　肖曼琳
　　　　张　华　张雯柏　钱鲁斌
　　　　唐　莹　徐纪康　黄　璐
　　　　路宏遥

前　言

　　《城市轨道交通信号专业实验与实践》是上海工程技术大学城市轨道交通学院轨道交通信号与控制专业 15 年实践教学经验的总结，以学生为中心，强调学生工程实践能力与素养的提升，按照成果导向教育（Outcome – based Education, OBE）理念、以城市轨道交通信号行业人才需求为编著宗旨，实验实习内容经过长期的持续改进，逐步形成了行业特色鲜明的一本实践性教材。

　　本教材分为八个部分：

　　实验一　转辙机与道岔控制综合实验：主要介绍转辙机与四线制道岔控制电路等相关实验教学内容。

　　实验二　继电器综合实验：主要介绍继电器认知与检测相关的实验教学内容。

　　实验三　色灯信号机与信号点灯电路实验：主要介绍色灯式信号机与各类信号机点灯电路相关实验教学内容。

　　实验四　车站信号控制综合实验：主要介绍车站信号平面图设计、联锁表编制、联锁关系检测等相关实验教学内容。

　　实验五　信号控制一体化综合实验：以信号控制一体化实验箱为实验设备基础，主要介绍列车发车、接车、调车等进路的排列与各类锁闭、解锁的控制等相关实验教学内容。

　　实验六　列车自动控制综合实验实验：主要介绍基于 CBTC 仿真系统下的进路控制、列车控制、道岔控制、站台控制、移动授权与列车时刻表调整等相关实验教学内容。

　　实习一　城市轨道交通基础实习：以上海工程技术大学与上海申通地铁集团共建实践教学基地为实习场地，主要介绍城市轨道交通车辆、供电、信号、运营与工务等专业相关实习教学内容。

　　实习二　城市轨道交通信号设备检测实习：以上海工程技术大学与上海申通地铁集团共建实践教学基地为实习场地，主要介绍城市轨道交通信号专业中50Hz 相敏轨道电路、ZD9/ZDJ9 转辙机、电源屏、UPS 不间断电源、地线与防雷单元等相关实习教学内容。

　　本教材由户国、阎国强、闫冰主编，上海工程技术大学城市轨道交通学院通信信号教学团队教师、中心实验室教学团队教师参与编写。在本书的编写过程中，还得到了上海交通职业技术学院轨道学院阎国强，芯轨交通科技（上海）有限公司张雯柏、肖立明，山东交通学院轨道交通学院李雪，同济大学交通运输学院沈拓，上海泽高电子工程技术股份有限公司、西安华信铁路技术有限公司、西安铁路信号有限责任公司、天津铁路信号有限责任公司等单位及相关人员的大力支持，在此表示感谢。

　　由于编写时间较紧，作者水平有限，书中难免存在疏漏与错误，敬请读者能将意见与建议反馈回来，以便今后修订与完善。户国高级实验师的联系方式：huguo@ sues. edu. cn。

目　录

实　验　篇

实 习 篇

实验篇

实验一 转辙机与道岔控制综合实验

项目一 转辙机拆装实验

一、实验目的

（1）学习并掌握 ZD6 电动转辙机的硬件组成结构。

（2）学习并掌握 ZD6 电动转辙机的电气结构。

（3）学习并掌握 ZD6 电动转辙机的机械机构。

（4）培养学生实践动手能力。

二、实验原理

（一）转辙机的基本知识介绍

转辙机是轨道交通信号系统中极为重要的被控制、被监视的终端设备，其动作杆与道岔的尖轨相连接，带动尖轨运动，实现道岔定位与反位之间的转换；转辙机的自动开闭器接点与道岔表示电路相连接，实现对道岔位置的监控作用。转辙机设计中采用了"故障导向安全"原则，当转辙机动作过程中被迫受阻时，应能返回至前一刻的位置，并给出报警。

转辙机的类型繁多，按照其传动模式可分为电动转辙机、电动—液压转辙和电空转辙机三类。电动转辙机由电动机将电能转化为动能，采用机械传动的方式运作，实现动作杆的位置改变，我国铁路与城市轨道交通中大量使用了电动转辙机，其型号为 ZD 系列转辙机和 S700K 型转辙机，ZD6 电动转辙机如图 1 所示；电动—液压转辙简称电液转辙机，由电动机提供动力，采用液压传动的方式工作，结构上取消了部分齿轮传动模块和减速器，简化了转辙机的机械结构，将设备的磨损降低，在实际应用过程中，降低了信号工的维护工作量，如图 2 所示；电空转辙机由压缩空气作为动力，由电磁换向阀进行控制，实现道岔位置的转换。

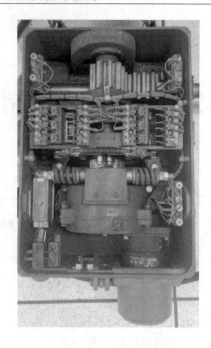

图1　ZD6 电动转辙机实物

资料来源：笔者自行拍摄，下同。

图2　ZYJ7 电液转辙机（主机、副机）实物

转辙机按供电电源类型可分为直流转辙机和交流转辙机。转辙机的供电电源为工作电源，通常是指其电动机的供电模式，即直流转辙机采用直流电动机，而交流转辙机则采用三相异步电动机或单相异步电动机；ZD6 系列电动转辙属于直流转辙机，采用直流 220V 供电，电空转辙机则由直流 24V 直流电供电；S700K 型电动转辙机和 ZYJ7 型电液转辙机均为交流转辙机，采用三相交流 380V 供电。直流转辙机的缺点是，由于设备中存在的换向器和电刷易损坏，因此，故障率相对较高。

　　按道岔的锁闭方式，可分为内锁闭转辙机和外锁闭转辙机。内锁闭转辙机是依靠转辙机内部的装置间接锁闭道岔的尖轨，防止由于外部力（如列车的冲击等）使道岔的尖轨位置发生改变；外锁闭转辙机内部也设有锁闭装置，但在道岔上加装外锁闭部件，将已经密贴的尖轨直接锁定于基本轨上，继而达到固定尖轨的作用。内锁闭方式具有结构简单，维护工作量低等优点，但外锁闭方式可以降低列车过岔时的侧向冲击力，延长转辙机及各部件的使用寿命。外锁闭道岔转换设备消除了内锁闭方式的缺陷，适应了列车提速的要求。

（二）ZD6 电动转辙机

1. ZD6 - A 型电动转辙机结构

　　ZD6 - A 型电动转辙机主要由电动机、减速器、摩擦联结器、主轴、动作杆、表示杆、移位接触器、外壳等组成，如图 3 所示。

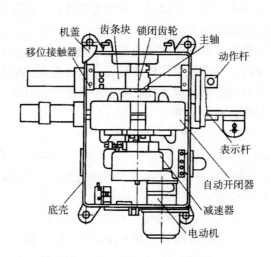

图 3　ZD6 - A 型电动转辙机结构

　　ZD6 - A 型电动转辙机的电动机为设备提供动力，采用直流串激电动机。减速器用来降低转速以获得足够的转矩，并完成传动。减速器由第一级齿轮和第二级行星传动式减速器组成。两级间以输入轴联系，减速器与主轴间由输出轴联系。

用弹簧和摩擦制动板组成输出轴与主轴之间的摩擦连接，防止尖轨受阻时损坏机件。

主轴由输出轴通过起动片带动旋转，主轴上安装锁闭齿轮，用于道岔尖轨的锁闭。

锁闭齿轮和齿条相互动作，将角的转动变为直线位移的平动，通过动作杆带动道岔尖轨运动，并完成锁闭功能。

动作杆和齿条块用挤切销相连，正常工作时，齿条块带动动作杆；挤岔时，挤切销折断，动作杆和齿条块分离，避免机件在外力的作用下损坏。

表示杆由前、后表示杆及两个检查块组成。表示杆随尖轨移动，仅当尖轨密贴且锁闭后，自动开闭器的检查柱才能落入表示杆缺口，接通道岔表示电路；挤岔时，表示杆被推动，顶起检查柱，从而断开道岔表示电路，在终端给予警示。

自动开闭器由静接点、动接点、速动点、速动爪、检查柱组成，用来表示道岔尖轨所在位置。

移动接触器用来监督挤切销的受损状态，道岔被挤或挤切销折断时，断开道岔表示电路。

安全接点（遮断接点）用来保证维修安全。正常使用时，遮断接点接通状况下，才能接通道岔动作电路。检修时，断开遮断接点，以防止检修过程中转辙机转动对维修人员作业造成伤害。

壳体用来固定转辙机各部件，防护内部部件免受机械损伤和雨水、尘土的侵入，提供整机安装条件。它由底壳和机盖组成。底壳是壳体的基础，也是整机安装的基础。底壳上设有特定形状的窗孔，便于整机组装和分解。机盖内侧周边有盘根槽，内镶有密封用盘根（胶垫）。

2. ZD6 – A 型电动转辙机的整体动作过程

ZD6 – A 型电动转辙机的传动原理如图 4 所示，图中表示的各机件所处的位置是处于左侧锁闭（假定为定位）的状态，此时自动开闭器 1、3 排接点闭合。说明从定位转向反位的过程。

当电动机通入规定方向的控制电流，电动机轴按图中所示逆时针方向旋转。电动机通过齿轮带动减速器，这时输入轴按顺时针方向旋转，输出轴按逆时针方向旋转。输出轴通过起动片带动主轴，按逆时针方向旋转。锁闭齿轮随主轴逆时针方向旋转，锁闭齿轮在旋转中完成解锁、转换、锁闭三个过程，拨动齿条块，使动作杆带动道岔尖轨向右移动，密贴于右侧尖轨并锁闭。同时通过起动片、速动片、速动爪带动自动开闭器的动接点动作，与表示杆配合，断开第 1、3 排接

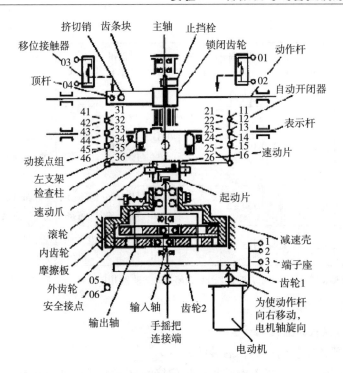

图4 ZD6型电动转辙机的传动原理

点，接通第2、4排接点。完成电动转辙机转换、锁闭及给出道岔表示的任务。

ZD6型电动转辙机是目前在我国应用最广泛的转辙机，已形成系列。它们的简况如表1所示。各型ZD6电动转辙机的额定工作电压都为直流160V。

表1 ZD6系列电动转辙机简况

项目	额定负载 (N)	动作电流 (A)	转换时间 (s)	动作杆动程 (mm)	表示杆动程 (mm)	主锁闭力 (N)	副锁闭力 (N)	特点	适用范围
ZD6 – A	2450	≤2.0	≤3.8	165 ± 2	86 ~ 167	29420 ± 1961	—	单锁闭，可挤	43kg/m，50kg/m，50kg/m，AT 单开道岔，43kg/m，1号对称道岔
ZD6 – D	3432	≤2.0	≤5.5	165 ± 2	145 ~ 185	29420 ± 1961	14710 ~ 17652	双锁闭，可挤	50kg/m，50kg/m AT、60kg/m，611kg/m AT 单开道岔

续表

项目	额定负载(N)	动作电流(A)	转换时间(s)	动作杆动程(mm)	表示杆动程(mm)	主锁闭力(N)	副锁闭力(N)	特点	适用范围
ZD6－E	5884	≤2.2	≤9	190±2	70～196	49033±3266	14710	双锁闭，不可挤	50kg/m 12号AT、60kg/m,12号AT、18号AT、75kg/m 12号AT、18号AT道岔第一点牵引
ZD6－F	4413	≤2.2	≤6.5	130±2	见注	29420±1961	14710～17652	双锁团，可挤	60kg/m以上可动心轨道岔第一点牵引
ZD6－J	5884	≤2.2	≤9	165±2	70～196	29420±1961	—	单封闭，可挤	60kg/m以上道岔第二点牵引

注：采用文棒锁闭杆代替表示，配置2号后锁闭杆时，动程101～145mm；配置2号后锁闭杆时，动程65～105mm。

（三）转辙机拆装流程

拆卸原则：先装的后拆，后装的先拆。

拆卸顺序：线把—机盖电动机—移位接触器表示杆—自动开闭器减速器速动片，启动片—主轴—动作杆—齿条块—机壳。

第一步：拆卸线把，具体步骤如下：

（1）剪断线把与转辙机各部件的连接处。

（2）拧出线卡的所有螺栓，取出线卡。

（3）取出线把。

第二步：拆卸机壳，具体步骤如下：

（1）取出开口销。

（2）从弯头栓内取出机盖。

（3）取出左右堵孔板。

第三步：拆卸电动机，具体步骤如下：

（1）拧出电机壳的四个螺栓。

（2）取出电机壳。

（3）拆卸接线座。

（4）拧出电动机的四个螺栓。

（5）取下电动机。

第四步：拆卸移位接触器，具体步骤如下：

（1）拧出移位接触器中的螺栓。

（2）取出移位接触器。

第五步：拆卸表示杆，具体步骤如下：

（1）抽出表示杆。

（2）拧出方孔套上的所有螺栓。

（3）取出方孔套。

第六步：拆卸自动开闭器，具体步骤如下：

（1）拧出自动开闭器中的螺栓。

（2）抬起速动爪。

（3）取出自动开闭器。

第七步：拆卸减速器，具体步骤如下：

（1）拧出减速器中的所有螺栓。

（2）取出减速器。

第八步：拆卸速动片、启动片，具体步骤如下：

（1）从主轴上取出启动片。

（2）取出速动片。

（3）取出铜套。

第九步：拆卸主轴，具体步骤如下：

（1）拧出盖板螺栓，取出盖板。

（2）拉动动作杆使止挡栓对准盖板孔的开口位置。

（3）用铜棒敲打主轴内侧，取出主轴。

第十步：拆卸动作杆和齿条块，具体步骤如下：

（1）取出齿条块中的主副销。

（2）抽出动作杆。

（3）拧出圆孔套上所有螺栓，取出圆孔套。

（4）取出齿条块。

第十一步：拆卸转辙机的机壳与其余部分，具体步骤如下：

（1）拔出堵孔板组的开口销，拧出螺帽，将安全接点的动插头组拔出。

（2）抽出堵孔板组。

（3）拧出锁的所有螺栓，取下锁。

（4）拔出下锁扣组的开口销，拧出螺帽，抽出下锁扣组。

（5）拧出安全接点中静插头组的所有螺栓，取下静插头组。至此，电动转辙机拆卸完成。

三、实验设备

（1）ZD6 – A 转辙机一台。

（2）常用工具一套。

四、实验步骤

第一步：取下转辙机机盖。
第二步：拆卸电机。
第三步：拆卸自动开闭器。
第四步：拆卸减速器。
第五步：拆卸主轴。
第六步：拆卸移位接触器。
第七步：安装主轴。
第八步：安装移位接触器。
第九步：安装减速器。
第十步：安装自动开闭器。
第十一步：安装电机。
第十二步：合上转辙机机盖。

五、实验思考与讨论题

思考：转辙机会出现哪些故障？

六、实验注意事项

（1）实验前认真预习实验指导书，明确实验目的和要求，理解实验原理，掌握实验步骤及注意事项。

（2）按实验指导书中的步骤和指导教师的要求完成实验，认真做好实验记录。

（3）实验中保持设备、线路的完好，保持实验室清洁。

（4）按要求写实验报告，报告要求文理通顺、书写简洁、图文并茂、结论简明。

项目二　转辙机检测实验

一、实验目的

（1）掌握转辙机测试台手动检测 ZD6 转辙机电气特性的方法。

（2）掌握转辙机测试台手动检测 ZD6 转辙机机械特性的方法。

（3）掌握转辙机测试台智能检测 ZD6 转辙机的方法。

（4）培养学生分析问题、解决问题的能力。

二、实验原理

（一）XDZ－7D 电动转辙机测试台介绍

XDZ－7D 电动转辙机智能测试台是西安华信铁路技术有限公司在以往电动转辙机智能检测台制作、使用的基础上，结合使用方的现场应用要求，将直流转辙机测试功能与交流转辙机测试功能融为一体的新型多功能测试台。

XDZ－7D 电动转辙机智能测试台适用于 ZD6、ZD7 直流系列转辙机及 ZDJ9、S700K 交流系列电动转辙机各种指标的测试。测试范围包括工作电压、工作电流、摩擦电流、动作时间、转化力等。手动测试直接读取无须换算流程，智能测试数据可存入数据库中，便于查询与管理。

1. 测试台系统组成

测试台：XDZ－7C 电动转辙机智能综合测试台主机。

电　脑：研华工控电脑。

显示器：17 寸液晶。

负载台：有源液压负载台。

测试线：直流、交流转辙机测试线。

2. 测试台外形尺寸

测试台的外形尺寸：1260mm×760mm×2000mm。

负载台的外形尺寸：1800mm×1100mm×680mm。

3. 使用环境及注意事项

工作电源：三相五线，50Hz±2Hz，AC380V±10%。

环境温度：－10℃～40℃。

相对湿度：不大于90%（+25℃）。

大气压力：89～106kPa。

环境噪声：≤60dB（A）。

使用场地不允许有导电尘埃及易燃、易爆的气体以及腐蚀金属和破坏绝缘的气体。

测试台安装倾斜度不大于5°。

测试前检查测试台与负载台连线是否连接可靠。

测试前检查转辙机与负载台是否固定可靠。

测试前检查负载台与转辙机测试线是否连接可靠。

测试前检查交流电源相序，使泵电机旋转方向与外壳所标箭头方向一致。

4. 测试台特点

试验台为台式结构，有三个供存放工具等物品的抽屉，如图 5 所示。

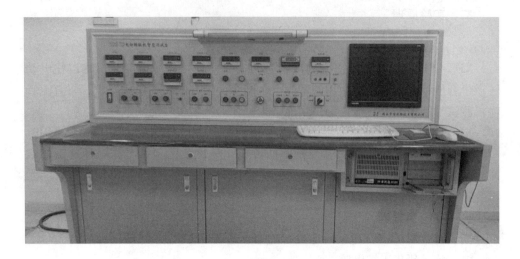

图 5　XDZ - 7D 电动转辙机智能测试台

面板采用光绘贴面，美观典雅，保养简单。

工作台面采用特制的防火板结构，结实耐用。

箱体喷涂浅灰色桔纹漆，不反光刺眼。

测试台整体都采用了密封装置，防止尘土等有害物质进入，提高了测试台的使用寿命。

测试台含有手动、智能两套电路，方便人工参与调试、检修。

测试台备有 UPS 电源，可在突然停电时为工控电脑提供电源，避免电脑损坏。

交流转辙机三相电压电流无须转换开关切换，分别独立显示，方便快速准确读数。

采用安全型继电器控制电路，满足故障安全原则。

测试台面板上"急停"按钮，可在突发情况下切断控制电源，确保人身及设备安全。

5. 负载台特点

液压负载部分主要由底架、泵站（电动机、齿轮泵、换向阀、溢流阀）、油缸和管路等组成，如图 6 所示。

图6 XDZ-7D电动转辙机测试负载台

有源液压负载台外形小巧，结构简单，调整精细，使用方便，能更加真实地模拟转辙机的现场工况。

有源液压负载可根据转辙机型号不同进行调整，如2.5kN、3.5kN、4.5kN和6.0kN等。

负载台上设有"左调"和"右调"按钮，便于安装转辙机时传感器、动作杆、负载杆三者顺利连接，结束人工使用摇把儿调整的历史，使安装更为快捷、方便。

负载台上设有"急停"按钮，可在突发情况下切断控制电源，确保人身及设备安全。

6. 测试转辙机的种类与测量范围

XDZ-7D电动转辙机智能测试台按照规定可以测试ZD6、ZD7直流系列以及ZDJ9、S700K交流系列电动转辙机均能测试。

直流电压测量范围：0~199.9V 最大允许误差：±（0.5%读数+0.5%满度）

直流电流测量范围：0~20.0A（配20A分流器75mV显20A）最大允许误差：±（0.5%读数+0.5%满度）

交流电压测量范围：0~500V 最大允许误差：±（1%读数+0.6%满度）

交流电流测量范围：0~5.00A 最大允许误差：±（0.75%读数+2%满度）

时间表：0~99.999s 最大允许误差：±0.2%

绝缘测试：0~1999.9MΩ 最大允许误差：±（0.5%读数+0.3%满度）

负载力表：0~10.00kN 最大允许误差：±（1.0%+0.3%满度）

（二）XDZ-7D电动转辙机测试台手动测试操作

提示：测试线上带"25""26""35""36"标识的鳄鱼夹为快动转辙机测时间专用，若测试中需用到，请将开闭器上"25""26""35""36"上配线取掉，再将4个鳄鱼夹对应开闭器接点上。若不取掉配线则在测试中可能烧坏电秒表！ZD6 型电动转辙机测试无须夹鳄鱼夹，夹上鳄鱼夹和不夹鳄鱼夹在时间测试时会相差 0.15~0.35s。

合上面板上断路器，将面板上和负载台上"急停"按钮复位，万能转换开关选择"手动"挡位，根据转辙机型号选择电源"交流启动"或"直流启动"按钮。测试直流转辙机时将直流电压调整到转辙机额定值。

将转辙机与负载台连接并固定可靠，用相应测试线将负载台与转辙机连接，此时如果转辙机处于到位状态，则面板上"定位"或"反位"指示灯应被点亮。如果转辙机不到位，按下转辙机"定位"或"反位"按钮，将转辙机调整到位。

按下转辙机"定位""反位"按钮，调整有源液压负载电磁阀油压调整手柄（顺时针方向增大，逆时针方向减小，调整时，应使左右电磁阀的压力相差不大，先稍调整一个后，再稍调整另一个，这样反复递增或递减操作，直至调到所要的负载力。禁止把一个电磁阀调到位后，再调整另一个电磁阀，这样容易损坏电磁阀），直至转辙机额定负载力值，然后拧紧锁闭螺母。按下面板上连续"开始"按钮，转辙机定位运行到位后应连续向反位状态运行；反位运行到位后应连续向定位状态运行。"次数"表显示运行次数，运行数次后，按下面板上连续"停止"按钮，开始进入数据测试阶段。

按下转辙机"定位"按钮，转辙机应能启动并向反位方向运行，"电压"表显示值为转辙机工作电压；"电流"表显示值为转辙机工作电流；"负载力"表显示值为转辙机转换力，运行到位后"时间"表显示值为转辙机动作时间。

按下"测摩擦"按钮，按下转辙机"定位"按钮，转辙机应能启动并向反位方向运行，"电流"表显示值为转辙机摩擦电流；"负载力"表显示值为转辙机摩擦力。

将面板上万能转换开关选择"测配线"挡位，配线正确，电铃不报警；配线错误，电铃报警。

将面板上万能转换开关选择"测绝缘"挡位，将随机附带的绝缘测试专用线按照颜色插入面板上"测绝缘"栏内对应插座上，将鳄鱼夹夹在您想测试的测试点上，例如，电机 4 对机壳，"绝缘电阻表"显示值即该点绝缘电阻值。

（三）XDZ-7D 电动转辙机测试台智能测试操作

1. 进入测试系统

将面板上万能转换开关选择"智能"挡位，双击桌面上 XDZ-7D 转辙机智能测试系统的快捷方式的图标，进入登录界面，请在用户名栏和密码栏输入测试系统管理员指定的登录名和密码，按键盘回车键或用鼠标左键单击（以下简称点击）"确定"按钮，如图 7 所示，进入测试系统（以下简称系统）。点击"取消"按钮，退回到 Windows2000 桌面。

图7　XDZ－7D 电动转辙机测试台界面

2. 退出测试系统

退出测试系统有两种方法：第一，在系统主界面中点击系统按钮栏中的"退出"菜单。第二，点击系统主界面右上角的"退出"按钮，该按钮形如"X"，如图8所示。

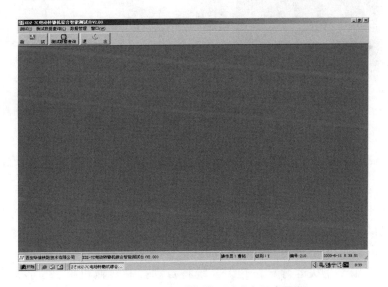

图8　XDZ－7D 电动转辙机测试台退出界面

3. 自动测试

（1）确认转辙机已正确固定在负载台上，并按照线制选择正确的测试线。

（2）双击桌面上 XDZ - 7C 转辙机智能测试系统的快捷方式的图标，进入登录界面，在用户名栏和密码栏输入测试系统管理员指定的登录名和密码，按键盘回车键或用鼠标左键点击"确定"按钮，进入测试系统。

（3）进入系统后，在系统菜单栏中点击"测试"菜单（或点击系统按钮栏中的"测试"按钮），将弹出"自动测试"界面。在自动测试界面的"被测件信息"栏中的"型号"下拉框中正确选择转辙机的型号（注：此操作最重要，如果选择不当可能损坏被测转辙机），在"编号"下拉框中正确选择转辙机的编号，被测件的名称、左右开向将自动设置，如图9所示。

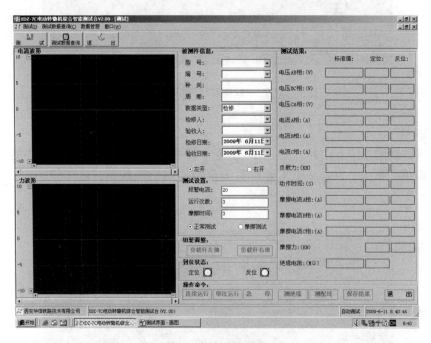

图 9   自动测试界面

（4）"测试设置"栏的设定："报警电流"栏中设置测试时系统可接受的最大电流值（单位为安培），测试过程中当系统检测到当前电流大于或等于"报警电流"栏中设置的值时，系统将自动停止测试并将电压降为零；"运行次数"栏中设置测试时系统连续运行的次数（推、拉各运行一次计为一次）；"摩擦时间"栏中设置测试摩擦时处于摩擦状态的时间。

（5）点击"单次运行"按钮，系统将自动控制转辙机推、拉各运行一次，并将测试结果自动根据标准进行合格判断并填写在"测试结果"栏中（不合格结果将显示为红色）。点击"连续运行"按钮，系统将根据"运行次数"栏中设置的次数运行，并将测试结果自动根据标准进行合格判断并填写在"测试结果"栏中，如果测试过程中出现异常您可以点击"急停"按钮来强制停止测试。

（6）将绝缘测试线夹在所需测试绝缘的测试点上，点击"测绝缘"按钮测试转辙机的绝缘电阻，测试结果自动根据标准进行合格判断并显示在"测试结果"栏中。

（7）点击"测配线"按钮测试转辙机的配线正确与否，测试结果自动根据标准进行合格判断并显示在"测试结果"栏中。

（8）点击"保存结果"按钮，系统将"测试结果"栏中的值自动保存在数据库中，供管理、查询使用。

（9）测试完毕后，如果不进行新的测试，可以点击"退出"按钮（或界面右上角形如"X"的退出按钮）退出测试界面，如图10自动测试结果显示。

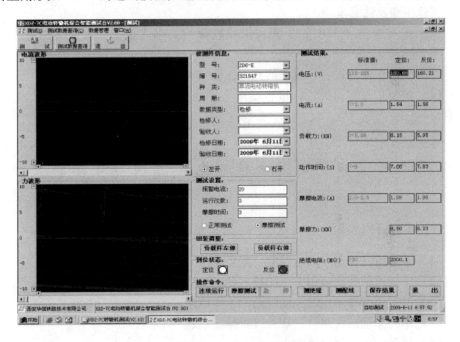

图10　自动测试结果显示

三、实验设备

（1）西安信号厂 ZD6 电动转辙机一台。
（2）XDZ-7D 电动转辙机智能测试台一台。
（3）工具箱一套。

四、实验步骤

第一步：熟悉 XDZ – 7D 电动转辙机测试台及负载台。
第二步：使用 XDZ – 7D 电动转辙机测试台手动测试 ZD6 转辙机。
第三步：使用 XDZ – 7D 电动转辙机测试台自动测试 ZD6 转辙机。
第四步：记录实验结果，完成实验报告。

五、实验思考与讨论题

思考：XDZ – 7D 电动转辙机测试台使用中应注意哪些安全问题？

六、实验注意事项

（1）实验前认真预习实验指导书，明确实验目的和要求，理解实验原理，掌握实验步骤及注意事项。

（2）按实验指导书中的步骤和指导教师的要求完成实验，认真做好实验记录。

（3）实验中保持设备、线路的完好，保持实验室清洁。

（4）按要求写实验报告，报告要求文理通顺、书写简洁、图文并茂、结论简明。

项目三　四线制道岔控制电路原理与焊接实验

一、实验目的

（1）掌握道岔控制启动电路的技术要求。
（2）掌握道岔控制表示电路的技术要求。
（3）掌握道四线制道岔控制电路的工作原理。
（4）掌握单动道岔组合（DD）内部配线表。
（5）培养学生工程实践能力。

二、实验原理

道岔控制电路分为启动电路和表示电路两部分。启动电路指动作电动转辙机电路，表示电路指反映道岔位置电路。

（一）道岔控制电路技术要求

道岔表示电路不仅用于反映道岔位置，更重要的是适用于联锁。因此，道岔表示电路必须是安全电路，必须具备较完善的故障—安全措施。对道岔表示电路有如下要求：

（1）为了实现断线保护，只能用继电器的吸起状态与道岔的工作状态相对应，继电器的落下状态只能反映道岔在非工作状态。因此，对每组单动道岔或双动道岔都要分别设置两个道岔表示继电器。一个是道岔定位表示继电器 DBJ，另一个是道岔反位表示继电器 FBJ。

（2）采用混线保护措施。当室外联系电路发生混线或混入其他电源时，必须保证不致使 DBJ 和 FBJ 错误吸起。

（3）当道岔在转换或发生挤岔事故、停电或断线故障时，必须保证 DBJ 和 FBJ 失磁落下。因此必须选用安全型继电器，而不能用电码继电器代替。

根据多年的实践经验，道岔启动电路应满足如下要求：

（1）道岔区段不空闲时，道岔不应转换。这种道岔锁闭，也称为区段锁闭。

（2）进路在锁闭状态时，进路上的所有道岔都不应转换。这种锁闭，也称为进路锁闭。

（3）当道岔启动电路已经动作，此时如果有车驶入道岔区段，应保证道岔继续转换到底。

（4）道岔启动电路动作后，如果转辙机的自动开闭器接触不良，或电动机的整流子和电刷接触不良，以致电动机电路断开，应使启动电路自动停止工作并复原，保证道岔不会再转换。

（5）当道岔无法转换到底时，应能使道岔转回原位。另外，必须保证道岔无论在什么位置，都可以随时用手动操作的方式，使道岔转至定位或反位位置。

（6）道岔转换完毕，应自动切断电机电路。

（二）道岔控制方式

控制道岔转换的方式有三种：人工转换、进路式操作、单独操作。

（1）人工转换：当停电、故障、维修、清扫时，在现场用手摇把将道岔转换至所需要的位置。

（2）道岔进路操控：以进路的方式使进路中存在的道岔按照要求接通电动转辙机将道岔转换至定位或者反位。选岔网路按照选路的要求，选出金路上各组道岔应转向的位置，即某道岔是定位操纵继电器 DCJ 吸起，就接通道岔启动电路，使道岔转向定位；若是反位操纵继电器 FCJ 吸起，就接通道岔启动电路，使道岔转向反位。全进路上的道岔安金路要求一次性排出。

（3）为了维修、试验道岔或开放引导信号排列引导进路等，需要对道岔进行单独操纵。单独操纵道岔的方法是：按下被操纵道岔按钮 CA，若要使它转向反位，则需同时按下道岔总反位按钮 ZFA，接通道岔控制电路使该道岔转向反位；若要使它转向定位，则需同时按下道岔总定位按钮 ZDA，接通道岔控制电路使该道岔转向定位。

（三）四线制道岔控制电路

道岔控制电路根据上述技术要求，设计出四线制道岔控制电路。四线制道岔控制电路如图 11 所示。

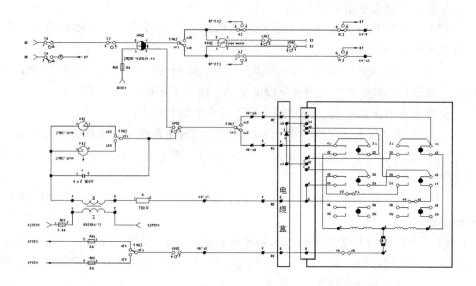

图11　四线制道岔控制电路

1. 道岔控制电路中的继电器

四线制道岔控制电路中设有两个启动继电器，分别是道岔 1 启动继电器 1DQJ 和道岔 2 启动继电器 2DQJ；两个表示继电器，分别是定位表示继电器 DBJ 和反位表示继电器 FBJ。道岔控制电路中还有与联锁系统相关的其他继电器的接点，有道岔单锁按钮 CA 的定位闭合接点；锁闭继电器（SJ）前接点；道岔按钮继电器（AJ）前接点；定位操纵继电器（DCJ）和反位操纵继电器（FCJ）的前接点；另外还有条件电源：正条件电源"KZ - ZDJ"和负条件电源"KZ - ZFJ"。

2. 道岔控制电路中继电器和相关联锁接点的作用

道岔 1 启动继电器（1DQJ）：1DQJ 用于完成控制和监督的任务，其中 1DQJ 的 3 - 4 线圈电路在道岔启动前起检查联锁条件的作用，而 1DQJ 的 1 - 2 线圈电路中串有电机，因此 1DQJ 的 1 - 2 线圈，起监督电机动作的作用。

道岔 2 启动继电器（2DQJ）：2DQJ 是有极继电器，它反映了道岔目前所处的状态。其定位接点(141 - 142) 闭合，反映道岔处于定位；其反位接点（141 - 143）闭合，反映道岔处于反位。因此 2DQJ 第 4 组接点在电路中有两个作用：当道岔已经处于要求操纵的位置时，使相应的道岔操纵继电器已经励磁，但道岔的转换命令是无效的；另外 2DQJ 电路动作的同时，切断 1DQJ 的 3 - 4 线圈的励磁电路，1DQJ 缓放，待 2DQJ 转极完成，接通 1DQJ 的 1 - 2 线圈自闭电路，道岔转换结束，1DQJ 因自动开闭器接点动作而失磁落下。

定位表示继电器（DBJ）：DBJ 表示道岔处于定位状态，当道岔转换至定位状态，并且尖轨与基本轨密贴，DBJ 保持励磁吸起。

反位表示继电器（FBJ）：表示道岔处反位状态。当道岔转换至反位状态，并且尖轨和基本轨完全密贴，FBJ 保持励磁吸起。

平时道岔的 DBJ 或 FBJ 必有一个在励磁吸起状态，道岔转换过程中，两个表示继电器均处于失磁落下状态，不给出表示。道岔转换结束，相应位置状态的表示继电器励磁吸起，并保持。当道岔被挤，即尖轨和基本轨无法密贴，导致 DBJ 和 FBJ 均失磁落下，这就是挤岔。出现挤岔时，车站值班员控制台会发出声光报警，这种情况下，不允许排列进路和开放信号。

道岔单锁按钮（CA）：当需要维修电动机或清扫道岔时，将 CA 拉出，使 CA 定位接点断开，道岔可脱离控制台控制。如果在不改变道岔位置的前提下，进路仍然可以办理。

锁闭继电器（SJ）：SJ 吸起时，表示进路中该道岔区段空闲并处于解锁状态，允许道岔动作；反之，SJ 落下，表示该道岔区段有车或进路处于锁闭状态，不允许道岔动作。

道岔单独操纵按钮继电器（AJ）：道岔单独操纵按钮继电器前接点（AJ）和总定位操纵的条件电源"KZ - ZDJ"或总反位操纵的条件电源"KZ - ZFJ"同时使用，可以对道岔进行单独操作；道岔单独操作优先于进路操作。

定位操作继电器（DCJ）和反位操作继电器（FCJ）：定位操作继电器（DCJ）或反位操作继电器（FCJ）的励磁，说明道岔在进路控制下进入定位操纵或反位操纵流程。

（四）四线制道岔控制电路分析

1. 道岔平时处于定位状态，所以 DBJ 在励磁吸起状态 DBJ 的接通电路如下

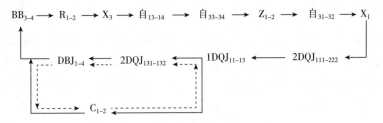

2. 道岔控制电路的动作过程

下面具体分析四线制道岔控制电路的动作过程。电路图中的道岔原处于定位状态，现假设要进行进路操作，需要该道岔从定位转到反位。

首先，使反位操作继电器（FCJ）由失磁落下变为励磁吸起。现在进行道岔由定位转向反位的动作。

第一步：使道岔 1 启动继电器（1DQJ）动作。

由于 FCJ 的励磁吸起，1DQJ 的 3－4 线圈通电，接通电路如下：

$$KZ \longrightarrow CA定位接点闭合 \longrightarrow SJ_{81-82} \longrightarrow 1DQJ_{3-4} \longrightarrow 2DQJ_{141-142}$$
$$KF \longleftarrow FCJ_{61-62} \longleftarrow AJ_{11-13} \longleftarrow$$

该电路说明：该道岔受控制台控制（CA 定位接点闭合）；该道岔所属区段空闲并在解锁状态（SJ 第八组前接点闭合）；道岔此时处于定位状态（2DQJ 第四组极性定位接点闭合）；没有进行单独操纵道岔（AJ 第一组后接点闭合）；已经进行了进路操纵，该道岔要转换至反位（FCJ 第六组前接点闭合）。

第二步：由于 1DQJ 励磁，其前接点吸起，使 2DQJ 的 1－2 线圈通电。接通电路如下：

$$KZ \longrightarrow 1DQJ_{41-42} \longrightarrow 2DQJ_{1-2} \longrightarrow AJ_{11-13} \longrightarrow FCJ_{61-62} \longrightarrow KF$$

该电路说明：1DQJ 已经励磁（1DQJ 第四组前接点闭合）；不是单独操纵道岔（AJ 第一组后接点闭合）；进行进路操纵，该道岔要转换至反位（FCJ 第六组前接点闭合）。

第三步：接通将道岔转换至反位的电机电路。

$$DZ_{220} \longrightarrow RD3_{1-2} \longrightarrow 1DQJ_{1-2} \longrightarrow 1DQJ_{11-12} \longrightarrow 2DQJ_{111-113} \longrightarrow X_2$$
$$RD2_{1-2} \longleftarrow 2DQJ_{121-123} \longleftarrow 1DQJ_{21-22} \longleftarrow X_4 \longleftarrow M_{3-4} \longleftarrow 自_{11-12} \longleftarrow$$
$$\longrightarrow DF220$$

该电路说明：1DQJ 的 3－4 线圈因 2DQJ 转极被切断励磁电路，但 1DQJ 具有缓放功能，所以仍然保持在吸起状态；电机电路由 2DQJ 的极性反位接点和 1DQJ 的前接点接通，同时构成 1DQJ 的 1－2 线圈的励磁电路，1DQJ 能随着道岔的转换而保持在励磁吸起状态；电机电源为直流 220V，电机的额定工作电压为 160V，电机（M）线圈 2－3 电路接通，使道岔由定位转换至反位。道岔转换前，DBJ 线圈励磁电路由自动开闭器的 31－32、33－34 接点的断开而被切断，道岔此时没有表示。当道岔开始动作，自动开闭器原来处于中间的第三排动接点，快速移动至第四排；即由原来的 31－32、33－34、35－36 接通，变为 41－42、43－44、45－46 接通，一旦道岔无法转换到底，41－42 接通为中途可以恢复操纵道岔至定位创造条件。

　　道岔转换到底后，转辙机内自动开闭器的第一排动接点，快速移动至第二排，使 11－12、13－14、15－16 接点断开，21－22、23－24、25－26 接通，由 11－12 的断开切断电机动作电源，使电机停转。

　　第四步：道岔转至反位后，反位表示继电器（FBJ）线圈励磁电路接通，给出道岔处于反位的表示。其电路为：

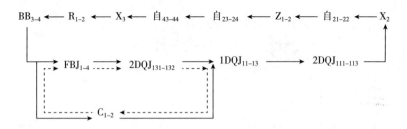

　　该电路说明：道岔表示继电器是安全型偏极继电器，使用交流 220V 电源。电路中 1DQJ 后接点闭合表示道岔转换已经结束，2DQJ 的 11－113 接点接通，意味着道岔处于反位状态。道岔表示继电器电路中串有半波整流堆 Z，所以只有半波整流电流能够流通，另半波则由电容 C 的放电供电（见虚线电路）。

　　（五）单动道岔组合内部配线图

　　单动道岔组合（DD）共使用了八个继电器。

　　（1）1 道岔启动继电器（1DQJ），型号 JWJXC－H125/0.44，直流无极性加强接点缓放继电器。

　　（2）1 锁闭继电器（1SJ），型号 JWXC－1700，直流无极性继电器。

　　（3）2 道岔启动继电器（2DQJ），型号 JWJXC－H135/220，直流无极性加强接点继电器。

　　（4）按钮继电器（AJ），型号 JWXC－1700，直流无极性继电器。

　　（5）定位操纵继电器（DCJ），型号 JWXC－1700，直流无极性继电器。

　　（6）反位操纵继电器（FCJ），型号 JWXC－1700，直流无极性继电器。

　　（7）定位表示继电器（DBJ），型号 JPXC－1000，直流偏极性继电器。

　　（8）反位表示继电器（FBJ），型号 JPXC－1000，直流偏极性继电器。

　　单动道岔组合内部配线如图 12 所示。

单动道岔组合（DD）内部配线表

5 AJ JWXC1-1700

72		82	
71		81	
73		83	
52	04-17	62	
51	04-16	61	
53	04-8	63	
32		42	
31		41	
32		43	
12	06-13 KF-ZFJ	22	06-12 KF-ZDJ
11	4-1	21	4-4
13	7-61	23	6-61
3	2	4	3-41 6-82KF
1	05-10	2	3

4 2DQJ JYJXC-155/220

72			82		
71	132	8-1	81	142	1
73	131	2-13	83	141	2-4
52	133	9-4	62	143	4
51			61		
53	112	5-15	63	122	RD1-1
32			42		
31	111	2-11	41	121	2-22
33			43		
12	113	05-16	22	123	RD2-1
11			21		
13	3	2-32	23	4	5-21 143
3	1	5-11 142	4	2	2-42
1			2		

3 SJ JWXC1-1700

72	05-10	82	2-3
71	05-12	81	05-9
73	04-13	83	
52		62	04-1
51	01-12	61	06-2 2-31KZ
53	8-51	63	04-3
32	7-51	42	6-11
31	9-12	41	06-3 5-AKF
33	03-11	43	04-2
12	6-51	22	01-7
11	8-32	21	8-31
13	02-11	23	01-11
3	2	4	04-4
1	06-14 KZ-YZSJH	2	3

2 1DQJ JWJXC-H 125/0.44

72			82		
71	32	4-3	81	42	4-2
73	31	3-61 41KZ	83	41	06-1 31KZ
52	33		62	43	
51			61		
53	12	2	63	22	4-121
32			42		
31	11	4-111	41	21	05-18
33			43		
12	13	4-131 C-2	22	23	
11			21		
13	3	05-11 3-82	23	4	4-141
3	1	RD5-1	4	2	12
1			2		

1 变压器 BB BD1-7

3	R-1	4	B-4 C-1
1	RD4-2	2	06-18 DJF-220

0

06		05		04		03		02		01	
1	2-41 2KZ	1	3-72	1	3-62	1	02-1	1	05-1 01-1	1	02-1
2	1 3-61KZ	2	7-81	2	3-43	2	02-2	2	03-2 01-2	2	02-2
3	3-41 4KF	3	02-14	3	3-63	3	02-3	3	03-3 01-3	3	02-3
4	7-71 3KF	4	02-15	4	3-4	4	02-4	4	03-4 01-4	4	02-4
5	8-81 JZ	5	03-14	5	9-21	5		5		5	
6		6	03-15	6	9-22	6		6		6	
7	9-53	7	8-82	7	9-83	7	7-52	7	6-52	7	3-22
8	9-23	8	9-82	8	5-53	8	8-13	8	8-12	8	8-11
9	D4-1	9	3-81	9	6-63	9	*9-32	9	*9-33	9	*9-31
10	6-1 KZ-ZQJ-H	10	5-1	10	7-63	10	8-23	10	8-22	10	8-21
11	D4-2	11	2-3	11	7-4	11	3-33	11	3-13	11	3-23
12	5-22 KF-ZDJ	12	3-71	12	7-22	12	8-53	12	8-52	12	3-51
13	5-12 KF-ZFJ	13	D3-1	13	3-73	13	9-62	13	9-63	13	9-61
14	3-1 KF-YZSJ-H	14	D3-2	14	8-61	14	05-5 9-72	14	05-3 8-72	14	8-71
15	RD3-2 DZ220	15	A-112	15	8-62	15	05-6 9-42	15	05-4 8-42	15	8-41
16	RD1-2 DF220	16	A-113	16	5-51	16	7-72	16	6-22	16	6-21
17	RD4-1 DJZ220	17	R-2	17	5-52	17	6-72	17	7-41	17	D1-1
18	1-2 DJF-220	18	2-21	18	9-52	18	9-51	18	D2-1	18	6-41

10

72		82	
71		81	
73		83	
52		62	
51		61	
53		63	
32		42	
31		41	
33		43	
12		22	
11		21	
13		23	
3		4	
1		2	

9 FBJ JPXC1-1000

72	03-14	82	05-8
71	8-73	81	8-83
73		83	04-7
52	04-18	62	03-13
51	03-18	61	01-13
53	06-7	63	02-13
32	*03-9	42	03-15
31	*01-9	41	8-43
33	*02-9	43	
12	3-31	22	04-6
11	8-31	21	04-5
13		23	06-8
3	2	4	4-133
1	8-4	2	3

8 DBJ JPXC1-1000

72	02-14	82	05-7
71	01-14	81	06-5 JZ
73	9-71	83	9-81
52	02-12	62	04-15
51	3-53	61	04-14
53	03-12	63	
32	3-11	42	02-15
31	9-11 3-21	41	01-15
33		43	9-41
12	02-8	22	02-10
11	01-8	21	01-10
13	03-8	23	05-10
3	2	4	9-1 1-4
1	4-132	2	3

7 FCJ JWXC1-1700

72	03-16	82	62 71KF
71	06-4 82-KF	81	05-2
73		83	6-81
52	03-7	62	82 6-71KF
51	3-32	61	5-13
53		63	04-10
32		42	
31	4	41	02-17
33	D2-2	43	6-4
12	2	22	04-12
11	6-11	21	3
13		23	
3	6-43 21	4	31 04-11
1	6-1 KZ-ZQJ-H	2	12

6 DCJ JWXC1-1700

72	03-17	82	5-4 62KF
71	7-62 62HF	81	7-83
73		83	
52	02-7	62	71 82KF
51	3-12	61	5-23
53		63	04-9
32		42	
31	4	41	01-18
33	D1-2	43	7-3
12	2	22	02-16
11	3-42 7-11	21	01-16 3
13		23	
3	21	4	31 7-43
1	7-106-10 KZ-ZQJ-H	2	12

图 12　单动道岔组合内部配线

三、实验设备

（1）单动道岔组合内部配线图一张。

（2）6502 组合条一条。

（3）焊接工具箱一套。

（4）电线若干。

（5）各型号继电器若干。

四、实验步骤

第一步：学习道岔控制启动电路的技术要求。

第二步：学习道岔控制表示电路的技术要求。

第三步：学习四线制道岔控制电路的工作原理。

第四步：完成单动道岔组合内部配线。

五、实验思考与讨论题

思考：1 道岔启动继电器为什么采用缓放型继电器？道岔表示继电器为什么采用偏极性继电器？

六、实验注意事项

（1）实验前认真预习实验指导书，明确实验目的和要求，理解实验原理，掌握实验步骤及注意事项。

（2）按实验指导书中的步骤和指导教师的要求完成实验，认真做好实验记录。

（3）实验中保持设备、线路的完好，保持实验室清洁。

（4）按要求写实验报告，报告要求文理通顺、书写简洁、图文并茂、结论简明。

项目四　转辙机与道岔联动综合实验

一、实验目的

（1）掌握人工排列进路、手摇道岔的步骤。

（2）掌握 ZD6 电动转辙机检修的内容。

（3）通过排列进路、取消进路、道岔单操、道岔单锁，掌握转辙机与道岔间的联动。

（4）分析继电器故障对道岔转换、道岔表示的影响。

（5）培养学生分析问题、解决问题的能力。

二、实验原理

（一）人工排列进路

在联锁中故障情况时，车站工作人员将进行人工排列进路作业，具体流程如下：

（1）车站值班员和站务员进行工具整理与携带：手持信号机、红闪灯、手摇把、道岔钥匙、钩锁器、扳手、无线调度台、对讲机、手电筒，穿荧光衣，戴手套。

（2）下线路前，须得到行车调度的允许，人工准备进路必须从距离列车最远的道岔开始，由远及近依次排列。

（3）现场确认道岔，需要道岔改变位置时，应一人操作，一人防护、确认。操作者用工具按正确程序打开盖孔板，手摇道岔，准备好进路，另一人确认倒查位置后加钩锁器锁住。

（4）确认进路上各道岔的开通位置时，排列进路人员与车控室利用对讲机联系、确认，得到同意后用手摇信号向列车开放进路。

（5）当所排列进路准备妥当并出清线路后，报告车控室相关情况（如若对讲机无信号，可由行车调度进行中转），再准备相应线路后续的进路。

（6）值班站长街道进路准备妥当、线路出清的汇报后，立即做好相应线路的接车或发车准备工作，并报告给行车调度。

（二）手摇道岔

注意：手摇道岔时，为保证安全，请关闭转辙机电源。请勿在道岔操作软件中对道岔进行任何操作。

（1）一看：看道岔开通位置是否正确，是否需要改变位置。

（2）二开：打开盖孔板及钩锁器的锁，拆下钩锁器。

（3）三摇：摇道岔转向所需的位置，在听到"咔嚓"的落槽声后停止。

（4）四确认：手指尖轨："尖轨密贴开通×位"，并共同确认。

（5）五加锁：确认道岔位置开通正确后，用钩锁器锁定道岔尖轨。

（6）六汇报：向车控室（或行调）汇报道岔开通位置正确。

手摇道岔状态说明：

定位时自动开闭器的1排、3排节点与动节点接通。

反位时自动开闭器的2排、4排节点与动节点接通。

定位→反位时：启动时自动开闭器3排节点断开4排节点接通，最后1排节点断开 2 排接通。

反位→定位时：启动时自动开闭器 2 排节点断开 1 排节点接通，最后 4 排节点断开 3 排接通。

（三）转辙机检修

为确保转辙机在使用期内可靠地工作，按以下要求进行必要的维护保养：

1. 机体

（1）外观整洁，机体无破损，加锁完好。

（2）电转机进线管牢固，不脱节，无破损，各连接螺栓牢固，垫圈齐全。

（3）机盖开启灵活，关闭时锁闭良好。

（4）堵孔板及封孔盖封闭严密，能保证防水、防尘。

（5）安全接点接触良好，在开盖或插入手摇把时能自动切断电路，非经人工恢复不得接通电路。

2. 配线及接插件

（1）配线整齐，不磨卡、不破皮；无伤痕，罩盒明亮无破损。

（2）插件接触可靠，各部螺栓紧固，垫圈齐全。

3. 电动机

（1）转子与磁极间不磨卡。

（2）换向器表面光滑、干净，换向片间的绝缘物不得高出换向器的弧面，槽内无碳粉。

（3）碳刷在刷握盒内移动灵活无卡阻，碳刷与换向器接触面积不小于碳刷面积的 3/4，工作时无过大火花，碳刷长度不小于碳刷原长的 3/5（碳刷原长为 15mm）。

4. 减速器及摩擦联结器

（1）减速器安装牢固，传动无杂音。

（2）摩擦带与内齿轮伸出端清洁无油污，不锈蚀。

（3）摩擦压力弹簧调到规定的摩擦电流范围内。

5. 自动开闭器

（1）自动开闭器座安装牢固；动、静接点不松动；静接点接点片不变形、不扭斜；接点罩清洁明亮，无裂纹。

（2）动接点在静接点片内的接触深度不得小于 4mm，用手搬动动接点摆动量不大于 3.5mm，接点接触压力不小于 4.0N。

（3）速动爪的滚轮在传动中，应在速动片上顺利滚动。

（4）在动作杆、表示杆正常伸出或拉入过程中，保证动接点迅速转换，并带动检查柱顺利上升和下落。

6. 表示杆

（1）表示杆应平直，无锈蚀，润滑良好。

（2）检查柱落入检查块缺口内，两侧间隙为 1.5mm±0.5mm（ZD6-E型机锁闭表示杆不设检查块，但仍设检查缺口；ZD6-J型机表示杆检查块的检查块缺口为单边检测，缺口间隙为尖轨与基本轨的间隙之和应不大于7mm）。

7. 主轴、动作杆及移位接触器

（1）各孔内不得有铁屑及杂物，挤切销应固定在齿条块圆孔内的台上，不得顶住或压住动作杆。

（2）锁闭齿轮圆弧与齿条块削尖齿圆弧应吻合，检查锁闭圆弧面有无拉伤。

（3）顶杆与移位接触器的触头间隙为 1.5mm 时，接点不应断开；用 2.5mm 垫片试验或用备用销带动道岔试验时，移位接触器接点应断开，非经人工恢复不得接通电路；其"复位按钮"在所加外力复位过程中不得引起接点簧片变形。

8. 清扫注油

转辙机内外清扫干净，注油适量。尤其是锁闭齿轮及齿条块处的锁闭圆弧、齿、油毡块、方孔套及圆孔套处的毛毡圈，必须及时油润以避免拉伤磨损；转辙机内部及外部的零部件的裸露加工面，均应涂油脂或其他方法进行防锈保护。尤其是动作杆及表示杆须及时涂油以避免锈蚀甚至造成卡死。

（四）道岔密贴与表示杆缺口调整

1. 道岔密贴调整

尖轨在转辙机的作用下到达规定位置，并完成机械锁闭，其与基本轨密贴必须满足相关规定，其密贴调整是靠调整密贴杆上的两个轴套完成的，为了便于操作，本书规定靠近拉杆连接销一侧的轴套为内轴套，靠近丝扣外端的轴套为外轴套。

当尖轨与基本轨不密贴时，可拧开螺母，退出挡环，旋动轴套，将轴套间隙缩小，当动作杆出于伸出位置时，应调整内轴套，当动作杆处于拉入位置时，则应调整外轴套。

当尖轨已经密贴而转辙机不能完成机械锁闭（锁闭圆弧不能掉入削尖齿内）时，应将两轴套间的间隙增大，当动作杆处于伸出位置时，应调整内轴套，动作杆处于拉入位置时，应调整外轴套。

密贴调整后，要使用厚度为4mm，宽度为20mm的试验夹板在尖轨与基本轨间（第一连接杆处）进行4mm不锁闭试验，使其满足相关规定，最后紧固螺母，并加防松措施。

值得注意的是，调整道岔密贴必须在转辙机机械未锁闭的状态。换言之，就是检查柱已经落入表示杆缺口内的状态时，不能进行大动量的密贴调整，因为检查柱落入表示杆缺口内，表示杆与检查柱间仅有3mm的相对位移间隙，表示杆动量超过3mm时，一个方向会使检查柱45度斜面，检查柱上升，断开表示点

（相当于挤岔情况），而另一方向会使检查柱另侧的立面与表示杆缺口的立面相卡，表示杆给检查柱水平方向横向的力，造成检查杆弯曲，损坏自动开闭器。

2. 表示杆缺口调整

表示杆是用于检查道岔尖轨密贴的。

道岔密贴调整后，需要调整表示杆，使检查柱落入其相应的缺口内，并满足《维规》两侧间隙为 1.5±0.5mm 的标准。

基于后表示杆装在前表示杆上，前表示杆直接与尖轨相连，因此，在调整表示杆缺口时必须先调整表示杆伸出位置的缺口，后调整拉入位置的缺口。

伸出位置缺口时，调整表示连接杆杆架在尖端杆上的位置：当间隙大于 1.5±0.5mm 时，松开螺母向靠近转辙机一侧调整杆架；当间隙小于 1.5±0.5mm 时，松开螺母向外侧（转辙机侧反方向）调整杆架，调整标准后紧固螺母，并加防松措施。

在调整拉入位置缺口时需在伸出标准后，道岔扳到拉入位置，松开前后表示杆的紧固螺母，旋转后表示杆尾部的调整螺母，当间隙过大时，顺时针方向旋转，间隙过小时，逆时针方向旋转，调标准后，要将前后表示杆的紧固螺母拧紧。

注意：表示杆缺口必须在尖轨与基本轨密贴后才能调整，且先调整伸出位，再调整拉入位，这个顺序不能改变。

（五）以进路方式控制道岔转换的操作

（1）系统上电。

（2）打开"道岔综合软件"，进入软件界面，如图 13 所示。

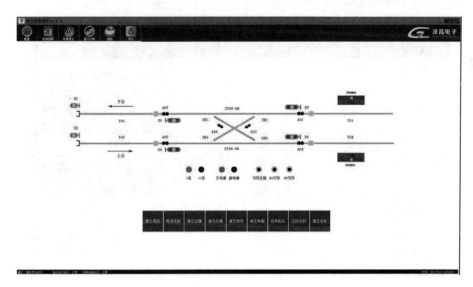

图 13　道岔控制界面

1）建立进路：

按压"建立进路"按钮，选择始端信号机"X2"，选择终端信号机"X6"，此时室外信号机亮绿灯，转辙机转向定位，如图 14 所示。

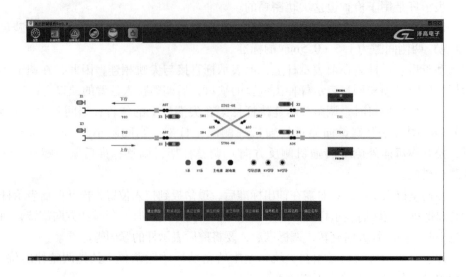

图 14　建立进路界面

此时按压"窗口切换"按钮，可切换至道岔显示软件界面，来查看转辙机和信号机动作时的电流状态和继电器状态，如图 15、图 16 所示。

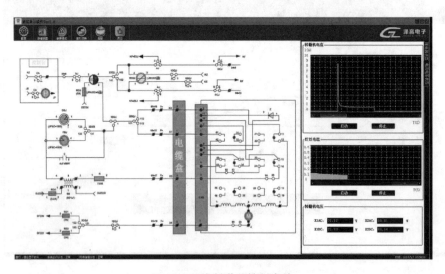

图 15　四线制道岔控制电路

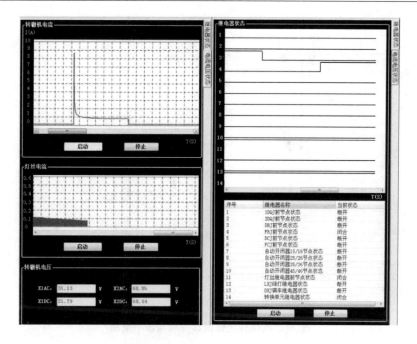

图16　转辙机、继电器指标

2）要使道岔反位转动，办理道岔反位通过的进路即可。

（3）ZD6型电动转辙机动作过程。

1）切断原表示接点。

2）转辙机解锁。

3）转辙机转换。

4）转辙机锁闭。

5）接通新的表示接点。

（4）转辙机反位转定位。

转辙机由反位转定位时，有两种操作情况，如图17所示。

1）总定位操作时：

在道岔操作软件中按压"总定位"按钮。选中要操作的道岔。

按压总定位按钮后接通AJ前接点，接通1DQJ励磁电路。

通过1DQJ前接点接通2DQJ转极电路。

接通转辙机动作电路。

接通转辙机表示电路。

2）通过办理进路操作道岔时：

在道岔操作软件中按压进路始终端按钮，选中进路，道岔转向相应位置时。

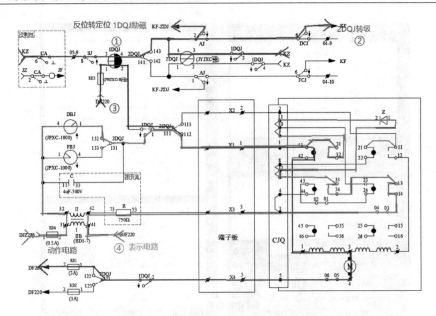

图17　反位转定位道岔控制与表示电路

经过联锁条件的选择，使 DCJ 吸起，通过 DCJ 前接点接通 1DQJ 励磁电路。

通过 1DQJ 前接点接通 2DQJ 转极电路。

接通转辙机动作电路。

接通转辙机表示电路。

（5）转辙机定位转反位。

转辙机由定位转反位时，有两种操作情况，如图18所示。

1）总反位操作时：

在道岔操作软件中按压"总反位"按钮。选中要操作的道岔。

按压总反位按钮后接通 AJ 前接点，接通 1DQJ 励磁电路。

通过 1DQJ 前接点接通 2DQJ 转极电路。

接通转辙机动作电路。

接通转辙机表示电路。

2）通过办理进路操作道岔时：

在道岔操作软件中按压进路始终端按钮，选中进路，道岔转向相应位置时。

经过联锁条件的选择，使 FCJ 吸起，通过 FCJ 前接点接通 1DQJ 励磁电路。

通过 1DQJ 前接点接通 2DQJ 转极电路。

接通转辙机动作电路。

接通转辙机表示电路。

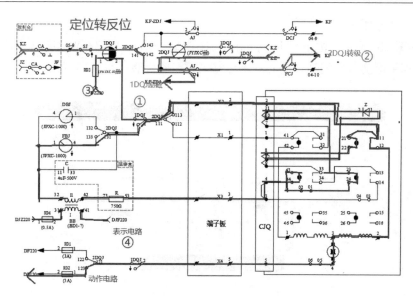

图18　定位转反位道岔控制与表示电路

（六）道岔单操、单锁的操作

（1）系统上电。

（2）打开"道岔综合软件"，进入软件界面。

1）道岔反操。

如图 19 所示：按下"道岔反操"按钮后，选择 SW2/SW4 道岔，选中后 SW2/SW4 道岔名称闪烁，此时点击道岔名称，室外转辙机转向反位。

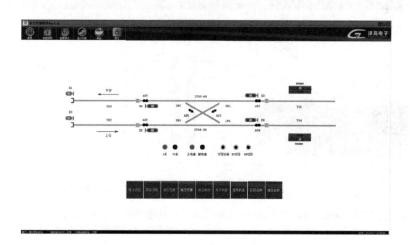

图19　道岔反操操作

2）道岔定操。

如图 20 所示：按下"道岔定操"按钮后，选择 SW2/SW4 道岔，选中后 SW2/SW4 道岔名称闪烁，此时点击道岔名称，室外转辙机转向定位。

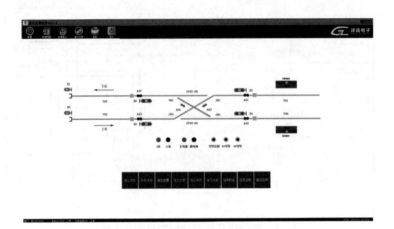

图 20　道岔定操操作

（七）道岔故障模拟操作

（1）系统上电。

（2）打开"道岔综合软件"，进入软件界面。

（3）打开"道岔实训故障模拟软件"，进入软件界面，如图 21 所示。

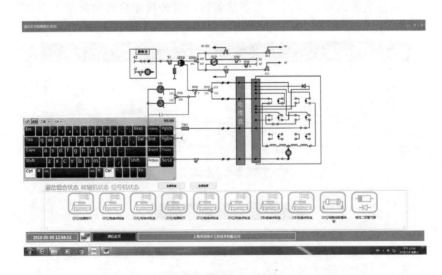

图 21　道岔实训故障模拟

可设置不同的转辙机继电器组合故障，来观察对转辙机动作电路的影响。

设置方法：按压故障按钮图标，可进行设置故障，再次按压按钮，恢复故障设置。

三、实验设备

（1）转辙机与道岔实训系统一套。

（2）工具箱一套。

（3）密贴调整、检查工具一套。

四、实验步骤

第一步：完成人工排列进路、手摇道岔操作。

第二步：完成 ZD6 转辙机的检修检查。

第三步：完成道岔的密贴调整。

第四步：完成转辙机表示杆缺口的调整。

第五步：在道岔实验系统中，以进路方式控制道岔转换的操作。

第六步：在道岔实验系统中，完成道岔的单操、单解操作。

第七步：在道岔实验系统中，完成十种道岔电路故障模拟注入，并解释原因。

五、实验思考与讨论题

（1）分析并解释 1DQJ 线圈故障对道岔启动或道岔表示的影响。

（2）分析并解释 1DQJ 前接点粘连对道岔启动或道岔表示的影响。

（3）分析并解释 1DQJ 后接点粘连对道岔启动或道岔表示的影响。

（4）分析并解释 2DQJ 线圈故障对道岔启动或道岔表示的影响。

（5）分析并解释 2DQJ 前接点粘连对道岔启动或道岔表示的影响。

（6）分析并解释 2DQJ 后接点粘连对道岔启动或道岔表示的影响。

（7）分析并解释 DBJ 前接点粘连对道岔启动或道岔表示的影响。

（8）分析并解释 DBJ 后接点粘连对道岔启动或道岔表示的影响。

（9）分析并解释 1DQJ 回路中的熔断器熔断对道岔启动或道岔表示的影响。

（10）分析并解释二极管开路道岔启动或道岔表示的影响。

六、实验注意事项

（1）实验前认真预习实验指导书，明确实验目的和要求，理解实验原理，掌握实验步骤及注意事项。

（2）按实验指导书中的步骤和指导教师的要求完成实验，认真做好实验记录。

（3）实验中保持设备、线路的完好，保持实验室清洁。

（4）按要求写实验报告，报告要求文理通顺、书写简洁、图文并茂、结论简明。

实验二　继电器综合实验

项目一　继电器认知实验

一、实验目的

（1）掌握继电器的基本组成结构。
（2）掌握继电器的分类标准。
（3）掌握继电器的性能参数指标。
（4）培养学生工程实践能力。

二、实验原理

城市轨道交通信号系统采用安全型继电器以确保设备的正常运转，因为安全型继电器具备"故障导向安全"特性。安全型继电器一般为电磁继电器，其供电方式可采用直流供电也可采用交流供电，根据继电电路对时间的特殊需求，部分继电器具有缓动功能，属于缓放型继电器。

继电器是自动控制系统中常用的电气部件，它不是命令执行的终端设备，用于接通和断开电路，用以发布控制命令和反映设备状态，以构成自动控制和远程控制电路；同时，继电电路可以完成设备运转的逻辑判断与运算。各个领域的自动控制系统大量采用各种型号的继电器。地铁信号系统中广泛采用继电器，称为信号继电器（以下简称继电器），通常作为自动控制系统的接口部件。继电器的可靠性直接影响地铁信号系统的可靠性和安全性。

（一）继电器的基本组成

电磁型继电器由电磁系统（由线圈、固定的铁心和轭铁以及可动的衔铁组成）和接点系统（由动接点和静接点组成）构成，如图1所示。

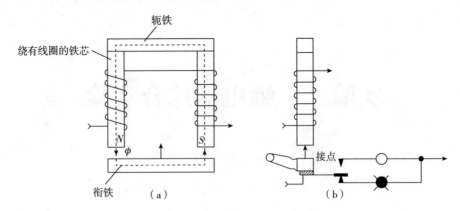

图1 电磁型继电器基本原理

（二）继电器的动作过程

继电器励磁过程：线圈通电→产生磁通（衔铁、铁芯）→产生吸引力→克服衔铁阻力→衔铁吸向铁芯→衔铁带动接点动作→前接点闭合、后接点断开。

继电器失磁过程：电流减少→吸引力下降→衔铁依靠重力落下→动接点与前接点断开，后接点闭合。

（三）继电器的分类

按动作原理分类：电磁、感应继电器。

按动作电流分类：直流、交流、交直流继电器。

按输入物理量分类：电流、电压、功率、频率、非电量继电器。

按动作速度分：快速、正常、缓放继电器。

按接点结构分类：普通接点、加强接点继电器。

按工作可靠度分类：安全型、非安全型继电器。

24V 的 AX 型（安全型）信号继电器系列满足铁路信号设备对继电器提出的要求，是我国铁路信号继电器的主要定型产品，主要包括无极、无极加强接点、无极缓放、无极加强接点缓放、整流式、有极、有极加强接点、偏极、单闭磁九类。

（四）继电器的参数指标

（1）吸起值，使继电器中接点与前节点接触所需的最小电压或电流值。

（2）工作值，使继电器动作并满足规定的节点压力的电压或电流。

（3）额定值，继电器工作时的电源电压或电流值，一般为工作值与安全系数之积。

（4）释放值，向继电器线圈供以过负载值的电压或电流，使前接点闭合后再逐渐降低电压或电流，当前接点刚断开时的电压或电流值。

（5）过负载值，继电器线圈不受损坏，电特性不受影响的最大允许接入的电压或电流值。此值一般为工作值的 4 倍。

（6）安全系数，额定值与工作值之比。此值越大，继电器工作越稳定。

（7）返还系数，释放值与工作值之比。返还系数范围在 $0.2 \sim 0.99$。返还系数越大，继电器对于电压或电流的变化反应越灵敏。

（五）常见的安全型继电器

（1）无极继电器：线圈系统有前圈和后圈，根据电路需要可采用单线圈控制、双线圈串联控制和双线圈并联控制。接点系统包括拉杆和接点组，接点组分为前、后静接点和固定在拉杆上的动接点。直流无极继电器一般有 8 组接点，彼此独立，但动作一致。

（2）偏极继电器：具有反映电流极性的性能，只能在规定方向的电流通入线圈时吸起，反向就不能吸起，无电时衔铁落下。电磁系统中的铁芯极靴为方形，衔铁为方形，方形极靴下端装有 L 形永久磁铁。

（3）有极继电器：能反映电流极性，并能保持其极性状态（切断电流后能够保持原来电流极性工作的状态）的继电器。电磁系统的一部轭铁由永久磁钢代替，于是使磁路系统中有了两条固定磁路由其保持在断电后继电器的状态。

（4）整流式继电器：与无极型基本一致，仅在接点组上安装了二极管组成的半波或全波整流电路，输入的是交流电源，经整流再进入线圈。

（5）时间继电器（JSBXC – 850）。JSBXC – 850 型继电器是一种电子缓吸时间继电器，通过不同的接线可以获得 180s、30s、13s、3s 四种延时，以满足信号电路的需要。继电器由时间控制单元和 JWXC370/480 型无极继电器组合而成。

时间控制单元组装在印刷电路板上，安装在继电器上方。

时间控制单元组目前有两种，一种其核心是单结晶体管组成的脉冲延时电路。另一种是由单片机、晶体振荡器、分频器组成。采用单晶管的延时电路由于主要是靠电阻、电容来完成，由于电阻、电容受温度影响较大，另外电容易老化，延时时间很容易漂移，需定期检修和调整时间参数。

$JSBXC_1$ – 850 型采用微电子技术，可通过软件设定不同的延时时间，所以延时精度高，不用调整，电路安全可靠。由于不改动外部配线，因此是比较理想的新一代时间继电器。

JSBXC – 850 型、$JSBXC_1$ – 850 型时间继电器在铁路信号电路中主要用于人工解锁延时继电器。以 JSBXC – 850 型单结晶体管为例进行原理介绍。

在单结晶体管 BT 的发射极 E 和第一基极 B1 的放电回路中接入了继电器 J 的前圈（370Ω），而继电器的后圈（480Ω）则通过电阻 R1 直接与电源相连。这样，当接通电源时，后线圈（480Ω）将有电流通过，其电路：

+24V（73端子）$\longrightarrow$ 二极管D1 $\longrightarrow$ R3 $\longrightarrow$ R1 $\longrightarrow$ 81端子 $\longrightarrow$ J_{1-2}（4800Ω）

$\longrightarrow$ 13端子 $\longrightarrow$ 62端子（电源）

由于 R1 电阻值很大，为 3 ~ 4.7kΩ。因此流过后线圈的电流很小，继电器不会动作。与此同时，电容 C1 也开始充电，其电路：

+24V（73端子）$\longrightarrow$ 二极管D1 $\longrightarrow$ R3 $\longrightarrow$ 51端子 $\longrightarrow$ 1.52（或61、63、

83）端子 $\longrightarrow$ R_6~R_7 $\longrightarrow$ C_1 $\longrightarrow$ 23端子 $\longrightarrow$ J_{4-3}（370Ω）$\longrightarrow$ 71端子 $\longrightarrow$
$\qquad\qquad\qquad\qquad\qquad\qquad\longrightarrow D_4$

R_2 $\longrightarrow$ 62端子（电源）

此电流流过前线圈（370Ω）的方向正好与后线圈（480Ω）的相反，因此继电器更不会动作。当电容器 C1 充电电压大于单结晶体管 BT 的击穿电压时，则 BT 的发射极 E 与第一基极 B1 导通，C1 放电，其电路是：

C_1（＋）$\longrightarrow$ BT_{E-B1} $\longrightarrow$ R_2 $\longrightarrow$ 71端子 $\longrightarrow$ J_{3-4}（370Ω）$\longrightarrow$ 23端子 $\longrightarrow$ C_1（－）

此电流流过前线圈（370Ω）的方向正好与后线圈（480Ω）的相同，因此继电器衔铁立即吸合。衔铁吸合后，J 的前接点 11 – 12 构通了自闭电路：

（73端子）+24V $\longrightarrow$ D_1 $\longrightarrow$ R_3 $\longrightarrow$ 51端子 $\longrightarrow$ J_{11-22} $\longrightarrow$ 53端子 $\longrightarrow$ R_4 $\longrightarrow$ 81端子
$\qquad\qquad\qquad\qquad\qquad\qquad\longrightarrow R_1$

$\longrightarrow$ J_{1-2}（480Ω）$\longrightarrow$ 13端子 $\longrightarrow$ 62端子（－）

由于 R4 的接入，电路的电阻降低一半，流过 J 后线圈电流增加到大于继电器的释放电流，继电器可靠吸起。

图 2 为继电器实物。

（六）轨道信号行业常用的继电器型号

无极继电器：JWXC – 1000、JWXC – 1700、JWXC – 2000、JWXC – 2.3、JWXC – 7、JWXC – 370/480。

无极缓放继电器：JWXC – H340、JWXC – H310、JWXC – H600、JWXC – 500/H300、JWXC – H1000。

无极加强接点继电器：JWJXC – 480、JWJXC – 300/370、JWJXC – 135/135。

无极加强接点缓放继电器：JWJXC – H125/0.13、JWJXC – H125/0.44、JWJXC – H120/0.17、JWJXC – H125/80。

有极继电器：JYXC – 660、JYXC – 270。

有极加强接点继电器：JYJXC – 135/220、JYJXC – 220/220、JYJXC – 125/80、JYJXC – 3000、JYJXC – J3000。

偏极继电器：JPXC – 1000。

图2 继电器实物

整流继电器：JZXC – H156、JZXC – H142、JZXC – 480、JZXC – 0.14、JZXC – 0.56、JZXC – H18、JZXC – H18F、JZXC – H62。

单闭磁继电器：JDBXC – 550/550、JDBXC – 1100。

时间继电器：JSBXC – 850、JSBXC1 – 850。

电源屏无极加强接点继电器：JWJXC – 100、JWJXC – 440、JWJXC – 6800、JWJXC – 7200。

电源屏整流继电器：JZXC – 20000。

电源屏整流加强接点继电器：JZJXC – 100、JZJXC – 7200。

交流继电器：JJC。

交流加强接点继电器：JJJC、JJJC1、JJJC3、JJJC4、JJJC5、JJJC7。

传输继电器：JCDC5 – 140、JCZC3 – 15、JCZC2 – 2000。

发码器：FJ – 1、FJ – 4。

灯丝继电器：JZCJ、JZSJC、JZSC – 0.16、JZCJ2 – 0.12。

动态继电器：JDXC – 1000、JAC – 1000、JAHC – 1000、JARC – 1000、JSDPC – 1000、JSDPC – 820、XAJ. W – 2、JSDXC – 1700、JSDXC1 – 1700、JSDXC2 – 1700、JDXC – 1700。

其他型号继电器：JJXC – 15、JPXC – H270、JZXC – 0.14/0.14。

动态驱动单元：DTB – 4、DTB – 4F、DS6 – DTH2。

三、实验设备

（1）直流无极性继电器若干。

（2）直流无极性缓放继电器若干。

（3）直流有极性继电器若干。

（4）直流偏极性继电器若干。

（5）交流继电器、交流加强接点继电器若干。

（6）常用工具一套。

（7）信号稳压电源一台。

四、实验步骤

第一步：熟练地从继电器备品柜中取出 JWXC – 1000、JWXC – 1700、JWJXC – H125/0.44、JYXC – 660、JPXC – 1000、JJC 等继电器。

第二步：利用万用表测量上述继电器线圈的电阻值。

第三步：利用信号稳压电源测量上述继电器的吸起值、释放值或者转极值。

五、实验思考与讨论题

思考：继电器可能出现哪些故障?

六、实验注意事项

（1）实验前认真预习实验指导书，明确实验目的和要求，理解实验原理，掌握实验步骤及注意事项。

（2）按实验指导书中的步骤和指导教师的要求完成实验，认真做好实验记录。

（3）实验中保持设备、线路的完好，保持实验室清洁。

（4）按要求写实验报告，报告要求文理通顺、书写简洁、图文并茂、结论简明。

项目二 继电器检测实验

一、实验目的

（1）掌握继电器检测台的基本组成结构。

（2）掌握继电器检测台可测量的技术参数。

（3）掌握继电器检测台的操作流程。

（4）培养学生工程实践能力。

二、实验原理

（一）继电器检测台介绍

XAJ. W-2 继电器微机测试台是西安华信铁路技术有限公司根据 GB/T 6902-2010《铁路信号继电器试验方法》及《信号维护规则技术标准 I》，在以往继电器测试台的研制与使用的基础上，结合国有铁路电务检修部门与地铁集团信号公司检修车间现场应用要求，进一步提高了测试精度，使用操作更为简便的新型继电器测试台。

XAJ. W-2 继电器微机测试台（以下简称测试台）是用于测试 AX 系列继电器的电气特性、时间特性、线圈电阻、接点电阻、绝缘电阻等的测试设备，用于继电器测试数据的管理、保存、打印、上传、下载等。

1. 继电器检测台使用环境要求

电源供电：单相交流 220V ±10%，频率 50Hz ±2Hz。

电源容量：1000VA。

测试环境温度：0~40℃。

相对湿度：不大于 90%（+25℃）。

气压：不低于 74.8kPa（相当于海拔高度 2500m 以下）。

振频不大于 15Hz，振幅不大于 0.45mm。

2. 继电器检测台工作原理

继电器检测台是由工控电脑、显示器、鼠标、键盘、测试激励源、主控箱、测量仪表、测试盒以及面板触发按钮组成的微机测试系统。由操作者通过键盘、鼠标填写或选择测试型号、项目等，配合面板按钮触发主控箱进行继电器的测试。工作原理框图如图 3 所示。

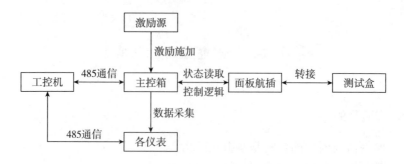

图3　继电器检测台工作原理

3. 继电器检测台组成结构

继电器检测台采用台式结构设计，台体底部安装有四个可以滚动的脚轮，方便移动，有两个供存放工具等物品的带锁抽屉；操作面板采用雕刻喷塑工艺，美观典雅，保养简单；工作台面采用特制的防火板结构，结实耐用；箱体喷涂浅灰色桔纹漆，不反光；测试台整体都采用了密封装置，防止尘土等有害物质进入，提高了测试台的使用寿命。

（1）主控台。继电器检测台的主控台整体为钢琴式结构，其外形尺寸：1250mm×840mm×1450mm，继电器检测台的主控台整体为钢琴式结构，如图4所示。

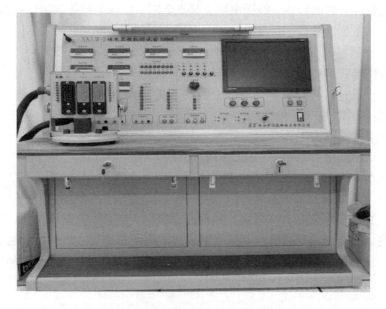

图4　继电器检测台控制台正视图

（2）测试盒。继电器检测台测试盒是继电器参数测试的主要接口设备，采用插口型设计，便于将各类型的继电器直接安插于检测盒之上，检测盒安装于主控台台面上，通过航空插口与主控台相连，其外形尺寸：220mm × 120mm × 220mm，如图 5 所示。

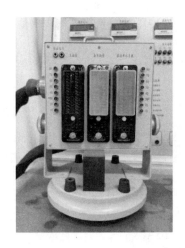

图 5　继电器检测台测试盒

（3）测试线。继电器检测台测试线长 1m，可直接与继电器检测台主控台相连接，用于测量继电器的各项参数，如图 6 所示。

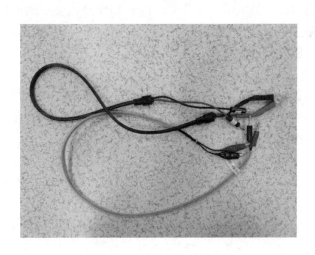

图 6　继电器检车台测试线

4. 继电器检测台测量范围

直流电阻测试范围：200mΩ/2Ω/20Ω/200Ω/2kΩ/20kΩ ± （0.5%×读数值 + 0.3%×满度值 + 3mΩ）。

直流电压测试范围：19.999V/199.99V/600.0V ± （0.4%×读数值 + 0.1%×满度值）。

交流电压测试范围：19.999V/199.99V/600.0V ± （0.7%×读数值 + 0.3%×满度值）。

直流电流测试范围：50.00mA/500.0mA/5.000A ± （0.4%×读数值 + 0.1%×满度值）。

交流电流测试范围：500.0mA/5.000A ± （0.7%×读数值 + 0.3%×满度值）。

时间测试范围：999.999s ± （0.5%×读数值 + 10ms）。

绝缘电阻测试范围：199.9M。

外接法测试范围：± （4%×读数值 + 1%×满度值）。

逻辑切换范围：± （1%×读数值 + 15%×满度值）。

温度范围：– 55℃ ~ 125℃ ± 0.5℃ （0 ~ 65℃）。

频率范围：9999Hz ± （0.4%×读数值 + 0.1%×满度值）。

接点齐度范围：由指示灯监测。

（二）继电器检测台检测操作流程

1. 继电器检测台开机流程

合上继电器检测台的电源空气开关，按下 UPS 按钮（如测试台未安装 UPS，不需对 UPS 按钮操作），UPS 指示灯亮，直至"微机"按钮指示灯亮，电脑自动开机并显示测试软件登录界面。

2. 继电器检测台关机流程

保存测试数据，退出测试软件，点击桌面锁上的关机，电脑将自动关机。

注：如需强制关机请按下"微机"按钮，直至"微机"按钮指示灯灭。

3. 继电器检测台测试准备

微机开机后，自行运行 XAJ.W – 2 继电器微机测试台测试软件，输入用户 ID 和密码进入测试界面，自检成功后，点击测试界面上的"测试"按钮进入，然后选择需要测试的项目，根据相应的提示信息进行操作。

输入待测试继电器的段编号并触发回车键（或用扫描枪扫描条码）进入待测试继电器的测试界面。按照"手动测试开关转换表"将面板"电压选择"刷型开关置于相应的挡位。

将待测试继电器插入测试盒的主插座中，点击"开始测试"按钮，按照要求将"电压（或电流）调节"归零，并将"测试电源"的按钮开关转置于"断"位，点击"确定"按钮，选择是否进行型号核对为"是"，系统将自动对型号进行核对，如果型号不正确，系统将提示用户型号选择有误；如果选择"否"，则系统直接进入测试状态；型号核对是为了防止继电器插错导致不必要的损失。

4. 线圈电阻测试

触发面板"功能选择"栏"线圈电阻"按钮，"类型选择"栏"前圈"按钮，系统将自动测试前圈电阻并自动采集前圈电阻值（进行温度换算及合格性判断，循环采集 10s）。触发面板"类型选择"栏"后圈"按钮，系统将自动测试后圈电阻并自动采集后圈电阻值（进行温度换算及合格性判断，循环采集 10s）。

5. 电气特性

触发面板"功能选择"栏"电气特性"按钮，按照"手动测试开关转换表"触发面板"类型选择"栏中相应的按钮，将"测试电源"按钮开关置于"通"位，升压至充磁值，缓慢降压至继电器全部前接点断开，触发键盘"F2"键（或点击测试界面的"采集数据"按钮），系统将自动采集释放值并进行合格性判断。

将"电压（电流）调节"归零，面板"测试电源"按钮开关置于"断"位，1s 后将面板"测试电源"按钮开关置于"通"位，缓慢升压至继电器全部前接点闭合并满足一定的接点压力，触发键盘"F2"键（或点击测试界面的"采集数据"按钮），系统将自动采集工作值并进行合格性判断。

升压或降压对正向转极值、反向转极值等参数进行测试。

将"电压（电流）调节"归零，面板"测试电源"按钮开关置于"断"位。

6. 时间特性

触发面板"功能选择"栏"时间特性"按钮，依照维规触发面板"类型选择"和"时间选择"栏相应的按钮，按照维规要求进行时间特性测试，系统将自动采集相应的时间值并进行合格性判断。

将"电压（电流）调节"归零，面板"测试电源"按钮开关置于"断"位。

7. 接点电阻与接点齐度测试

触发面板"功能选择"栏"接点电阻"按钮，将"测试电源"按钮开关置于"通"位，升压至继电器全部前接点闭合并满足一定的接点压力，依次触发"接点选择"栏"1~8Q"按钮，系统将自动测试 1~8Q 的接点电阻值并进行合格性判断。

触发"接点选择"栏"1H"按钮，0.5s后将"测试电源"按钮开关置于"断"位，依次触发"接点选择"栏"2~8H"按钮，系统将自动测试1~8H的接点电阻值并进行合格性判断。将"电压（电流）调节"归零，面板"测试电源"钮子开关置于"断"位。

将被测继电器插在相应的继电器插座上，借助测试盒上的指示灯观察接点闭合情况，进行不齐度测试。

将"电压（电流）调节"归零，面板"测试电源"钮子开关置于"断"位。

8. 绝缘测试

按住面板"绝缘"按钮不放，依次触发"功能选择"栏"接点组对地""线圈对地"和"接点组对线圈"按钮，电脑将自动测试绝缘电阻并进行合格性判断。

9. 动态特性

触发面板"功能选择"栏"动态特性"按钮，按照维规要求进行时间特性测试，系统将自动采集相应的时间值并进行合格性判断。

将"电压（电流）调节"归零，面板"测试电源"钮子开关置于"断"位。

10. 数据保存

测试完成后，点击测试界面"保存数据"按钮将数据存入数据库。

注：在测试过程中要触发"功能选择"和"类型选择"栏的按钮，必须将"测试电源"钮子开关置于"断"位；如果您对某项测试结果不满意，可重新对其进行测试；"F2"键仅对电气特性数据采集有用，测试界面"采集数据"按钮则对一切数据的采集有用。

（三）继电器测试案例

1. 直流无极性缓放继电器 JWXC - H600

（1）型号核对。将面板"电压选择"刷型开关置于"DC70V"位，选择型号 JWXC - H600，插入 JWXC - H600 继电器，点击"开始测试"按钮，按照要求将"电压（电流）调节"回零，将面板"测试电源"钮子开关置于"断"位，点击"确定"按钮，选择是否进行型号核对为"是"，系统将自动进行型号核对。如果型号核对正确，则自动进入测试，如果出现错误，系统将提示型号错误信息（未插入继电器、接点位置有误或线圈有误）。

（2）线圈电阻。触发面板"功能选择"栏"线圈电阻"按钮，"类型选择"栏"前圈"按钮，电脑将自动采集前圈电阻值；触发面板"类型选择"栏"后圈"按钮，电脑将自动采集后圈电阻值，并进行合格性判断。

（3）电气特性。触发面板"功能选择"栏"电气特性"按钮，"类型选择"栏"串联"按钮，将面板"测试电源"钮子开关置于"通"位，"极性选择"钮子开关置于"正向"位，升压至充磁值，缓慢降低电压至继电器完全落下，按下键盘"F2"键（或点击软件界面上的采集数据按钮），电脑将自动采集释放值；缓慢升压至继电器完全吸和，按下键盘"F2"键，电脑将自动采集工作值；将"电压（电流）调节"回零，"极性选择"钮子开关置于"反向"位，缓慢升压至继电器完全吸和，按下键盘"F2"键，电脑将自动采集反向工作值，并进行合格性判断。

测试完成，将"电压（电流）调节"归零，"测试电源"钮子开关置于"断"位。

（4）时间特性（计时器无须手动清零）。触发面板"功能选择"栏"时间特性"按钮，"时间选择"栏"缓放时间"按钮，"类型选择"栏"串联"按钮，将面板"测试电源"钮子开关置于"断"位，"极性选择"钮子开关置于"正向"位，升压至DC24V，将面板"测试电源"钮子开关置于"通"位，继电器应可靠吸起，将面板"测试电源"钮子开关置于"断"位，继电器应可靠落下，电脑将自动采集计时器的值放入"缓放时间1"内，并进行合格性判断。

（5）接点电阻。触发面板"功能选择"栏"接点电阻"按钮，将面板"测试电源"钮子开关置于"通"位，依次触发"接点选择"栏"1Q～8Q"按钮，触发"接点选择"栏"1H"按钮，将面板"测试电源"钮子开关置于"断"位，依次触发"接点选择"栏"2H～8H"按钮（一项测试完成后方可对下一项进行测试），电脑将按照触发的先后顺序自动采集接点电阻阻值，并进行合格性判断。测试完成，将"电压（电流）调节"回零。

（6）接点压力。继电器吸起（落下）时，用塞尺测量常开（闭）接点压力，音响提示正常。

（7）绝缘电阻。按住面板"绝缘"按钮不放开，依次触发面板"功能选择"栏的"线圈对地"、"接点组对地"和"接点组对线圈"按钮。电脑将按照触发的先后顺序自动采集绝缘电阻阻值，并进行合格性判断。

2. 直流有极继电器JYXC－660

将面板"电压选择"刷型开关置于"DC70V"位，选择型号JYXC－660，插入JYXC－660继电器，点击"开始测试"按钮，按照要求将"电压（电流）调节"回零，将面板"测试电源"钮子开关置于"断"位，点击"确定"按钮，选择是否进行型号核对为"是"。

进行电气特性测试，触发面板"功能选择"栏"电气特性"按钮，"类型选择"栏"串联"按钮，将面板"测试电源"钮子开关置于"通"位，"极性选择"钮子开关置于"正向"位，缓慢升压至正向转极，按下键盘"F2"键（或点击软件界面上的采集数据按钮），电脑将自动采集正向转极值；将"电压（电流）调节"回零，"极性选择"钮子开关置于"反向"位，缓慢升压至反向转极，按下键盘"F2"键，电脑将自动采集反向转极值，并进行合格性判断。测试完成，将"电压（电流）调节"归零，将面板"测试电源"钮子开关置于"断"位，"极性选择"钮子开关置于"正向"位。

3. 整流继电器 JZXC – 480

将面板"电压选择"刷型开关置于"AC70V"位，选择型号 JZXC – 480，插入 JZXC – 480 继电器，点击"开始测试"按钮，按照要求将"电压（电流）调节"回零，将面板"测试电源"钮子开关置于"断"位，点击"确定"按钮，选择是否进行型号核对为"是"。

进行电气特性测试，触发面板"功能选择"栏"电气特性"按钮，"类型选择"栏"串联"按钮，将面板"测试电源"钮子开关置于"通"位，升压至充磁值，缓慢降低电压至继电器完全落下，按下键盘"F2"键（或点击软件界面上的采集数据按钮），电脑将自动采集释放值；缓慢升压至继电器完全吸和，按下键盘"F2"键，电脑将自动采集工作值。测试完成，将"电压（电流）调节"归零，面板"测试电源"钮子开关置于"断"位。

4. 时间继电器 JSBXC – 850

（1）型号核对。将面板"电压选择"刷型开关置于"DC30V"位，选择型号 JSBXC – 850，插入 JSBXC – 850 继电器，点击"开始测试"按钮，按照要求将"电压（电流）调节"回零，将面板"测试电源"钮子开关置于"断"位，点击"确定"按钮，选择是否进行型号核对为"是"。

（2）电气特性。触发面板"功能选择"栏"电气特性"按钮，"类型选择"栏"前圈"按钮，将面板"测试电源"钮子开关置于"通"位，"极性选择"钮子开关置于"正向"位，升压至充磁值，缓慢降低电压至继电器完全落下，按下键盘"F2"键（或点击软件界面上的采集数据按钮），电脑将自动采集前圈释放值；缓慢升压至继电器完全吸和，按下键盘"F2"键，电脑将自动采集前圈工作值，并进行合格性判断。测试完成，将"电压（电流）调节"归零，面板"测试电源"钮子开关置于"断"位。

触发面板"类型选择"栏"后圈"按钮，将面板"测试电源"钮子开关置于"通"位，"极性选择"钮子开关置于"正向"位，升压至充磁值，缓慢降低电压至继电器完全落下，按下键盘"F2"键（或点击软件界面上的采集数据按钮），电脑将自动采集后圈释放值；缓慢升压至继电器完全吸和，按下键盘"F2"键，电脑将自动采集后圈工作值，并进行合格性判断。测试完成，将"电压（电流）调节"归零，面板"测试电源"钮子开关置于"断"位。

（3）时间特性。触发面板"功能选择"栏"时间特性"按钮，"时间选择"栏"缓吸时间"按钮，将面板"测试电源"钮子开关置于"断"位，"极性选择"钮子开关置于"正向"位，升压至 DC24V。

选择电脑软件界面的"控制部分"栏的"3s"，将面板"测试电源"钮子开关置于"通"位，3s 后继电器应可靠吸起，电脑将自动采集计时器的时间值放入"缓吸时间 1"内，将面板"测试电源"钮子开关置于"断"位，继电器应可靠落下。

选择电脑软件界面的"控制部分"栏的"13s"，将面板"测试电源"钮子开关置于"通"位，13s 后继电器应可靠吸起，电脑将自动采集计时器的时间值放入"缓吸时间 2"内，将面板"测试电源"钮子开关置于"断"位，继电器应可靠落下。

选择电脑软件界面的"控制部分"栏的"30s"，将面板"测试电源"钮子开关置于"通"位，30s 后继电器应可靠吸起，电脑将自动采集计时器的时间值放入"缓吸时间 3"内，将面板"测试电源"钮子开关置于"断"位，继电器应可靠落下。

选择电脑软件界面的"控制部分"栏的"180s"，将面板"测试电源"钮子开关置于"通"位，180s 后继电器应可靠吸起，电脑将自动采集计时器的时间值放入"缓吸时间 4"内，并进行合格性判断。测试完成，将面板"测试电源"钮子开关置于"断"位，继电器应可靠落下，将"电压（电流）调节"归零。

5. 整流继电器 JZXC – H62

（1）型号核对。将面板"电压选择"刷型开关置于"AC250V"位，选择型号 JZXC – H62，插入 JZXC – H62 继电器，点击"开始测试"按钮，按照要求将"电压（电流）调节"回零，将面板"测试电源"钮子开关置于"断"位，点击"确定"按钮，选择是否进行型号核对为"是"。

（2）电气特性。触发面板"功能选择"栏"电气特性"按钮，"类型选择"栏"串联"按钮，选择测试软件"控制部分"栏内的"25W""灯丝通"，将面板"测试电源"钮子开关置于"通"位，升压至略大于 AC240V，继电器应吸起，选择测试软件"控制部分"栏内的"灯丝断"，继电器应可靠落下，按下键盘"F2"键（或点击软件界面上的采集数据按钮），电脑将自动采集释放值；将"电压（电流）调节"归零，选择测试软件"控制部分"栏内的"15W""灯丝通"，缓慢升压至略小于 AC110V，继电器应可靠吸和，按下键盘"F2"键，电脑将自动采集工作值，并进行合格性判断。

测试完成，将"电压（电流）调节"归零，面板"测试电源"钮子开关置于"断"位。

在上述过程中，面板"负载指示灯"栏"15W""25W"指示灯及测试台内的负载灯相应被点亮，并且亮度随电压的变化而变化（电压越大，指示灯和负载灯越亮）。

（3）时间特性。触发面板"功能选择"栏"时间特性"按钮，"时间选择"栏"落下时间"按钮，继续升高电压至AC220V，将面板"测试电源"钮子开关置于"断"位，继电器应可靠落下，电脑将自动采集计时器的时间值放入"缓放时间1"内，并进行合格性判断。测试完成，将"电压（电流）调节"归零。

6. 直流偏极性缓放继电器JPXC－H270

（1）型号核定。将面板"电压选择"刷型开关置于"DC30V"位，选择型号JPXC－H270，插入JPXC－H270继电器，点击"开始测试"按钮，按照要求将"电压（电流）调节"回零，将面板"测试电源"钮子开关置于"断"位，点击"确定"按钮，选择是否进行型号核对为"是"。

（2）电气特性。触发面板"功能选择"栏"电气特性"按钮，"类型选择"栏"串联"按钮，将面板"测试电源"钮子开关置于"通"位，"极性选择"钮子开关置于"正向"位，升压至额定值，缓慢降低电压至继电器完全落下，按下键盘"F2"键（或点击软件界面上的采集数据按钮），电脑将自动采集释放值；缓慢升压至继电器完全吸和，按下键盘"F2"键，电脑将自动采集工作值，并进行合格性判断。测试完成，将"电压（电流）调节"归零，面板"测试电源"钮子开关置于"断"位。

（3）时间特性。触发面板"功能选择"栏"时间特性"按钮，"时间选择"栏"落下时间"按钮，将面板"测试电源"钮子开关置于"断"位，"极性选择"钮子开关置于"正向"位，升压至DC24V，将面板"测试电源"钮子开关置于"通"位，继电器应可靠吸起，持续5s，点击测试软件"控制部分"栏内的"时间触发"，180s后继电器应可靠落下，电脑将自动采集计时器的时间值放入"缓放时间1"内，并进行合格性判断（采集数据后，电脑会自动将状态切换为时间特性测试初始状态，继电器应可靠吸起）。测试完成，将面板"测试电源"钮子开关置于"断"位，继电器应可靠落下，将"电压（电流）调节"归零。

7. 交流继电器JJC

（1）型号核定。将面板"电压选择"刷型开关置于"AC250V"位，选择型号JJC，插入JJC继电器，点击"开始测试"按钮，按照要求将"电压（电流）调节"回零，将面板"测试电源"钮子开关置于"断"位，点击"确定"按钮，选择是否进行型号核对为"是"。

（2）电气特性。触发面板"功能选择"栏"电气特性"按钮，触发面板"类型选择"栏"后圈"按钮，将面板"测试电源"钮子开关置于"通"位，"极性选择"钮子开关置于"正向"位，升压至额定值，缓慢降低电压至继电器完全落下，按下键盘"F2"键（或点击软件界面上的采集数据按钮），电脑将自动采集释放值；缓慢升压至继电器完全吸和，按下键盘"F2"键，电脑将自动采集工作值，并进行合格性判断。测试完成，将"电压（电流）调节"归零，面板"测试电源"钮子开关置于"断"位。

（3）时间特性。触发面板"功能选择"栏"时间特性"按钮，"时间选择"栏"吸起时间"按钮，将面板"测试电源"钮子开关置于"断"位，升压至AC220V，将面板"测试电源"钮子开关置于"通"位，继电器应可靠吸起，电脑将自动采集计时器的时间值放入"缓吸时间1"内，触发"时间选择"栏"落下时间"按钮，将面板"测试电源"钮子开关置于"断"位，继电器应可靠落下，电脑将自动采集计时器的时间值放入"缓放时间1"内，并进行合格性判断。测试完成，将"电压（电流）调节"归零。

三、实验设备

（1）继电器智能检测台一套。
（2）直流无极性继电器若干。
（3）直流有极性继电器若干。
（4）直流偏极性继电器若干。
（5）交流继电器若干。
（6）整流继电器若干。
（7）时间继电器若干。
（8）常用工具一套。

四、实验步骤

第一步：熟悉继电器检测台，学习掌握继电器检测台的操作流程。
第二步：使用继电器检测台，测量直流无极性缓放继电器JWXC – H600的各项参数。
第三步：使用继电器检测台，测量直流有极继电器JYXC – 660。
第四步：使用继电器检测台，测量整流继电器JZXC – 480。
第五步：使用继电器检测台，测量时间继电器JSBXC – 850。
第六步：使用继电器检测台，测量整流继电器JZXC – H62。
第七步：使用继电器检测台，测量直流偏极性缓放继电器JPXC – H270。

第八步：使用继电器检测台，测量交流继电器 JJC。

五、实验思考与讨论题

思考：继电器检测台使用中应注意哪些安全事项？

六、实验注意事项

（1）实验前认真预习实验指导书，明确实验目的和要求，理解实验原理，掌握实验步骤及注意事项。

（2）按实验指导书中的步骤和指导教师的要求完成实验，认真做好实验记录。

（3）实验中保持设备、线路的完好，保持实验室清洁。

（4）按要求写实验报告，报告要求文理通顺、书写简洁、图文并茂、结论简明。

实验三　色灯信号机与信号
点灯电路实验

项目一　色灯信号机与点灯电路

一、实验目的

（1）掌握透镜式信号机的组成、功能与分类。

（2）掌握 LED 信号机的组成、功能与分类。

（3）掌握信号机显示对应的含义。

（4）掌握信号点灯电路的模块化设计原理。

（5）掌握信号点灯电路原理实验箱的结构组成。

二、实验原理

（一）色灯信号机

信号机是用于指挥列车运行的信号设备，信号机显示为开放信号时允许列车通过进路，信号机显示为关闭信号时禁止列车驶入进路。开放信号是指室外信号机点亮允许灯光色（绿灯、黄灯、白灯或红灯＋白灯），关闭信号是指室外信号机点亮红灯（或蓝灯）。列车驾驶司机必须按照信号机的显示操控列车。

1. 透镜式信号机

透镜式色灯信号机有高柱和矮型两种类型，高柱信号机的机构安装在钢筋混凝土信号机柱上，矮型信号机的机构直接安装于信号机的水泥基础上。高柱和矮型信号机够按结构又可分为单显示、二显示、三显示三种。单显示只有一个灯室；二显示机构有两个灯室；三显示机构有三个灯室，每个灯室内有一组透镜、一副灯座、一个灯泡和遮檐。灯座间用隔板分开，以防止串光，保证信号机显示的正确。背板是一个机构公用的。各种信号机可根据信号显示的需求选用机构，再按灯光配对信号灯位颜色的规格安装各灯位内的有色内透镜。

2. LED 色灯信号

LED 色灯信号机具有高发光强度、显示距离远、节能、寿命长、消除了灯丝突然断丝和点灯冲击电流等优点。LED 色灯信号机有两灯位、三灯位和四灯位三种，主要由点灯变压器、超高亮度发光二极管矩阵（发光盘）、光学透镜、固定框架等组成。

（二）色灯信号机的类型

铁路信号机按用途分类有进站、出站、通过、调车、防护、复示与预告信号机等，具体设置意义与位置如下：

（1）进站信号机：在车站入口处，为了防护车站并指示列车能否由区间进入车站而设置的信号机。设在进站线路最外方道岔尖轨尖端（逆向道岔）不少于 50 米处。

（2）出站信号机：为了防护区间，在车站的发车线上指示列车能否进入区间而设置的信号机。设在每一条发车线路警冲标内方的适当地点。

（3）通过信号机：为了防护闭塞分区或区间，指示列车能否进入防护的闭塞分区或者区间而设置的信号机。设在自动闭塞分区的闭塞分区分界处或非自动闭塞的所间区间分界处。

（4）调车信号机：在电气集中车站上，为防护调车进路，指示调车车列能否进入调车进路而设置的信号机。设在经常进行调车作业的线路上或非联锁区到联锁区的入口处。

（5）防护信号机：为防护某些地点的安全和行车安全而设置的信号机。设在待防护区域前方不少于 50 米处。

（6）复示信号机：某些主体信号机，因地形、地物的影响达不到规定的显示距离时，而设置信号机重复显示主体信号机的信号来满足主体信号显示距离的要求。设在主体信号不满足显示距离的前方。

（7）预告信号机：在主体信号机前方，为预告主体（进站、出站、防护）信号机的显示状态而设置的信号机。应设在距主体信号机不少于 800 米的地方。

（三）信号点灯电路

信号机点灯电路，用来控制信号机的各种信号显示，直接向机务人员发出行车命令，各种信号的显示正确与否，直接关系到行车的安全问题。掌握信号机点灯控制电路是信号控制专业学生的必备知识点。信号点灯电路包括室内和室外两部分，室内由室内点灯电源、保险丝、继电器组合接点等；室外部分由轨道变压器、灯泡或 LED 发光盘、灯丝转换继电器等组成。

由上述信号机类型可知，信号机包含进站、出站、通过、调车、防护、复示与预告信号机等不同类型，相应的点灯电路也各不相同，具体表现在点亮的灯色、点灯条件和点灯继电器逻辑组合。表1、表2列出了本实验涉及的点灯电路继电器组合和点灯条件。

表1 信号点灯类型与组合

	信号机 点灯类型		继电器组合	组合 数量	灯位	灯位 详情表
1	进站	五显示 X	DJ/2DJ/LXJ/ZXJ/TXJ/YXJ/LUXJ	7	6	H/L/U/2U/LU/HB
2	出站	单方向 SⅢ	DJ/2DJ/LXJ/ZXJ/DXJ/2LQJ/3LQJ	7	5	H/L/LU/U/B
3		两方向 S1	DJ/2DJ/LXJ/ZXJ/DXJ/2LQJ/3LQJ/FXJ	8	6	L/LU/U/FB + L/H/B
4		三方向 SⅢ/S5	DJ/2DJ/LXJ/LJ/LUJ/DXJ/AFJ/BFJ/CFJ	9	7	H/L/LU/U/B/BA/BB/BC
5	调车	调车 D3	DJ/DXJ	2	2	B/A
	断丝	下行咽喉 断丝报警	XDSJ/2DJ/HDZJ/LDZJ/UDZJ/2UDZJ/YBDZJ	7	1	DSD 亮/灭
6	通过	三接近 3241	DJ/2DJ/GJF/LXJ2F/ZXJF/LUXJF/QZJF	7	4	H/L/LU/U
7		二接近 3229	DJ/2DJ/GJF/1GJ/LXJ3F/ZXJ2F/QZJF	7	4	H/L/LU/U
8		一般 3217	DJ/2DJ/GJF/1GJ/2GJ/QZJF	6	4	H/L/LU/U

表2 信号条件

	信号机点灯类型	信号机	点灯条件	显示	触发条件（吸起）
1	进站信号机	X	至Ⅰ股道	U	LXJ、ZXJ
			至Ⅲ股道	UU	LXJ
			禁止接车	H	常态显示
			正线通过	L	LXJ、ZXJ、TXJ
			转场进路	LU	LXJ、ZXJ、LUXJ
			引导开放信号	HB	YXJ
2	单方向出站信号机	SⅡ	平时显示	H	常态显示
			3218G 有车占用	L	LXJ、ZXJ、2LQJ、3LQJ
			3230G 有车占用	LU	LXJ、ZXJ、2LQJ
			3242G 有车占用	U	LXJ、ZXJ
			调车信号	B	DXJ
3	两出站信号机方向	S1	平时显示	H	常态显示
			3218G 有车占用	L	LXJ、ZXJ、2LQJ、3LQJ
			3230G 有车占用	LU	LXJ、ZXJ、2LQJ

续表

信号机点灯类型	信号机	点灯条件	显示	触发条件（吸起）
3 两出站信号机 方向	S1	3242G 有车占用	U	LXJ、ZXJ
		向 3241G 方向发车	FB＋L	LXJ、FXJ
		调车信号	B	DXJ
4 三方向出站信 号机	SⅢ/S5	北京方面发车，3230G 有 车占用	U＋BA	LXJ、AFJ
		北京方面发车，3218G 有 车占用	LU＋ BA	LXJ、LUJ、AFJ
		北京方面发车，3230G 和 3218G 空闲	L＋BA	LXJ、LJ、AFJ
		反方面发车	L＋BB	LXJ、LJ、BFJ
		东郊方面发车	L＋BC	LXJ、LJ、CFJ
		平时显示	H	常态显示
		调车显示	B	DXJ
5 调车信号机	D3	允许调车	B	DXJ 吸起
		禁止调车	A	DXJ 落下
6 三接近通过信 号机	3241	3241G 有车占用	H	QZJF 吸起、DJ 通电、GJF 落下
		1）进站信号机 X 点红灯 2）进站信号机 X 点双黄 3）进站信号机 X 点黄 闪黄	U	1）X 点红：QZJF 吸起、DJ 通电、 GJF 吸起、LXJ2F 落下 2）X 点双黄：QZJF 吸起、DJ 通 电、GJF 吸起、LXJ2F 吸起、ZXJF 落下 3）X 点黄闪黄：同2）
		进站信号机点 U	LU	QZJF 吸起、DJ 通电、2DJ 通电、GJF 吸起、LXJ2F 吸起、ZXJF 吸起
		进站信号机点 LU	L	QZJF、DJ 通电、2DJ 通电、GJF 吸起、 LXJ2F 吸起、ZXJF 吸起、LUXJF 吸起
7 二接近通过信 号机	3229	参考附录（3）	H	注：因为是二接近，平常点 LU 灯
			U	
			LU	
			L	
8 一般通过信号机	3217	参考附录（3）	H	注：平常点 L 灯
			U	
			LU	
			L	

1. 信号点灯电路分析

本书以五显示进站信号机点灯电路为例进行电路分析，其余电路分析均由学生在实验过程中自主进行分析，五显示进站信号机点灯电路如图 1 所示。

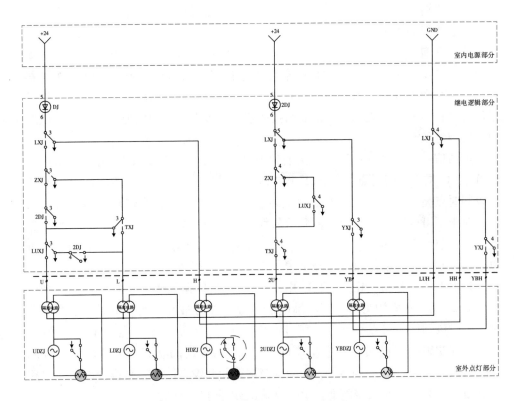

图 1　五显示进站信号机点灯电路

信号点灯电路是安全电路。它有室外联系线路，因此，设计信号点灯电路时，既要考虑断线保护，也要考虑混线保护。

信号点灯电路断线，信号机必须灭灯。允许灯光灭灯要使信号显示降级，如绿灯或者黄灯灭灯时，要自动改点红灯；禁止灯光灭灯时，不允许信号机再次开放，因此每个信号灯泡上都串联灯丝继电器，用以监督灯泡的完整性。

信号点灯电路混线，将点亮平时不应该点亮的灯光。在进站信号机上，同时点亮一个红灯和一个月白灯表示引导信号，因此月白灯因混线错误而导致点亮是绝对不允许的。红灯和绿灯或者红灯和黄灯同时点亮属于乱显示，而在相关规定中，乱显示被认为是禁止信号，此时是安全的，但万一这时红灯突然灭灯，仅显示黄灯或者绿灯，则会引起危险，因此，绿灯和黄灯因混线错误点亮也是不允许的。在出站兼调车信号机上，同时点亮红灯和月白灯是乱显示，在调车信号机上，同时点亮蓝灯和月白灯也属于乱显示，但此种情况下，如果红灯或者蓝灯灭灯，则将变为允许信号，但调车信号对列车是属于无效信号，因此，为了减少室外的联系线路，对调车降低要求，对出站兼调车信号机和调车信号机的月白灯可以不加混线保护措施。

信号灯泡一般采用双灯丝制，在双灯丝灯泡的朱灯丝电路中都串有一个灯丝转换继电器，例如，红灯的灯丝转换继电器 HDZJ，黄灯的灯丝转换继电器 UDZJ。因为红灯平时都在点灯，因此，HDZJ 平时都在励磁吸起状态，当主灯丝断丝时，它因失去电流而落下，继而接通它的后接点，自动地把副灯丝接在电路中，使副灯丝点亮。

进站信号机共有五种显示，从上到下是 U、L、H、2U、YB。五种显示中的 L、U 和 H 是不会同时点亮的，2U 和 YB 不会同时点亮，只有 U 和 2U、H 和 YB 可以同时点亮，因此可以同时点亮的两种显示就不能用一个灯丝继电器进行监督；对于不可以同时点亮的几种显示都可以采用同一个灯丝继电器进行监督。这是因为，前者因为两个中坏了一个，没有办法区分具体是哪一个坏了，而后者可以根据控制灯光的条件加以区分。

根据上述的分析，U、L 和 H 用一个灯丝继电器监督，称为第一灯丝继电器，而 2U 和 YB 则用另一个灯丝继电器区分，称为第二灯丝继电器。如图 1 所示，平时进站信号机点亮红灯，信号点灯变压器 HB 次级细线电路闭合有输出，因此，在初级线圈粗线电路中串联的 DJ 在励磁吸起的状态。当红灯灯丝烧断（主、副灯丝都烧断），则将因 HB 的次级细线断开没有输出，初级线圈粗线电路中的电流大大减小而失磁落下，及时反映出红灯灯丝已断。

在开放信号 X 时，在 LXJ 励磁吸起后，一方面用它的第四组和第六组后接点切断 HB 初级粗线线圈电路，使红灯灭灯；另一方面用它的第四组和第六组前接点把点灯电源接向允许灯光电路，使允许灯光点亮。至于点亮的为何种显示，则需取决于进路的性质，即建立的进路是通过进路，还是正向接车进路，或者是向站线接车进路。在建立通过进路时，由于 ZXJ 和 TXJ 都会励磁吸起，因此接通 LB 电路，使绿灯点亮；同理可推，在建立通过第一个车场而在下一个车场停车的接车进路时，由于 ZXJ 和 LUXJ 励磁吸起，而 TXJ 失磁落下，因此接通的是 LB 绿灯和 2UB 黄灯电路，使绿灯和第二个黄灯同时点亮；在建立正线停车的接车进路时，由于 ZXJ 励磁吸起，而 LUXJ 和 TXJ 都失磁落下，因此接通的是 UB 黄灯电路，使第一个黄灯点亮；在建立到发线接车进路时，由于 ZXJ、LUXJ、TXJ 都失磁落下，因此，此时会接通 UB 的黄灯和 2UB 的第二黄灯电路，使第一个黄灯和第二个黄灯同时点亮；引导接车时，LXJ 失磁落下，而引导信号继电器 YXJ

励磁吸起，因此，接通的是 HB 红灯电路和 YBB 月白灯电路，使红灯和月白灯同时点亮。值得注意的是，在 YBB 月白灯电路中，接有 LXJ 第六组后接点和 LXJF 第七组后接点，这样接线就不会出现绿灯或黄灯与月白灯同时点灯的乱显示情况。

在这里还有一点值得注意，凡是同时点亮两个允许信号的灯光时，在灯光电路中，都接有第二灯丝继电器 2DJ 前接点。例如，同时点一个绿灯和一个黄灯时，在 LB 绿灯电路中，串有 2DJ 第三组前接点；又如，同时点亮两个黄灯时，在 UB 黄灯电路中，串有 2DJ 第二组前接点。接入 2DJ 前接点的目的是，当第二个黄灯灭灯时，使绿灯或者第一个黄灯必须同时灭灯，以便用第一灯丝继电器 DJ 的前接点断开信号继电器 LXJ 的电路，使信号机自动改点亮红灯。

2. 信号点灯电路原理实验箱

信号点灯电路原理实验箱以站内进出站、调车和区间通过信号机点灯继电器控制电路为主要实验内容。通用小型继电器仿真信号安全型继电器、以 LED 灯组合仿真信号机、以 LCD 屏幕显示电路动态、以 MCU 控制逻辑信号触发及采集信号灯点亮状态判断电路实验结果，达到继电器逻辑控制实验目的，信号点灯电路原理实验箱如图 2 所示。

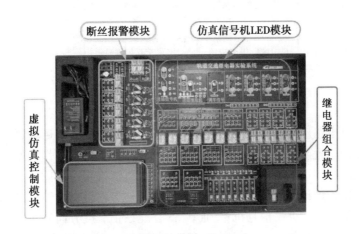

图 2　信号点灯电路原理实验箱组成

实验箱主要由仿真信号机 LED 模块、继电器组合模块、电路状态检测及报警模块和虚拟仿真控制模块四个核心部分组成。信号机模块包括各类信号机隔离点灯单元电路；继电器组合模块包括不同信号机点灯电路的继电器组合；电路状态检测及报警模块包括断丝报警电路、信号机开放检测、继电器响应时间测量等功能；虚拟仿真控制模块以屏幕交互控制与点灯电路动态显示为主，实现点灯电路条件触发和继电器状态监测功能。系统采用 MCU 模拟控制和硬件继电器电路相结合的方式，实现轨道交通中信号系统继电器电路逻辑控制的仿真实验功能。每个模块引出接线端子，模块之间的连接由学生根据点灯电路原理图进行操作，实现对学生教学和知识考核的目的，信号点灯电路原理实验箱模块化组成如图3所示。

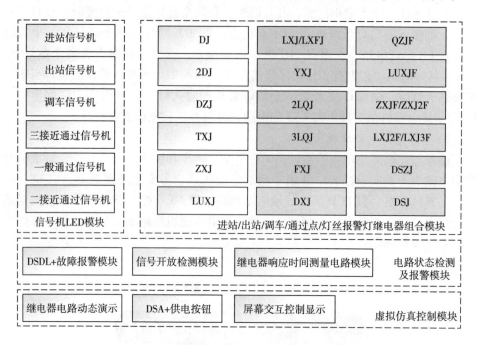

图3 信号点灯电路原理实验箱模块化组成

信号点灯电路应与信号平面布置图相关联，信号机的点灯逻辑根据信号机布置在站场中的位置确定，若确定了信号机在站场图中位置，其作为始终端的相关进路可以确定，即该信号机能够点亮的灯位颜色可以确定。因此，为了满足实验背景意义需求，设计了包含进站、出站、调车、通过信号机的简化站场图，如图4所示，包含下行X进站信号机；SⅢ和S5往北京正、反方向和东郊方面发车的三方向发车出站信号机、S1往正方向和反向发车的二方向出站信号机、SⅡ单方向信号机；D3调车信号机以及下行接车3217、3229、3241和下行发车3218、3230、3242四显示通过信号机等。

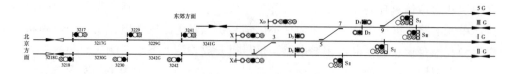

图4 实验箱信号平面布置

三、实验设备

（1）信号点灯电路原理实验箱。
（2）插导线若干。

四、实验步骤

第一步：学习并掌握信号机的组成、功能与分类。
第二步：学习信号点灯电路的组合与开放条件。
第三步：对信号点灯电路原理箱初步认知。

五、实验思考与讨论题

思考：信号点灯电路是否采用故障导向安全原则？体现在哪里？

六、实验注意事项

（1）实验前认真预习实验指导书，明确实验目的和要求，理解实验原理，掌握实验步骤及注意事项。
（2）按实验指导书中的步骤和指导教师的要求完成实验，认真做好实验记录。
（3）实验中保持设备、线路的完好，保持实验室清洁。
（4）按要求写实验报告，报告要求文理通顺、书写简洁、图文并茂、结论简明。

项目二　五显示进站信号机点灯电路原理实验

一、实验目的

（1）掌握五显示进站信号机中各颜色代表的行车指令。
（2）掌握五显示进站信号机的点灯电路原理。
（3）掌握五显示进站信号机触发条件。
（4）培养学生动手实践能力。

二、实验原理

本次实验模拟点亮五显示进站信号机，根据图5实验箱信号平面布置可知，整个站场进站信号机包括 X 和 XD，都是五显示灯位。本次实现模拟点亮进站信号机 X，完成北京方面来车进站台的各种情况的指引。

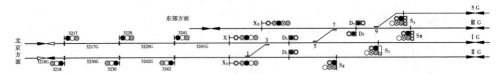

图5 实验箱信号平面布置

（一）进站信号机点灯逻辑含义

进站信号机为五显示灯位，列车进站一般会显示绿灯（L）、绿黄灯（LU）、黄灯（U）、黄闪黄灯（USU）、双黄灯（UU）、红灯（H）等。各灯位表示的含义如下：

（1）一个绿色灯光——准许列车按规定速度经正线通过车站，表示出站及进路信号机在开放状态，进路上的道岔均开通直向位置。

（2）一个绿色灯光和一个黄色灯光——准许列车经道岔直向位置，进入站内越过次一架已经开放的信号机准备停车。

（3）一个黄色灯光——准许列车经道岔直向位置，进入站内正线准备停车。

（4）一个黄色闪光和一个黄色灯光——准许列车经18号及以上道岔侧向位置，进入站内越过次一架已经开放的信号机且该信号机防护的进路经道岔直向位置或18号及以上道岔侧向位置。

（5）两个黄色灯光——准许列车经道岔侧向位置（但不满足上述第（4）项条件）进入站内准备停车。

（6）一个红色灯光——不准列车越过该信号机。

（7）一个红色和一个白灯光——引导信号，准许列车在该信号机前方不停车，以不超过20km/h的速度进站或通过接车进路，并须准备随时停车。

（二）实验接线原理

实验箱使用24V直流电源代替实际色灯信号机220V点灯电压供电；不再设置RD熔丝保险；使用光耦隔离电路代替点灯变压器，下同。

实验箱在进行进站信号机点灯实验时，所用到的继电器包括J1、J2、J3、J4、J5（还有DJ和2DJ）。其各继电器在点灯电路实验简图中与之对应的节点关系：J1为LXJ节点，J2为ZXJ节点，J3为TXJ节点，J4为LUXJ节点，J5为YXJ节点。

（三）信号点灯类型

表3 进站信号机信号点灯类型

信号机点灯类型		继电器	继电器数量	灯位详情表	灯位数量
进站	五显示	DJ/2DJ/LXJ//ZXJ/TXJ/YXJ/LUXJ	7	H/L/U/2U/LU/HB	6

（四）实验触发条件

表 4　进站信号机实验触发条件

信号机点灯类型	实验对象	进路条件	显示	触发吸起条件
进站信号机	X	至 I 股道	U	LXJ、ZXJ
		至Ⅲ（或5G）股道	UU	LXJ
		禁止接车	H	常态显示
		当出站信号机显示 LU 或 L 时	L	LXJ、ZXJ、TXJ
		当出站信号机显示 U 灯时	LU	LXJ、ZXJ、LUXJ
		引导开放信号	HB	YXJ

（五）实验结果考核

请按照实验触发条件依次接通各进路条件下的触发条件，验证实验的正确性。例如，进路条件为"正线通过"，分别闭合"LXJ、ZXJ、TXJ"三个继电器供电线圈，查看是否点亮绿灯灯位，填写表5。

表 5　进站信号机实验结果统计

信号机点灯类型	实验对象	进路条件	实验结果统计
进站信号机	X	至 I 股道	
		至Ⅲ股道	
		禁止接车	
		正线通过	
		转场进路	
		引导开放信号	

三、实验设备

（1）信号点灯电路原理实验箱。

（2）插导线若干。

四、实验步骤

第一步：学习进站信号机点灯含义，掌握灯位与接车进路对应关系。

第二步：学习进站信号机点灯电路图，掌握所需继电器个数与灯位个数，根据继电器类型在实验箱选定对应的继电器，选择上排进站 LED 灯位作为点灯对象。

第三步：按照点灯原理图接线；确保接线正确完毕后，接通点灯电源总开关，信号机应点亮红灯，若红灯未正确点亮，请确认屏幕点灯电路是否正确，根据原理图检查接线。

第四步：根据触发条件，通过触摸屏幕继电器控制按钮，使对应继电器线圈得电，正确点亮目标灯位。该步骤的目的是进行单点测试，通过触发各灯位点灯条件，依次完成 H/L/U/2U/LU/HB 点灯测试，若未正确点亮目标灯位，请根据原理图检查接线。

第五步：通过点击屏幕自动测试按钮，实现进站信号机的灯位测试。

五、实验思考与讨论题

思考：完成各个灯位点灯详细流向电路图。

如绿灯的点灯流向如下：

+24V—RD1—DJ_{5-6}—LXJ_{31-32}—ZXJ_{31-32}—TXJ_{31-32}—L—LUH—LXJ_{42-41}—RD2—GND。

六、实验注意事项

（1）实验前认真预习实验指导书，明确实验目的和要求，理解实验原理，掌握实验步骤及注意事项。

（2）按实验指导书中的步骤和指导教师的要求完成实验，认真做好实验记录。

（3）实验中保持设备、线路的完好，保持实验室清洁。

（4）按要求写实验报告，报告要求文理通顺、书写简洁、图文并茂、结论简明。

项目三　三方向出站信号机点灯电路原理实验

一、实验目的

（1）掌握三方向出站信号机中各颜色代表的行车指令。

（2）掌握三方向出站信号机的点灯电路原理。

（3）掌握三方向出站信号机触发条件。

（4）培养学生动手实践能力。

二、实验原理

本次实验模拟点亮三方向出站信号机。从图 6 实验箱信号平面布置可知列车三方向出站所在的站台轨道是 5G 轨道或者ⅢG 轨道。其出站信号机为四显示灯 S_5，通过点亮四显示灯 S_5 引导列车出站行驶。三个方向分别为北京方面的正反两个方向及东郊方面方向。

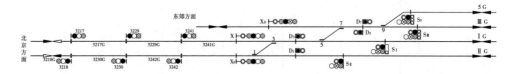

图 6　实验箱信号平面布置

（一）进站信号机点灯逻辑含义

以四显示区间自动闭塞为例，三方向出站信号机为四显示灯位，A 发车表示器和绿灯（BA + L）、A 发车表示器和绿黄灯（BA + LU）、A 发车表示器和黄灯（BA + U）、B 发车表示器和绿灯（BB + L）、C 发车表示器和绿灯（BC + L）、白灯（B）、红灯（H）。

（1）一个绿色灯光和 A 发车表示器——准许列车由车站往正方向发去，表示运行前方至少有三个闭塞分区空闲。

（2）绿黄灯和 A 发车表示器——准许列车由车站往正方向出发，表示运行前方有两个闭塞分区空闲。

（3）一个黄色灯光和 A 发车表示器——准许列车由车站往正方向出发，表示运行前方有一个闭塞分区空闲。

（4）一个绿色灯光和 B 发车表示器——准许列车由车站往 B 方向发去。

（5）一个绿色灯光和 C 发车表示器——准许列车由车站往 C 方向发去。

（6）一个白色灯光——允许调车信号。

（7）一个红色灯光——不准列车越过该信号机。

（二）实验接线原理图

实验接线原理如图 7 三方向出站信号机点灯电路所示。

实验箱在进行三方向出站信号机点灯实验时，所用到 9 个继电器包括 J1、J2、J3、J4、J5、J6、J7（还有 DJ 和 2DJ）。其各继电器在点灯电路实验简图中与之对应的节点关系为：J1 为 LXJ 节点、J2 为 LJ 节点、J3 为 LUJ 节点、J4 为 DXJ 节点、J5 为 AFJ 节点、J6 为 BFJ 节点、J7 为 CFJ 节点。

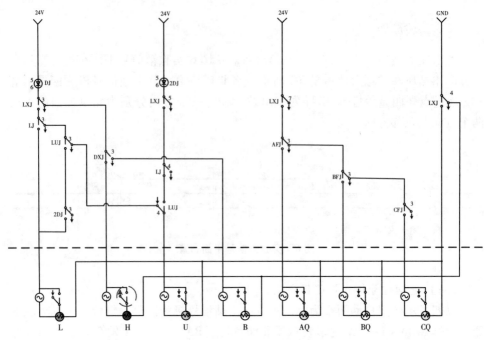

图7 三方向出站信号机点灯电路

（三）信号点灯类型

表6 三方向出站信号点灯类型

信号机点灯类型		继电器	继电器数量	灯位详情表	灯位数量
三方向出站	四显示	DJ/2DJ/LXJ/LJ/LUJ/DXJ/AFJ/BFJ/CFJ	9	H/L/LU/U/B/BA/BB/BC	7

（四）实验触发条件

表7 三方向出站实验触发条件

信号机点灯类型	实验对象	进路条件	显示	触发吸起条件
三方向出站 信号机	SⅢ/S5	北京方面发车，3230G 有车占用	U + BA	LXJ、AFJ
		北京方面发车，3218G 有车占用	LU + BA	LXJ、LUJ、AFJ
		北京方面发车，3230G 和 3218G 空闲	L + BA	LXJ、LJ、AFJ
		反方面发车	L + BB	LXJ、LJ、BFJ
		东郊方面发车	L + BC	LXJ、LJ、CFJ
		禁止通过信号机	H	供电

（五）实验结果考核

请按照实验触发条件依次接通各进路条件下的触发条件，验证实验的正确性。例如，进路条件为"北京方面发车，3230G 和 3218G 空闲"，分别闭合"LXJ、LUJ、AFJ"三个继电器供电线圈，查看是否点亮绿灯灯位和，填写表 8。

表 8　三方向出站实验结果考核

信号机点灯类型	实验对象	进路条件	实验结果统计
三方向出站信号机	SⅢ/S5	北京方面发车，3230G 有车占用	
		北京方面发车，3218G 有车占用	
		北京方面发车，3230G 和 3218G 空闲	
		反方面发车	
		东郊方面发车	
		禁止通过信号机	

三、实验设备

（1）信号点灯电路原理实验箱。
（2）插导线若干。

四、实验步骤

第一步：学习三方向出站信号机点灯含义，掌握灯位与列车出站对应关系。

第二步：学习三方向出站信号机点灯电路图，掌握所需继电器个数与灯位个数，根据继电器类型在实验箱选定对应的继电器，选择上排三方向出站 LED 灯位作为点灯对象。

第三步：按照三方向出站信号机点灯原理图接线；确保接线正确完毕后，接通点灯电源总开关，信号机应点亮红灯，若红灯未正确点亮，请确认屏幕点灯电路是否正确，根据原理图检查接线。

第四步：根据触发条件，通过触摸屏幕继电器控制按钮，使对应继电器线圈得电，正确点亮目标灯位。该步骤目的是进行单点测试，通过触发各灯位点灯条件，依次完成 H/L/LU/U/B/BA/BB/BC 点灯测试，若未正确点亮目标灯位，请根据原理图检查接线。

第五步：通过点击屏幕自动测试按钮，实现进站信号机的灯位测试。

五、实验思考与讨论题

完成各个灯位点灯详细流向电路图。

如绿灯 + A 发车表示器的点灯流向如下：

+24—RD1—DJ5 –6—LXJ31 –32—LJ31 –32—L—LUH—LXJ42 –41—RD2—GND

+24—RD4—DJ5 –6—LXJ71 –72—AFJ31 –32—AB—LUH—LXJ42 –41—RD2—GND

六、实验注意事项

（1）实验前认真预习实验指导书，明确实验目的和要求，理解实验原理，掌握实验步骤及注意事项。

（2）按实验指导书中的步骤和指导教师的要求完成实验，认真做好实验记录。

（3）实验中保持设备、线路的完好，保持实验室清洁。

（4）按要求写实验报告，报告要求文理通顺、书写简洁、图文并茂、结论简明。

项目四　调车信号机点灯电路原理实验

一、实验目的

（1）掌握调车信号机中各颜色代表的行车指令。

（2）掌握调车信号机的点灯电路原理。

（3）掌握调车信号机触发条件。

（4）培养学生动手实践能力。

二、实验原理

本次实验模拟点亮调车信号机。从图 8 实验箱信号平面布置可知调车信号机有 D1、D3、D5 和 D7 4 个调车信号机。本次实验以调车信号机 D3 为例模拟点灯调车信号机电路。

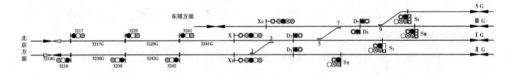

图 8　实验箱信号平面布置

（一）调车信号机点灯逻辑含义

调车信号机由两个灯位组成：白灯（B）、蓝灯（A）。

（1）一个白色灯光——允许调车信号。

（2）一个蓝色灯光——禁止调车信号。

（二）实验接线原理

实验箱在进行调车信号机点灯实验时，所用到继电器为J1，其各继电器在点灯电路实验简图中与对应节点关系为：J1 表示 DXJ 节点（见图9）。

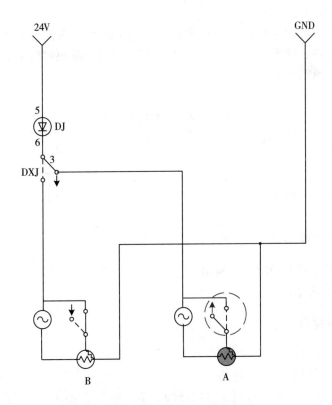

图9　调车信号机点灯电路实验简图

（三）信号点灯类型

表9　调车信号点灯类型

信号机点灯类型	继电器	继电器数量	灯位详情表	灯位数量
调车 D3	DJ/DXJ	2	B/A	2

（四）实验触发条件

表 10　调车实验触发条件

信号机点灯类型	实验对象	进路条件	显示	触发吸起条件
调车信号机	D3	允许调车	B	DXJ 吸起
		禁止调车	A	DXJ 落下

（五）实验结果考核

请按照实验触发条件依次接通各进路条件下的触发条件，验证实验的正确性。例如，进路条件为"允许调车"，则保证"DXJ"继电器吸起，查看是否点亮白灯灯位，填写表 11。

表 11　调车实验结果考核

信号机点灯类型	实验对象	进路条件	实验结果统计
调车信号机	D3	允许调车	
		禁止调车	

三、实验设备

（1）信号点灯电路原理实验箱。
（2）插导线若干。

四、实验步骤

第一步：学习调车信号机点灯含义和断丝报警含义，掌握灯位与接车进路对应关系，掌握断丝报警逻辑电路。

第二步：学习调车信号机点灯电路图，掌握所需继电器个数与灯位个数，选择上排调车 LED 灯位点灯对象。

第三步：按照调车信号机点灯原理图接线；确保接线正确完毕后，接通点灯电源总开关，信号机应点亮蓝灯，若蓝灯未正确点亮，请确认屏幕点灯电路是否正确，根据原理图检查接线。

第四步：根据触发条件，通过触摸屏幕继电器控制按钮，使对应继电器线圈得电，正确点亮目标灯位。该步骤目的是进行单点测试，通过触发各灯位点灯条件，依次完成 B/A 点灯测试，若未正确点亮目标灯位，请根据原理图检查接线。

第五步：通过点击屏幕自动测试按钮，实现调车信号机的灯位测试。

五、实验思考与讨论题

完成调车信号各个灯位点灯详细流向电路图。

六、实验注意事项

（1）实验前认真预习实验指导书，明确实验目的和要求，理解实验原理，掌握实验步骤及注意事项。

（2）按实验指导书中的步骤和指导教师的要求完成实验，认真做好实验记录。

（3）实验中保持设备、线路的完好，保持实验室清洁。

（4）按要求写实验报告，报告要求文理通顺、书写简洁、图文并茂、结论简明。

项目五　三接近通过信号机点灯电路原理实验

一、实验目的

（1）掌握三接近通过信号机中各颜色代表的行车指令。

（2）掌握三接近通过信号机的点灯电路原理。

（3）掌握三接近通过信号机触发条件。

（4）培养学生动手实践能力。

二、实验原理

本次实验模拟点亮三接近通过信号机。由图10实验箱信号平面布置可知通过信号机3217信号机、3229信号机、3241信号机等。其中，3217信号机为一般通过信号机、3229信号机为二接近通过信号机、3241信号机为三接近通过信号机。本实验模拟点亮3241信号机完成指引列车通过3241信号机动作。

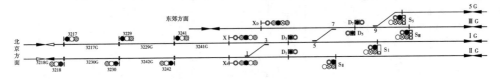

图10　实验箱信号平面布置

（一）三接近通过信号机点灯逻辑含义

以四显示区间自动闭塞为例，三接近通过信号机四显示灯位，绿灯（L）、绿黄灯（LU）、黄灯（U）、红灯（H）。

（1）一个绿色灯光——准许列车按规定速度运行，表示运行前方至少有三个闭塞空闲。

（2）一个绿黄灯光和一个黄色灯光——准许列车按规定速度运行，要求注意准备减速，表示运行前方有两个闭塞分区空闲。

（3）一个黄色灯光——要求列车减速运行，按规定速度越过该信号机，表示运行前方有一个闭塞分区空闲。

（4）一个红色灯光——列车应该在该信号机前停车。

（二）实验接线原理图

实验箱在进行三接近通过信号机点灯实验时，所用到7个继电器包括J1、J2、J3、J4、J5（还有DJ和2DJ）。其各继电器在点灯电路实验简图中与对应节点关系为：J1为GJF节点、J2为LXJ2F节点、J3为ZXJF节点、J4为LUXJF节点、J5为QZJF节点（见图11）。

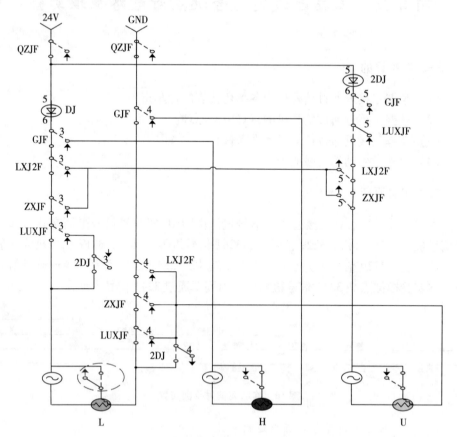

图11　三接近通过信号机点灯电路

（三）信号点灯类型

表12 三接近通过信号点灯类型

信号机点灯类型	继电器		继电器数量	灯位详情表	灯位数量
三接近3241信号机	三显示	DJ/2DJ/GJF/LXJ2F/ZXJF/LUXJF/QZJF	7	H/L/LU/U	4

（四）实验触发条件

表13 三接近实验触发条件

信号机点灯类型	实验对象	进路条件	显示	触发吸起条件
三接近通过信号机	3241	3241G 有车占用	H	QZJF 吸起、DJ 通电、GJF 落下
		1. 进站信号机 X 点红灯 2. 进站信号机 X 点双黄 3. 进站信号机 X 黄闪黄	U	1. X 点红：QZJF 吸起、DJ 通电、GJF 吸起、LXJ2F 落下 2. X 点双黄：QZJF 吸起、DJ 通电、GJF 吸起、LXJ2F 吸起、ZXJF 落下 3. X 点黄闪黄：同 2
		进站信号机点 U	LU	QZJF 吸起、DJ 通电、2DJ 通电、GJF 吸起、LXJ2F 吸起、ZXJF 吸起
		进站信号机点 LU	L	QZJF、DJ 通电、2DJ 通电、GJF 吸起、LXJ2F 吸起、ZXJF 吸起、LUXJF 吸起

（五）实验结果考核

请按照实验触发条件依次接通各进路条件下的触发条件，验证实验的正确性。例如，进路条件为"3241G 有车占用"，分别闭合"QZJF、DJ、GJF"三个继电器供电线圈，查看是否点亮红灯灯位，填写表14。

表14 三接近通过实验结果考核

信号机点灯类型	实验对象	进路条件	实验结果统计
三接近通过信号机	3241	3241G 有车占用	
		1. 进站信号机 X 点红灯	
		2. 进站信号机 X 点双黄	
		3. 进站信号机 X 黄闪黄	
		进站信号机点 U	
		进站信号机点 LU	
		3241G 有车占用	

三、实验设备

（1）信号点灯电路原理实验箱。

（2）插导线若干。

四、实验步骤

第一步：学习三接近通过信号机点灯含义，掌握灯位与通过进路对应关系。

第二步：学习三接近通过信号机点灯电路图，掌握所需继电器个数与灯位个数，根据继电器类型在实验箱选定对应的继电器，选择上排通过 LED 灯位作为点灯对象。

第三步：按照点灯原理图接线；确保接线正确完毕后，接通点灯电源总开关。

第四步：根据触发条件，通过触摸屏幕继电器控制按钮，使对应继电器线圈得电，正确点亮目标灯位。该步骤目的是进行单点测试，通过触发各灯位点灯条件，依次完成 H/L/LU/U 点灯测试，若未正确点亮目标灯位，请根据原理图检查接线。

第五步：通过点击屏幕自动测试按钮，实现三接近通过信号机的灯位测试。

五、实验思考与讨论题

完成调车信号机各个灯位点灯详细流向电路图。

六、实验注意事项

（1）实验前认真预习实验指导书，明确实验目的和要求，理解实验原理，掌握实验步骤及注意事项。

（2）按实验指导书中的步骤和指导教师的要求完成实验，认真做好实验记录。

（3）实验中保持设备、线路的完好，保持实验室清洁。

（4）按要求写实验报告，报告要求文理通顺、书写简洁、图文并茂、结论简明。

项目六　进站信号机断丝报警电路原理实验

一、实验目的

（1）掌握断丝报警电路的原理。

（2）掌握断丝报警逻辑电路的触发条件。

（3）培养学生动手实践能力。

二、实验原理

本次实验模拟灯丝断丝报警电路，从图 12 实验站场示意图可知进站信号机有 X 和 XD，本次实验以 X 的任一灯泡主灯丝断丝为例结合控制台的 DSJ、DSA、DSDL 和 DSD 模拟灯丝断丝报警电路。

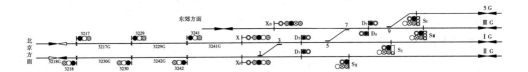

图 12　实验箱信号平面布置

（一）断丝报警逻辑

灯丝断丝报警由断丝报警继电器（DSJ）和断丝报警指示灯（DSD）组成。

（1）DSD 亮——灯丝熔断。

（2）DSD 灭——正常状态。

（二）实验接线原理图

上行咽喉断丝报警电路，进站信号机 X 部分（见图 13）。

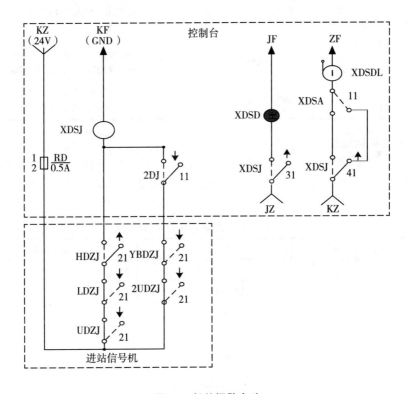

图 13　断丝报警电路

（三）信号点灯类型

表 15　断丝报警信号点灯类型

设备名称	继电器与相关设备	继电器数量	灯位详情表	灯位数量
断丝报警相关继电器	XDSJ/2DJ/HDZJ/LDZJ/UDZJ/2UDZJ/YBDZJ	7	XDSD 亮/灭	1
断丝报警电铃	XDSDL（下行咽喉灯丝电铃）		1 个蜂鸣器	
断丝报警灯	XDSD（下行咽喉灯丝报警灯）		1 个 LED	
断丝按钮	XDSA（下行咽喉断丝报警按钮）		1 非自复按钮	

（四）实验触发条件

表 16　断丝报警实验触发条件

信号机点灯类型	实验对象	进路条件	显示	触发吸起条件
三接近通过信号机	3241	3241G 有车占用	H	QZJF 吸起、DJ 通电、GJF 落下
		1. 进站信号机 X 点红灯 2. 进站信号机 X 点双黄 3. 进站信号机 X 黄闪黄	U	1. X 点红：QZJF 吸起、DJ 通电、GJF 吸起、LXJ2F 落下 2. X 点双黄：QZJF 吸起、DJ 通电、GJF 吸起、LXJ2F 吸起、ZXJF 落下 3. X 点黄闪黄：同 2
		进站信号机点 U	LU	QZJF 吸起、DJ 通电、2DJ 通电、GJF 吸起、LXJ2F 吸起、ZXJF 吸起
		进站信号机点 LU	L	QZJF、DJ 通电、2DJ 通电、GJF 吸起、LXJ2F 吸起、ZXJF 吸起、LUXJF 吸起

（五）实验结果考核

请按照实验触发条件依次接通各点灯条件下的触发条件，验证实验的正确性。例如，点灯条件为"正常状态"，则保证"HDZJ"继电器吸起，填写表 17。

表 17　断丝报警实验结果考核

信号机点灯类型	点灯条件	实验结果统计
断丝报警	正常状态	
	红灯主灯丝熔断	
	绿灯主灯丝熔断	
	黄灯主灯丝熔断	
	双黄灯主灯丝熔断	
	引导白灯主灯丝熔断	

三、实验设备

（1）信号点灯电路原理实验箱。

（2）插导线若干。

四、实验步骤

第一步：学习进站信号机断丝报警含义，掌握断丝报警逻辑电路。

第二步：按照实验一"五显示进站信号机点灯实验"原理图将进站信号机电灯电路接好，将仿真信号机控制线切换至断丝报警模块信号机对应灯位。

第三步：按照灯丝报警电路原理图接线；确保接线正确完毕后，接通点灯电源总开关。

第四步：根据触发条件，拔掉点亮灯色对应的主灯丝，此时，断丝报警红灯点亮（DSD），断丝报警电铃蜂鸣器响起来（DSDL）；然后，通过拨动断丝报警按钮开关（DSA），使 XDSDL 停止蜂鸣，XDSD 保持点亮；最后，将主灯丝恢复，若 XDSD 熄灭，实验成功，恢复 XDSA。

五、实验思考与讨论题

完成各个灯位主灯丝断丝报警电路图。

六、实验注意事项

（1）实验前认真预习实验指导书，明确实验目的和要求，理解实验原理，掌握实验步骤及注意事项。

（2）按实验指导书中的步骤和指导教师的要求完成实验，认真做好实验记录。

（3）实验中保持设备、线路的完好，保持实验室清洁。

（4）按要求写实验报告，报告要求文理通顺、书写简洁、图文并茂、结论简明。

实验四　车站信号控制综合实验

项目一　车站信号平面图设计实验

一、实验目的

（1）掌握道岔定位位置与编号原则。

（2）掌握信号机的设置及命名。

（3）掌握轨道区段的划分与命名。

（4）培养学生工程实践能力。

二、实验原理

车站信号平面图是根据站场的缩尺平面图绘制的有关信号设备布置情况的图纸，是电气集中设计的基础。车站平面图能正确反映出道岔直向位置、列车和调车信号机的布置情况及设置地点、轨道区段的划分及股道的运行情况等。信号平面布置图是初步设计的主要图纸。

（一）道岔定位位置与编号

在电气集中车站，进路使用完毕后不要求道岔恢复定位，也就是说，平时道岔可以处于两个位置中的任意一个。从这个意义上说，道岔无所谓定位和反位。但考虑到便于道岔两个位置的命名、绘图时的参考位置以及联锁失效时仍要以手动方式扳动道岔等原因，电气集中道岔也要确定其定位位置，并沿用了手动道岔确定定位的原则。

（1）单线区段车站的正线上的进站道岔，以由车站两端向不同线路开通的位置为定位。如图 1 所示。

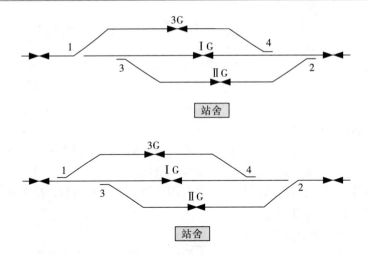

图1　单线区段车站道岔定位位置

（2）双线区段车站正线上的进站道岔，以向各该正线开通的位置为定位。如图2所示。

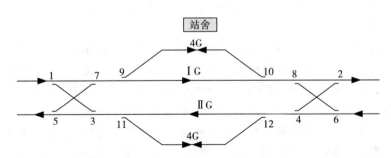

图2　双线区段车站道岔定位位置

（3）所有区间及站内的其他道岔，除了引向安全线和避难线者外，均是开通直向为定位。

（4）引向安全线、避难线的道岔，以开通安全线、避难线的位置为定位，如图3所示。此类道岔反位使用完后，应及时将其恢复为定位。

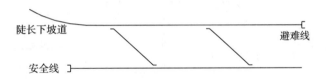

图3　引向安全线、避难线的道岔定位位置

（5）侧线上的道岔除引向安全线和避难线之外，向列车进路开通位置或靠近站舍进路开通的位置为定位。

（6）在确定道岔定位位置时，应把那些可以划成双动道岔的尽量划成双动。判断方法是：排列进路时两组道岔要定位都定位，要反位都反位的可作为双动道岔。例如，渡线两端的道岔可设为双动道岔。这样可以节省电缆和继电器，同时对进路还能起到防护作用。

道岔的编号方法是：在下行进站一端，从外向内顺序编为单号；在上行列车进站一端顺序编为双号；并以站中心划分单双数编号的分界线。位于同一坐标的道岔先编靠近信号楼的道岔。对同一端有两个及其以上方向时，应先编主要方向的道岔。双动道岔连续编号。

（二）信号机的设置及命名

信号机是指示列车和车列运行的主要设备，车站线路能否被充分利用，及使用中是否具备最大灵活性，很大程度上取决于信号机的布置是否合理。因此，设置信号机时，一定要对站内作业及线路运用情况有充分的了解。然后再根据《铁路技术管理规程》及《铁路信号设计规范》来确定全站信号机。有关信号机的设置地点还应与运输、机务及工务等有关部门共同研究确定。

1. 进站信号机

为了防护车站，指示列车能否由区间进入车站，在车站的入口处设置的信号机叫做进站信号机。进站信号机设置于车站入口处对向道岔尖轨外方不少于50m的地点；或顺向道岔的警冲标外方50m的地点。如因调车作业和制动距离的需要，可适当外移，但一般不宜超过400m，以提高车站行车作业效率。

进站列车所经由的径路，叫作接车进路。进站信号机实际上是用来防护接车进路的。图4中的下行进站信号机 X，可以防护三条接车进路：其中进 IG 的进路，是下行正线接车进路；进 3G、4G 的进路是站线（也叫作侧线）接车进路。这些接车进路的起点，由进站信号机 X 开始，终点是股道另一端，能起阻拦作用的列车信号机 XI、X3 和 X4。如无列车信号机时，则至股道末端的警冲标。因为这三条接车进路的始端在同一地点，所以可共用一架进站信号机 X 予以防护。

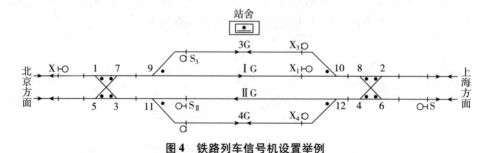

图4　铁路列车信号机设置举例

进站信号机的命名是根据运行方向而定，一般上行用 S，下行用 X 标注。如图 4 所示，指引列车由北京方面进站，是下行接车进路，因此防护下行接车进路的进站信号机命名为信号机"X"。指引列车由上海方面进站，是上行接车进路，因此防护该进路的进站信号机命名为信号机"S"。进站信号机"X"所在的咽喉是下行咽喉，该咽喉的道岔，由进站口向股道方向以单数连续编号，双动道岔连续编号，如 1/3 道岔。若两个道岔位于同一坐标，则先编靠近信号楼（站舍）的道岔，如 9、11 道岔。进站信号机"S"所在的咽喉是上行咽喉，以双数连续编号，其他原则与下行咽喉一致。如图 4 所示。

2. 出站信号机

为了禁止或允许列车由车站驶往区间，在车站的正线和到发线上，应设置出站信号机。出站信号机应设在每条到发线的警冲标内方（对向道岔为尖轨尖端外方）适当的地点。由于铁路信号是以地面信号机为主体信号，所以正线或具有高速通过的线路上的出站信号机，应设置成高柱信号机，显示距离不小于 800m。设置在侧线上的出站信号机，可使用矮柱信号机，显示距离不小于 200m。

如图 4 所示，列车下行接车至 IG，XI 出站信号机，作为该进路的阻拦信号机，禁止列车开往区间。当列车由 IG 出发进入区间，XI 作为该发车进路的防护信号机，该信号机"开放"，允许列车驶离车站，进入区间。

对出站信号机的命名，上行方向用"S"，下行方向用"X"，再在其右下角写上所在股道的编号，如 S4、XI 等。

3. 调车信号机

下面结合一个具体调车作业来讨论布置调车信号机的基本方法。在图 5（a）中，假设有一车组（去向相同的几节货车连挂在一起，叫车组）需从股道ⅢG 转送到股道ⅡG 去。为了完成这一调车作业，机车车辆应首先从ⅢG 向咽喉区调出，直到机车车辆全部越过 19 号道岔后才可停车。这行程叫作调车作业的第一行程。这条进路是这一调车作业的第一条进路，称为牵出进路。为了防护这一条调车进路，在进路的始端，即在 19 号道岔警冲标内方应设一架调车信号机，因为ⅢG 是到发线，设有出站信号机，所以该调车信号装在出站信号机上，叫作出站兼调车信号机，如果ⅢG 不是发车线，则应设调车信号机。出站兼调车信号机，按出站信号机编号，上行编为 SⅢ。待通向ⅡG 的进路排通后，车组即可向ⅡG 驶去。这个行程称为这一调车作业的第二行程，此进路叫作折返进路。第一行程和第二行程的分歧道岔是 19 号，称它为折返道岔。为了防护折返进路，在19 号道岔尖轨前面应设一架调车信号机，如图 5 中的 D17 所示（调车信号机的编号与道岔的编号原则一样，由站外向站内依次编为奇数或偶数）。

从以上讨论可见，只要设置信号机 SⅢ和 D17，就能指挥上述的调车作业，并能保证进路的安全。同理，为了指挥由ⅡG向ⅢG转送车辆的作业并保证其安全，在23号道岔警冲标内方适当地点，也需要设置出站兼调车信号机SⅡ。由此看来，从保证安全的角度出发，股道ⅡG和ⅢG之间的转线调车作业，只需要三架调车信号机SⅡ、SⅢ和D17防护就可以了。但从提高车站线路设备的运用效率的角度考虑，这是不够的。根据咽喉布置情况，道岔19和道岔5相距较远，其间能容纳一个短的车组。当车组牵出至D17信号机外方停留期间，如果道岔5不被占用，则应允许通过道岔5，办理其他列车或调车进路，如图5（a）所示，经由5/7道岔反位的A—B进路。为了保证A—B进路的安全，在道岔5警冲标内方设置一架调车信号机D9，用它来阻拦由股道牵出的车组，使之不越过信号机D9。即用D9将由股道牵出的调车进路，与A—B的进路隔离开，使之能够同时进行平行作业。

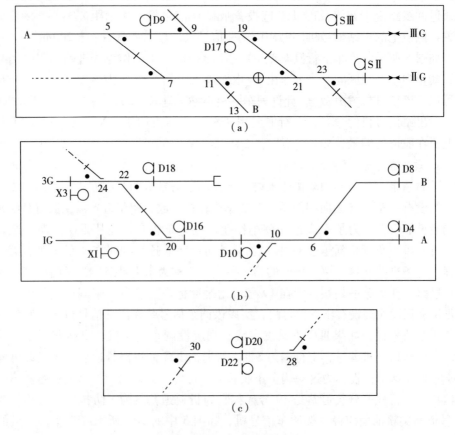

图5　设置调车信号机的基本方法

综上所述，我们讨论了三种不同作业的调车信号机的设置。

（1）调车起始信号机。这类信号机设于一个完整的调车作业的起点。如SⅡ、SⅢ。由股道、专用线、牵出线、机待线、调车场以及机务段等处向咽喉区调车时，都需要在调车进路的始端设置调车起始信号机。

（2）调车折返信号机（又称回程信号机）。这类信号机是指挥机车车辆折返用的，如D17。应设在折返道岔的尖轨尖端与基本轨接缝处，以便缩短调车行程，提高作业效率。应当注意的是，不仅仅股道与股道间的转线作业含有折返行程，其他如调车场与到发线之间，机务段与专用线之间，许多调车作业都可能包含折返过程。因此，布置折返信号机时应从多方面去考虑。

（3）调车阻拦信号机（或称目标信号机）。设置这类信号机的目的是为了增加平行作业，以提高车站通过能力，如D9。

我们把调车信号机划分为以上三种，只是为了在布置调车信号机时有所遵循，但并不是说一架信号机只能起到一种作用，如图5（b）中，D16是股道IG和3G之间的转线作业用的折返调车信号机，D10是阻拦调车信号机，而在A和B之间进行转线作业时，则D10就成了折返调车信号机，而D16就作为阻拦调车信号机。

为了叙述上的方便，我们把在股道头部设置的调车信号机，如图5（b）中的XID和X3D统称为股道头部调车信号机，把在牵出线、专用线、机待线、机车出入库线等设置的调车信号机，统称为尽头型调车信号机，如图5（b）中的D18，而把在咽喉区中间设置的折返调车信号机和阻拦调车信号机，又统称为咽喉调车信号机。当两架背向的咽喉调车信号机之间有一个无岔区段（规定长度不得少于50m）时，如图5中D16和D10，则称这两架信号机为差置调车信号机。与其相对应，图5（c）中的咽喉调车信号机D20和D22为并置调车信号机。它们之所以要并置，因为它们之间由于线路的限制划分不出不小于50m长的无岔区段。图5（a）中的两背向调车信号机D17和D9之间不是一个无岔区段，而是包含道岔的道岔区段，所以它们不是差置调车信号机，而是单置调车信号机。其特点是：不但没有与其并置的背向信号机，且在其前后的轨道电路区段都包含道岔。

我们区分上述各种调车信号机的设置特点，还不仅仅是为了叙述方便，因为它们设置的特点不同，控制它们的联锁条件也不完全相同。

（三）轨道区段的划分与命名

1. 轨道区段的划分方法

（1）凡是有信号机的地方，都要将信号机内外方划分为不同的轨道区段。因此在进站、出站及调车信号机处，均应设置绝缘节。

（2）牵出线、机待线、尽头线、专用线等处的调车信号机外方应设置一段不小于 25m 长度的轨道电路，作为接近区段。

（3）在双线区段，若在出站口最外方对向道岔处设调车信号机时，在信号机与站界标之间应设一段轨道电路，其长度不小于 50m，以便利于该调车信号机进行折返折返作业时不占用区段线路。

（4）凡是能构成平行进路的地点，都应设置钢轨绝缘把它们隔开。

（5）为了保证轨道电路的可靠工作，每个道岔区段一般不应超过三组单开道岔或两组交分道岔。

2. 轨道区段的命名

道岔轨道区段 DG 前冠以道岔编号，如 5DG、19 - 21DG 等；无岔区段用两端相邻道岔编号以分数形式表示，如 1/19WG 或 1/19G；接发车口处因设置调车信号机而形成的线路区段，根据衔接股道的编号再加以 A 或 B，下行咽喉加 A，上行咽喉加 B，例如 IAG、ⅡBG 等。

股道的编号方法是：单线铁路车站。从靠近站舍起，向远离站舍方向顺序编号，正线用罗马数字（Ⅰ、Ⅱ……）编号，站线用阿拉伯数字编号。双线铁路车站，先编正线股道的号码，下行正线一侧为单数，上行正线一侧用双数，从正线向外顺序编号。

三、实验设备

车站平面图一张。

四、实验步骤

第一步：依照指导老师提供的站场平面图，设置信号机并命名、确定道岔定位位置、编号、划分轨道区段并命名。

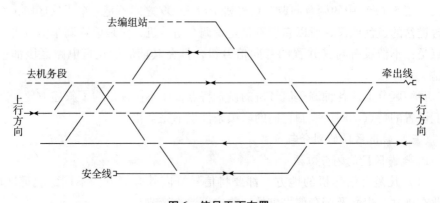

图 6　信号平面布置

第二步：用 AutoCAD 将信号平面布置图画在 A4 图纸上。

五、实验思考与讨论题

思考：设计信号平面布置图应注意哪些事项？

六、实验注意事项

（1）实验前认真预习实验指导书，明确实验目的和要求，理解实验原理，掌握实验步骤及注意事项。

（2）按实验指导书中的步骤和指导教师的要求完成实验，认真做好实验记录。

（3）实验中保持设备、线路的完好，保持实验室清洁。

（4）按要求写实验报告，报告要求文理通顺、书写简洁、图文并茂、结论简明。

项目二　联锁表编制实验

一、实验目的

（1）掌握车站信号控制中的联锁关系。

（2）掌握联锁表编制的原则。

（3）培养学生工程设计能力。

二、实验原理

联锁表是根据一个联锁集中站上的各个联锁设备，诸如转辙机、信号机和轨道电路等设备的设置情况及其工作状态所编制的表格，它直观反映了一个联锁集中站内各个道岔、各类信号机、各条进路等联锁设备的工作时对其他联锁设备的影响，体现了它们之间相互影响、相互制约的联锁关系。

以下内容是联锁表中主要填写的内容，是联锁表应必须反映的联锁内容与联锁关系。

（一）方向栏

联锁表中的方向栏内需要按顺序填写每一条列车进路或调车进路的进路性质及运行方向。在进路栏进中的路性质一列可填写进路的三种基本性质，即列车进路、调车进路或根据特殊站场情况下特别设置的延续进路。延续进路是一种在极端情况下设置的特殊进路，如在进站信号机所防护的线路下坡坡度超过0.06%的情况下，则应在接车股道上设置线路隔开设备；若未设置线路隔开设备，则需要在接车股道外方设置与其相连接的连续进路，列车接车时，将接车进路和相应的连续进路都进行锁闭，以防止列车在下坡的线路上因重力原因无法停车冒进至未锁闭的进路上。

（二）进路栏

车站站场内每一条列车基本进路或调车基本进路及其方向、进路始端和进路终端应按其性质逐条填写于进路栏中，方向栏填接车方向或发车方向，性质栏填列车进路或调车进路。车站内的设备必须保证列车或调车车列在车站内的运行安全，也就是只有确保列车或调车车列能在属于该列车的进路或调车进路中安全运行，列车或调车车列才能允许进入该进路。每一个进路的始端都设置一个信号机来防护进路，这架位于进路始端的信号机是由进路性质决定的。

1. 进路的性质和分类

进路按性质分主要有两类，联锁集中车站站场上的进路可以分为列车进路和调车进路两类。列车进路的主要特征是其路径有进或出车站的部分，即由区间进入车站或由车站进入区间，并由列车信号机进行防护。列车进路有下列五类：

（1）接车进路是指列车车列由站外区间进入车站站场内的一个股道所经过的路径，其特征是有进入车站的作业，由进站信号机进行防护。

（2）发车进路是指列车车列由站内的某一个股道发车，离开站场驶入区间所经过的路径，其特征是有离开车站的作业，由出站兼调车信号机进行防护。

（3）通过进路是指列车车列从一个区间经由某一车站时，不在车站内停留，而是直接穿越车站咽喉区进入下一个区间的情况下在该车站内所经过的路径，其特征是既有进入车站的作业又有离开车站的作业。

（4）调车进路是指调车车列在车站内进行调车性质作业时要经过的进路。

一辆列车或调车车列从一个信号机到另一信号机建立长进路时，若因站场的结构可以建立多条进路，则这些进路可以统分为两类：一类为基本进路，另一类为变通进路。

（5）基本进路是指列车或调车车列在可以建立变通进路的情况下，从一个信号机到另一信号机之间建立的最短进路，对车站作业影响最小的进路，而其他相同始端信号机和终端信号机可建立的进路就是变通进路。

在城市轨道交通电气联锁车站中建立的进路还可能有平行进路和八字形进路的进路建立形式。平行进路是指两条走形相互平行，互不干涉的进路，而八字形进路是八字形走向的变通进路。

2. 进路的状态

进路状态存在两种状态，即锁闭状态和解锁状态。当进路处于锁闭状态时，进路内所有的道岔都在转辙机的带动下已转至规定的位置且被转辙机内锁闭或外锁闭锁住，且所有敌对信号已被证明关闭。经继电器电路检查进路已被锁闭后，即表示进路已被检查且确定处于安全状态，信号机开放的联锁条件满足后，始端信号机方能发出允许信号，允许列车或调车车列进入信号机内方区段。

当联锁检查电路检查出该进路中的列车或调车车列出清以后，进路自动解锁，从锁闭状态转换至解锁状态。

只有保障列车和调车车列在所选排的进路中能够安全运行时，即保障进路安全的设备完好，且处于安全状态，同时，该车列在进路上运行时没有其他车列能够进入该进路时，进路才能允许列车或调车车列进入，若无法保障车列在该进路上的运行安全，列车或调车车列将不允许进入进路。

进路设备完好且处于安全状态是指一条进路内的信号机、道岔和轨道电路都能正常工作，也能正确反映其状态，各个设备反映进路安全运行的条件满足，即道岔已经被锁闭不能转换，轨道区段不能有车占用，进路处于安全状态之后，始端信号机才能开放。综上所述只有进路处于锁闭状态才是安全状态，而进路的其他状态如进路解锁、进路设备故障是不安全状态，进路建立之后，只有确定进路完全处于锁闭状态后，列车或调车进路才允许在该进路上运行。

所有的列车进路和调车进路都应按顺序列出在进路栏中填写，在一条列车进路存在可以建立基本进路和多条变通进路的条件时，其基本列车进路和一条主要变通进路都应被列在进路栏中，列车基本进路作为主要的进路方式，变通进路则作为列车基本进路的第二种进路方式。对于列车进路的基本进路，要使用"1"来填写在进路方式栏中，对于列车进路的变通进路，要使用"2"来填写在进路方式栏中，而对可以建立基本进路和变通进路的调车进路只需在进路栏中填基本进路。

（三）排列进路按下按钮栏

选排一条列车进路或调车进路时，需要按下的列车或调车始端按钮和列车或调车终端按钮的名称应按顺序依次填写在排列进路按下按钮栏中。为了能方便车站值班员进行人工排列进路操作，控制台会设置相应的始端和终端按钮在进路的始端和终端在控制台相应的位置，一般在列车进路的防护信号机处设置列车始端按钮，在调车进路的防护信号机处设置调车始端按钮，终端按钮的设置视建立进路的情况而定。

设在控制台上的始端按钮为建立两种性质的进路可分为两类，列车进路始端按钮 LA 和调车进路始端按钮 DA，设在控制台的终端按钮同样可以分为列车终端按钮和调车终端按钮。在控制台上按下相对应的列车进路始端按钮和列车进路终端按钮就可以排列相应的列车进路，按下相对应的调车进路始端按钮和调车进路终端按钮则可以排列相应的调车进路。

在排列进路时车站值班员所按下的按钮性质可以决定所排进路的性质，无须其他操作。

（四）道岔栏

排列对应进路时需要检查的全部道岔、带动道岔以及防护道岔的编号和该进路可通行的规定位置（定位或反位）等内容都应填写在道岔栏中。排列进路时，规定处于定位的道岔通常将不带括号的该道岔编号填写至该栏中，而排列进路时，规定处于反位的道岔则用加上小括号的道岔编号填写至该栏中。

在排列存在平行进路的调车或列车进路时，一些不在进路内的道岔为了防止在平行进路上运行的列车冒进已建立的进路，影响该进路的建立，保证车列在平行进路安全运行，这些道岔也必须锁闭到规定位置，这类道岔被称为带动道岔。带动道岔则用用大括号"｛｝"加道岔号填写在道岔栏中。

在排列包含交叉渡线道岔的进路时，当该交叉渡线的一组双动道岔随着进路的建立被锁闭到反位位置后，为了保证该进路的安全，防止出现两列同时进入交叉渡线的车列发生对冲，交叉渡线的另一组道岔也必须锁闭定位位置。交叉渡线中的两种道岔是一类防护道岔，被设计为互检防护道岔，以防止交叉渡线的两组道岔同时转换到反位而导致的列车车列在交叉渡线处形成"十字冲撞"。在办理含有交叉渡线的进路时，用中括号"［］"加道岔表示防护道岔。

（五）敌对信号栏

凡是与相应进路具有敌对关系的进路，其开放或关闭状态会对拟开放进路的运行安全有影响的信号机都应填写在敌对信号栏。

敌对进路是出于安全角度，不能同时建立的一组进路，即一组同时建立可能会发生事故的进路。在长期的城市轨道交通作业实践中，规定敌对关系是指有重叠区段的两条进路，为了防止发生事故，一条进路建立以后，与其敌对的另一条进路不允许建立。

信号机的敌对关系就是指一个信号机和一条进路之间该信号机处于开放状态下，该进路不能建立的关系，一般与一条进路有敌对关系的信号机都是防护与该进路呈敌对关系进路的信号机。

敌对信号在填写时要注意敌对可以分为两种，只有在特定情况下才与所选排进路呈敌对关系的条件敌对和与该进路任何情况下都呈敌对关系的无条件敌对信号。无条件敌对是指进路建立以后就不允许开放的信号，而条件敌对是指进路建立以后，某个信号机是否允许开放取决于一个道岔的位置。在敌对信号栏用"〈敌对的条件〉信号机名"填写有敌对条件的敌对信号机。

（六）轨道区段栏

排列进路时要检查列车必须占用的轨道电路区段名填写在轨道区段栏中，这些轨道区段的特点是若不出清，或其上的轨道电路设备故障时，进路无法建立。

要注意一些有超限绝缘的进路，这些进路的某一道岔处于不同位置时，锁闭条件也不同。在联锁表中有条件锁闭的进路应用"〈锁闭时要检查的道岔〉轨道区段名"表示进路建立的联锁条件是道岔在该位置时该轨道区段必须空闲。

三、实验设备

（1）实验一提供的场图及信号平面布置图。

（2）联锁表一张。

表1　联锁表

| 方向 | 进路 | 进路方式 | 排列进路按下按钮 | 信号机 | | 道岔 | 敌对信号 | 轨道区段 |
				名称	显示			

四、实验步骤

第一步：完成联锁表中列车接车进路的编制。

第二步：完成联锁表中列车发车进路的编制。

第三步：完成联锁表中列车吊车进路的编制。

五、实验思考与讨论题

思考：联锁表编制过程应注意哪些事项？

六、实验注意事项

（1）实验前认真预习实验指导书，明确实验目的和要求，理解实验原理，掌握实验步骤及注意事项。

（2）按实验指导书中的步骤和指导教师的要求完成实验，认真做好实验记录。

（3）实验中保持设备、线路的完好，保持实验室清洁。

（4）按要求写实验报告，报告要求文理通顺、书写简洁、图文并茂、结论简明。

项目三　6502 电气集中控制实验

一、实验目的

（1）熟悉 6502 电气集中联锁的组成、原理。

（2）熟悉 6502 电气集中控制台各表示灯、按钮。

（3）熟练操作 6502 控制台。

（4）通过 6502 控制台，认识联锁系统的功能。

（5）培养学生工程应用能力。

二、实验原理

车站联锁设备是保证列车在车站内运行安全、提高运营调度效率的铁路信号设备，它的控制对象是道岔、进路和信号机。将道岔、进路和信号机用电气方式集中控制与监督，并实现它们之间联锁关系的技术方法和设备称为电气集中联锁。采用继电器实现联锁关系的方式称为继电式电气集中联锁（以下简称电气集中）。6502 电气集中采用模块化设计，极大地降低了设计人员的工作量，曾经在我国铁路上得到了广泛的应用，随着计算机联锁的普及，6502 电气集中渐渐地退出历史舞台，但因其逻辑性强，仍被轨道交通信号专业作为教学的重点。

6502 电气集中具有电路定型化程度高，操作方法简便灵活、不易出错，施工、维护、维修方便，符合故障导向安全原则，容易与区间闭塞设备及其他信号设备相结合等优点。

（一）6502 电气集中定型组合

6502 电气集中采用继电器定型组合的形式设计电路，不仅减少了设计的工作量，降低了设计的出错率，通过工程定制还可以缩短施工工期。

6502 电气集中的定型组合共有 12 种，其中，信号组合类型六种，道岔组合类型三种，区段组合类型一种，其他组合类型两种（见表 2 至表 13）。

1. 信号组合类型

表 2　LXZ：列车信号主组合

组合类型	0			1	2	3	4	5	6	7	8	9
LXZ	R：RX20－25 －51－±5% C：CD－500－50	RD（0.5A） RD（0.5A）		LKJ	JXJ	PKJ	KJ	LXJ	XJJ	DXJ	DJ	QJ
				JWXC－H340	JWXC－1700	JWXC－H340	JWXC－H340	JWXC－1700	JWXC－1700	JWXC－H340	JWXC－H18	JWXC－1700

表 3　1LXF：一方向列车信号辅助组合

组合类型	0	1	2	3	4	5	6	7	8	9
1LXF		DAJ	LAJ	ZJ	GJJ	ZCJ	GJ	GJP		
		JWXC－H340	JWXC－H340	JWXC－H340	JWXC－1700	JWXC－1700	JWXC－480	JWXC－1700		

表 4　2LXF：二方向列车信号辅助组合

组合类型	0	1	2	3	4	5	6	7	8	9
2LXF		DAJ	LAJ	ZJ	GJJ	ZCJ	LXJF	ZXJ	2DJ	
		JWXC－H340	JWXC－H340	JWXC－H340	JWXC－1700	JWXC－1700	JWXC－1700	JWXC－H340	JWXC－H18	

表 5　YX：引导组合

组合类型	0		1	2	3	4	5	6	7	8	9
YX	R：RX20－25 －51－±5% C：CD－100－50	RD（0.5A）	AJ	XJ	JJ	1DJP	2DJ	ZXJ	LXJF	TXJ	LUXJ
			JWXC－1700	JWXC－H340	JWXC－1700	JWXC－1700	JWXC－H18	JWXC－1700	JWXC－1700	JWXC－1700	JWXC－1700

表6　DX：调车信号组合

组合类型	0		1	2	3	4	5	6	7	8	9	10
DX	RD（0.5A）	AJ	JXJ	PKJ	ZJ	LXJ	XJJ	XJ	DJ	QJ	JYJ
	RD（0.5A）	JWXC–H340	JWXC–1700	JWXC–H340	JWXC–1700	JWXC–H340	JWXC–1700	JWXC–H340	JWXC–H18	JWXC–1700	JWXC–1700

表7　DXF：调车信号辅助组合

组合类型	0	1	2	3	4	5	6	7	8	9	10
DXF或B		1AJ	2AJ	JXJ	1AJ	2AJ	JXJ				
		JWXC–1700	JWXC–H340	JWXC–1700	JWXC–1700	JWXC–H340	JWXC–1700				

2. 道岔组合类型

表8　DD：单动道岔组合

组合类型	0		1	2	3	4	5	6	7	8	9	10
DD	D1~D4：2CP； R：RX20–10–750–±5% C：CZM–L–4–400	RD（3A） RD（3A） RD（5A） RD（0.5A）	BB BD–7	1DQJ JWJXC–H125/0.44	SJ JWXC–1700	2DQJ JYJXC–135/220	AJ JWXC–1700	DCJ JWXC–1700	FCJ JWXC–1700	DBJ JPXC–1000	FBJ JPXC–1000	

表9　SDZ：双动道岔主组合

组合类型	0		1	2	3	4	5	6	7	8	9	10
SDZ	R：RX20–10–750–±5% C：CZM–L–4–400	RD（3A） RD（3A） RD（A） RD（0.5A）	BB BD–7	1DQJ JWJXC–H125/0.44	1SJ JWXC–1700	2DQJ JYJXC–135/220	AJ JWXC–1700	2SJ JWXC–1700	DBJF JWXC–1700	DBJ JPXC–1000	FBJ JPXC–1000	FBJF JWXC–1700

表 10　SDF：双动道岔辅助组合

组合类型	0		1	2	3	4	5	6	7	8	9	10
SDF	D1 ～ D4：2CP		1DCJ	1FCJ	2DCJ	2FCJ	1DJC	1FCJ	2DJC	2FCJ		
			JWXC － 1700	JWXC － 1700	JWXC － 1700	JWXC － 1700	JWXC － 1700	JWXC － 1700	JWXC － 1700	JWXC － 1700		

3. 区段组合类型

表 11　Q：区段组合

组合类型	0		1	2	3	4	5	6	7	8	9	10
Q	R：RX20 － 25 － 51 － ±5% C：CD － 1000 － 50		DGJ	DGJF	FDGJ	1LJ	2LJ	QJJ	CJ	FDGJF		
			JWXC － 480	JWXC － 1700	JWXC － 1700	JWXC － 1700	JWXC － 1700	JWXC － 1700	JWXC － 1700	JWXC － 1700		

4. 其他组合类型

表 12　F：方向组合

组合类型	0		1	2	3	4	5	6	7	8	9	10
F	R1、R2 RX20 － 25 － 51 － ±5%	C1、C2：CD － 200 － 50	LJJ	LPJ	DJJ	DPJ	ZQJ	ZRJ	ZDJ	ZPJ	GDJ	GDJF
			JWXC － H340	JWXC － H340	JWXC － H340	JWXC － H340	JWXC － 1700	JWXC － 1700	JWXC － 1700	JWXC － 1700	JWXC － 1700	JWXC － H340

表 13　DY：电源组合

组合类型	0	1	2	3	4	5	6	7	8	9	10
DY		1RJJ	2RJJ	1XCJ	2XCJ	TGJ	JCJ	YZSJ	JCAJ 或（ZFDJ）	JCJ：	JCJ：
		JWXC － 1700	JWXC － 1700	JWXC － 850	JWXC － 850	JWXC － 480	JWXC － 1700	JWXC － 1700	JWXC － 1700	JWXC － 480	JWXC － 850

(二) 6502 设备组成

6502 电气集中由室内设备和室外设备组成，具体如图 7 和表 14 所示。

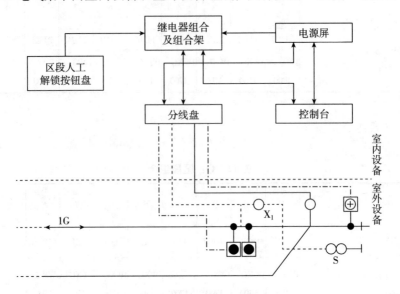

图 7 6502 电气集中设备

表 14 6502 电气集中主要设备

	设备名称	设备用途	使用管理情况
1	控制台	控制和监督现场信号机、道岔和轨道电路等	车站值班人员使用，信号维修人员分析判断故障时使用
	区段人工解锁盘	办理故障解锁、恢复设备正常使用状态	车站值班人员使用，信号维修人员分使用
	继电器及组合架	实现电气集中联锁的设备	信号维修人员维护设备、查找故障时使用
	电源屏	电气集中的供电设备	
	分线盘	室内外设备联系导线分接	
3	信号机	防护进路、给出信号显示列车运行及调车作业	信号维修人员维护设备、查找故障时使用
	电动转辙机	转换和锁闭道岔、反映道岔的位置和动作状态	
	轨道电路	监督进路和接近区段是否空闲，检查钢轨线路的完整性向机车信号设备传递信息	
	电缆和箱盒设备	连接室内外设备	

在室内设备列中，第1行为"室内设备"，第3行为"室外设备"。

（1）控制台设置于车站运转室内，盘面由带有按钮及表示灯的单元模块拼装而成，用光带组成模拟站场线路图形，是车站值班员指挥列车运行和调车作业的主要设备。车站值班员利用控制台盘面上的按钮操纵全站联锁区域内的道岔，排列列车进路及调车进路，开放或关闭信号，并且通过盘面上的表示灯监督道岔位置、轨道区段占用情况及信号机的显示状态。

（2）区段人工解锁按钮盘安装于车站的运转室，盘面设有多个带有铅封的事故按钮，每个按钮对应于车站的一个道岔区段或有列车经过的无岔区段，当轨道电路区段因故障不能按进路方式正常解锁时，可以利用有关按钮办理区段人工解锁，当采用取消解锁或人工解锁的办法也不能关闭信号时，可以利用它关闭信号。区段人工解锁盘须与控制台隔开一定距离，操作时一人按压控制台上的人工总解锁按钮，另一人按压区段人工解锁按钮盘上的按钮，避免单人操作危及行车安全。

（3）6502 电气集中联锁电路由 12 种继电器定型组合构成，每个定型组合电路均由若干个（不超过 10 个）继电器组成，称为继电器组合。

（4）6502 电气集中联锁车站应有可靠的交流电源，以保证不间断的供电，电源屏提供电气集中联锁需要的各种交流、直流电源及闪光电源。

（5）分线盘是室内、室外电缆连接的桥梁。

（6）色灯信号机是 6502 电气集中控制的终端之一。经过理论分析和长期的实践，信号的基本色为红色、黄色、绿色三种，再辅以蓝色、月白色，构成了信号的基本显示。其中红色的光波长最长，波长越长，穿透周围介质的能力越强，显示距离也就越远；同时，红色也更容易引起人的注意，因此，规定红色作为停车显示最为理想；绿色与红色的反差最大，最易分辨，且显示距离也较远，能够满足信号显示要求，因此，规定绿色作为允许信号。

（7）转辙机是带动道岔尖轨动作的设备，也是 6502 电气集中控制的重要终端。

（8）轨道电路是利用线路的钢轨与绝缘节构成的电路，它可以用于监控轨道区段的占用情况，轨道电路存在三种状态，分别是调整状态、分路状态和故障状态。

（三）6502 电气集中十五条网络线

6502 电气集中由选择组电路和执行组电路组成，共计十五条网络线。

选择组电路分为记录电路、选岔电路和开始继电器电路三部分电路。

记录电路由按钮继电器电路和方向继电器电路组成，其作用是记录车站值班员按下按钮的动作，记录进路的性质及运行方向；进路的性质是指列车进路和调车进路，运行方向是指接车方向和发车方向。

选岔电路由六条网路线组成，因此，又称为六线制选岔网路，其作用是按照车站值班员的意图，经操作后选出道岔的位置。

（1）第1、2条线为"八"字形第一笔双动道岔反位操纵继电器 FCJ 的网路线；

（2）第3、4条线为"八"字形第二笔双动道岔反位操纵继电器 FCJ 的网路线；

（3）第5、6条线为双动道岔定位操作继电器 DCJ、单动道岔定位操纵继电器 DCJ 和反位操纵继电器 FCJ，以及选信号点的进路选择继电器 JXJ 用的网路线；

（4）第7条网路线用于开始继电器电路，开始继电器 KJ 接续记录进路的始端；用 KJ 来检查进路的选排一致性；用 KJ 接点作为电路的区分条件；

（5）第8条线作为信号检查继电器 XJJ 的励磁网路线；第9条线作为区段检查继电器 QJJ 和股道检查继电器 GJJ 的励磁网路线；

（6）第10条线作为 QJJ 的自闭网路线，通过信号继电器 XJ 的励磁条件使 QJJ 自闭，用来防止进路迎面错误的解锁；

（7）第11条线作为信号继电器 XJ 的励磁电路，当全面检查开放信号的联锁条件后，使 XJ 吸起，接通信号机的电灯电路，开放信号机；

（8）第12、13条线作为解锁网路，对称地接有两个进路继电器 1LJ 和 2LJ，用来实现进路的正常解锁、取消、人工解锁、调车中途返回解锁、引导进路解锁等任务；

（9）第14、15条线是控制台光带表示灯的网路线。

（四）6502电气集中实验台操作

办理进路，开放信号机时应遵守"一看、二按、三确认、四呼喊"的操作程序，并执行"眼看、手指、口呼"制度。

"看"：看设备的状态；看机车车辆所处的位置（调车）；看准所要按的按钮。

"按"：按按钮时，动作要稳定，要一按到底，时间不应少于1秒钟，待按钮表示灯点亮后方可松手。

"确认"：确认进路白光带点亮，信号表示灯，点亮绿灯（调车信号表示灯亮白灯）。

"呼喊"：口呼："××道××信号好了"。

"手指"食指和中指并拢成剑指，指向所（接着按下按钮）。

"口呼"：要使用有关铁路标准规定的标准用语，口齿要清楚。口呼是一种自我感觉的协调动作，表明一项作业过程的完成或一个动作的结束。

1. 进路的始终端按钮的确定方法；接车进路、发车进路、通过进路和调车进路排列方法

6502 继电集中设备的特点之一是采用双按钮制，排列进路、单独操纵道岔、取消信号以及人工解锁进路都必须按压两个按钮后，设备才能动作，这就杜绝了误动按钮从而导致设置错误动作的可能性。

排列进路时按动按钮还必须遵循一定的顺序，才能排出所需要的进路，开放所需要的信号；按按钮的顺序必须与列车（或车列）的运行方向一致，先按下按钮为始端，后按下的按钮为终端。

排列接车进路时先按下接车口的进站信号按钮（始端），待按钮内的表示灯点亮闪光后松手，然后再按下接车线路始端的出发信号按钮（终端）。进路排出后，从进站信号至接车线末端信号机显示一条稳定的白光带，进站信号表示灯点亮绿色灯光。

排列发车进路时，以出发的出站信号按钮为始端，以相反方向的进站信号按钮为终端。发车进路只在出站信号机和相反方向的进站信号之间显示一条白光带，发车股道上则无光带。

排列正线的通过进路时，只需先按下接车端的通过按钮，然后按下发车端相反方向的进站信号按钮（双线区段为列车终端按钮）。正线的通过进路也可分段办理。必须分段办理时，原则上应先排发车进路，然后排接车进路。侧线的通过进路必须分段排列。

排列调车进路时，始终端按钮应按如下原则确定：

（1）向股道排列以该股道端部的调车信号按钮为终端。

（2）向尽头线的调车进路以尽头线向外的调车信号为终端。

（3）向正线出口的调车进路以进站信号机内方向的调车信号按钮为终端。

（4）以单置顺向的调车信号机为阻挡信号时，应以该单置的调车信号为终端。

（5）阻挡信号机处有并置或差置的调车信号时，应以相反方向的信号机按钮为终端。

2. 长调车进路的办理方法

排列长调车进路时，只需依次按压进路的始端和进路最末端的按钮，进路就会由远到近依次排列成功。长调车进路也可分段排列，但必须依照由远及近的顺序办理。

同一咽喉的长调车进路，只要不包括中岔区段在内，均可一次排出。包括中岔在内的长调车进路大多应分段办理，但也有个别可以一次排出的情况。

3. 取消接车进路的办理方法

进站信号开放后，原则上不准取消，因改变接车顺序等原因必须取消时，也

只准在列车未接近时办理。如列车接近后，又遇危及行车或人身安全的紧急情况而非取消不可时，应使用人工解锁办法将其取消（同时按压总人工解锁按钮和进路始端按钮），并同时用无线电话向司机紧急通报。

4. 取消发车进路的办理方法

取消发车进路应先通知发车人员，如发车人员已给了发车指示，而列车尚未启动，还应通知司机。取消办法也采用人工解锁。通过列车已压上进站信号，遇危及行车或人身安全的非常情况非取消出站信号不可时，应按照 3 办理。

必须取消通过进路时应分段办理，先取消接车进路，后取消发车进路。

5. 取消调车信号的办理方法

必须取消调车信号时，应先通知调车指挥人和司机，带确认其未动车时，方可取消。取消时应按由远及近的顺序办理。对接车接近区段已占用的调车信号，必须用人工解锁的办法取消（如用总取消办法，不能使进路解锁）。

三、实验设备

6502 电气集中设备一套。

四、实验步骤

第一步：办理进路（接车进路、发车进路、通过进路、调车进路）。
第二步：办理长调车进路、变通进路。
第三步：办理取消进路、人工解锁进路。
第四步：办理引导进路锁闭、办理引导总锁。
第五步：道岔的单独操作、单独锁闭、单独解锁。

五、实验思考与讨论题

思考：基本进路与变通进路有哪些区别？

六、实验注意事项

（1）实验前认真预习实验指导书，明确实验目的和要求，理解实验原理，掌握实验步骤及注意事项。

（2）按实验指导书中的步骤和指导教师的要求完成实验，认真做好实验记录。

（3）实验中保持设备、线路的完好，保持实验室清洁。

（4）按要求写实验报告，报告要求文理通顺、书写简洁、图文并茂、结论简明。

项目四　联锁关系测试实验

一、实验目的

（1）掌握车站联锁表的编制方法。

（2）掌握车站联锁关系的测试方法。

（3）培养学生工程应用能力。

二、实验原理与实验内容

选取 ATS 虚拟仿真系统中的停车场（见图8、图9）以 ATS 仿真系统为实验平台，选取停车场中的十条进路，编制联锁表后，完成下列实验内容（参照车站信号联锁试验记录表）。

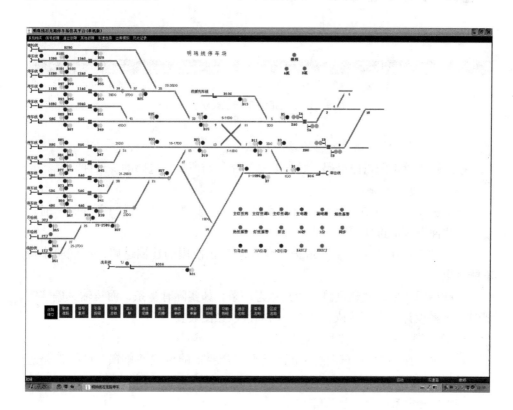

图8　石龙路停车场平面仿真图

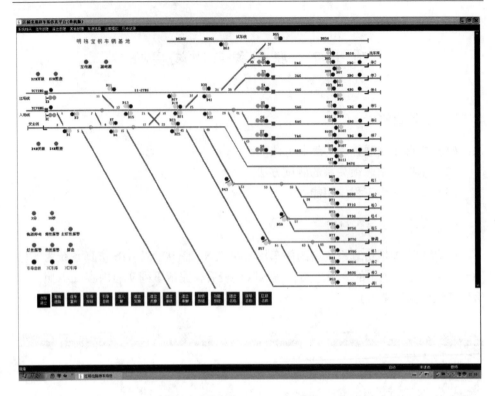

图 9　江杨北路停车场平面仿真图

（一）核对进路号码与所排进路一致性

按进路表给定的进路号码，核对联锁进路号与所排列进路的一致性。

（二）变通进路确认

变通进路指在站场中存在着与基本进路平行或"八字"迂回条件时，通过变通方法而办理的进路。

当站场中存在"小八字"或因运营要求禁止使用的迂回进路，在试验中应不能排出。

在联锁图表中，变通进路一般只考虑一条，如实际有多条，而运输又确实需要时，须经设计同意、签认，并需及时修改联锁图表。

（三）道岔位置不对信号不能开放

将所办进路上的所有道岔逐组置于不符合要求的位置并单锁，试排该条进路，其信号应不能开放。

（四）道岔无表示信号关闭

办理进路并开放信号后，将与进路有关的所有道岔表示逐组断开，每次应能关闭信号。

（五）区段占用不能开放信号

（1）当进路中任一区段被车占用时，信号不能开放（引导进路和调车进路的无岔区段除外）；

（2）当进路中任一区段被车占用时，已开放的信号应及时关闭（有白灯保留电路的调车进路除外）。

（六）调车信号白灯保留

调车信号白灯保留的条件是接近区段有车，在车出清接近区段，全部进入信号机内方后，信号应及时关闭。

机走线和机务段出口以及机待线上的调车信号机不设调车白灯保留电路。

（七）带动道岔检查试验

设置带动道岔的目的是提高运输效率，在联锁表中，带动道岔用大括号"{ }"标注。带动道岔属于进路外的道岔，无论道岔处在什么位置，都不会影响原进路的排列，也不会影响原进路信号的开放。所有在联锁电路中，带动道岔单纯是带动，而不需检查，也不需实施锁闭。

（八）防护道岔检查试验

设置防护道岔的目的是确保进路安全，在联锁表中，防护道岔用中括号〔 〕标注。用于防护道岔牵涉进路安全，所有，在联锁电路中，信号开放后须连续检查防护道岔的位置，电路对防护道岔实施"带、查、锁"。

（九）信号开放后锁闭道岔

办理某条进路开放信号后，逐组单独操纵与进路有关的道岔（包括防护该进路的防护道岔），这些道岔应处于锁闭状态，不能转换。

（十）敌对信号检查

在联锁电路中，下列进路规定为敌对进路。敌对进路必须相互照查，不得同时开通。

（1）同一到发线上对向的列车进路与列车进路。

（2）同一到发线上对向的列车进路与调车进路。

（3）同一咽喉区内对向重叠的列车进路。

（4）同一咽喉区内对向或顺向重叠的列车进路与调车进路。

（5）同一咽喉区内对向重叠的调车进路。

试验时，先办理某条进路后，再办理所有与其有关的敌对进路，所有敌对信号均不能开放。

（十一）敌对照查

向某一股道办理列车进路时，必须检查该股道另一端未办理列车及调车进路的条件；向某一股道办理调车进路时，必须检查该股道另一端未办理列车进路的条件。如另一端已办理有关进路，则所办进路不应锁闭。

（十二）人工关闭信号

在排列进路并开放信号后，通过办理取消、人工解锁或区段故障解锁等手续，可及时关闭信号。

（十三）接近锁闭

接近锁闭的目的是当列车接近时，由于某种原因造成信号关闭，为防止列车冒进时进路已解锁带来的危险而采用的防护措施。

进站和出站信号的接近区段由设计根据线路运行速度和列车紧急制动距离来设置。

侧线出站信号受侧向过岔速度限制，一般以股道作为其接近锁闭区段。

调车进路的接近区段为信号机外方的第一区段。

未设接近区段的调车进路，一旦开放信号即构成接近锁闭。

（十四）进路正常解锁

采用列车或车列走行条件进行三点检查，进路自始端起，各区段在车出清后延时 3s，依次向终端解锁。

年度联锁关系检查试验时，可结合列车或车列走行进行试验。

（十五）取消进路解锁

办理进路并锁闭，但信号未开放，或信号已开放但未构成接近锁闭时，可通过办理总取消手续取消进路，进路应能立即解锁。

（十六）人工延时解锁

办理进路信号开放后，列车接近，此时需取消进路时，必须通过办理人工解锁手续后，进路才能解锁。

进路人工解锁分为 3 分钟和 30 秒两种：

（1）接车进路和正线发车进路需要 3 分钟。

（2）侧向发车和调车进路需要 30 秒。

（十七）区段人工解锁

在 6502 电气集中电路中，列车或车列经过进路、办理总取消或总人工解锁手续后，如整条进路或部分区段未能解锁时，在区段空闲条件下，应能办理故障解锁。若区段占用时，应不能解锁。

计算机联锁办理区段人工解锁的方式以联锁厂家提供的使用说明书为准。

（十八）重复开放信号

信号开放，在列车或车列尚未进入其防护的进路时，信号因故关闭后，在造成信号关闭的因素消除之后，再次按压进路始端按钮，信号机应能重复开放。

信号开放，列车或车列通过后，整条进路为解锁时应不得自动重复开放（办理自动通过除外）。

（十九）调车中途放回解锁

中途返回解锁是指原牵出进路的部分或全部未解锁，当车列经折返信号返回并出清原牵出进路，牵出进路的各区段应延时 3s 后解锁。所有可作为折返调车信号的信号点均应具有折返解锁功能。

（二十）引导信号

引导信号试验包括引导进路锁闭和引导总锁闭两种方式。

（1）引导进路锁闭方式主要适用于进路内轨道区段故障或部分信号开放条件不满足的情况。

（2）引导总锁闭方式主要用于进路中道岔无表示或其他条件不满足时开放引导信号。

在进行引导信号试验时，应分别对上述的两种方式进行试验。

（二十一）侵限绝缘检查

侵限绝缘是指在道岔区段设于警冲标内方的钢轨绝缘除双动道岔渡线的绝缘外，其安装位置距警冲标小于 3.5m 的轨道绝缘节。

侵限绝缘可分为侵限绝缘和条件侵限绝缘两种。

（1）对于侵限绝缘，在联锁电路中是需要检查侵限绝缘有关区段空闲条件的。

（2）对于条件侵限绝缘，在联锁电路中，可通过道岔条件区别是否需要检查，当道岔条件可以有效地将进路隔开时，可以不需要检查侵限区段条件。若道岔隔离条件不成立时，则要检查侵限区段条件。

（二十二）防止迎面解锁试验

在列车运行前方的道岔区段提前错误解锁，称为列车迎面错误解锁。试验时，模拟列车或车列按正常方式运行，从压入信号机内方第一个区段起，对前方未占用区段进行故障解锁，这些区段应不能解锁。

（二十三）全站轨道停电恢复试验

办理进路后，如发生全站轨道电路供电电源停电再恢复时，应防止进路中轨道继电器的上电励磁顺序与列车出清顺序相一致而造成提前解锁。试验时，将能排列的所有调车或列车进路办好，断开轨道电源并恢复，此时进路不应错误解锁。

三、实验设备

（1）ATS 仿真实训系统一套。

（2）联锁关系试验记录表一份（见表15）。

表15　　　　　　　车站信号联锁试验记录

进路号码	信号机名称始端	进路终端	正常开放信号	道岔位置不对不能开放信号	道岔无表示关闭信号	区段占用不能开放信号	带动道岔	防护道岔	信号开放后锁闭道岔	敌对信号	敌对照查	随时关闭信号	接近锁闭	取消进路解锁	人工限时解锁	区段人工解锁	防止重复开放信号	进路正常解锁	进路表示器	调车中途返回解锁	自闭离去区段占用	半自动闭塞	引导信号	机务段同意	超限绝缘条件	6‰下坡道	到发线	非进路调车	其他联系电路	道口通知
1.	2.	3.	4.	5.	6.	7.	8.	9.	10.	11.	12.	13.	14.	15.	16.	17.	18.	19.	20.	21.	22.	23.	24.	25.	26.	27.	28.	29.	30.

说明：记录结果"√"表示正确，"×"表示错误，"△"表示无此条件。

四、实验步骤

第一步：以 ATS 仿真系统为实验平台，选取停车场中的十条进路，编制联锁表。

第二步：利用 ATS 仿真系统验证编制的联锁表的正确性。

第三步：测试基本联锁关系。

第四步：按照以下要求的实验内容，记录实验结果，书写实验报告。

五、实验思考与讨论题

思考：各类非正常解锁的时长。

六、实验注意事项

（1）实验前认真预习实验指导书，明确实验目的和要求，理解实验原理，掌握实验步骤及注意事项。

（2）按实验指导书中的步骤和指导教师的要求完成实验，认真做好实验记录。

（3）实验中保持设备、线路的完好，保持实验室清洁。

（4）按要求写实验报告，报告要求文理通顺、书写简洁、图文并茂、结论简明。

项目五　正线计算机联锁实验

一、实验目的

（1）掌握正线 ATS 系统中各图标的含义。

（2）掌握正线 ATS 系统中办理进路、取消进路的操作方法。

（3）掌握正线 ATS 系统中办理故障解锁、引导接车、取消引导的操作方法。

（4）掌握正线 ATS 系统中修改信号机模式的方法。

（5）培养学生工程应用能力。

二、实验原理与实验内容

（一）人机界面说明

1. 界面组成

集中站人机界面由主菜单、站场图、控制命令区组成。如图 10 所示的石龙路站人机界面图示为例说明。

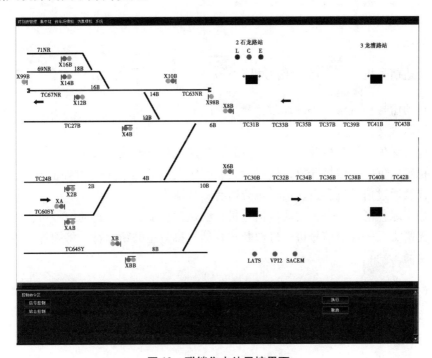

图10　联锁集中站显控界面

（1）主菜单：包括时刻表管理、集中站、停车场模拟、仿真模拟、系统五个菜单组成。对于集中站，只有集中站、系统两个菜单有效。

（2）站场图：集中站所管辖范围内的站场显示，黑底背景，由信号机、道岔、轨道区段、站台、车站标识等符号组成。

（3）控制命令区：集中站的控制命令区包括两大功能：信号控制和站台控制。通过该面板，车站值班员可对轨旁设备进行操作。

2. 站场图符号及显示含义

（1）车站符号。

标识：1　上海南站

显示含义：无动态显示

（2）轨道区段。

标识：　　　　　　　　　TC25A

显示含义：

稳定红：轨道电路占用或故障。

稳定绿：轨道电路没有被占用，并且是一条锁闭进路的一部分。

稳定白：轨道电路没有被占用，并且不是一条进路的一部分。

闪　红：轨道电路处于忽略状态。

（3）信号机。

标识：

普通信号机：　　X8A　引导信号机：　X2A

自动信号：　X3A　　连续通过：　X8A　←

显示含义：

稳定绿色——信号开放，直股行驶；稳定红色——信号关闭。

稳定白色——信号开放，侧股行驶；稳定白色＆红色——引导信号。

连续通过信号机和自动信号机旁边有一个箭头。

稳定绿色箭头——自动通过信号机；稳定黄色箭头——自动信号机。

无箭头——普通信号机；灯丝断丝：信号机旁边的断丝符号将闪烁红色。

 X8A

（4）道岔。

　　　　　　　　　2A

标识：

显示含义：

◆道岔状态：

绿色——道岔进路锁闭（是锁闭进路的一部分）；红色——道岔占用。

深蓝色——道岔单锁；浅蓝色——道岔处于带动锁闭。

灰色——正在执行排列/取消进路的命令；白色——道岔空闲。

◆道岔位置：

道岔名闪红——道岔无表示；道岔名为绿——道岔定位；道岔名为黄——道岔反位。

（5）列车车次号。

显示含义：

◆第一位字符：

白色——ATP 模式；红色——ATP 切除。

◆第二位和第三位（运行号）

白色——准点列车；绿色——早点列车；

黄色——晚点列车；蓝色——非计划列车。

◆第四位字符：

白色——正常行驶列车；深蓝色——跳停列车。

◆第五位字符

红色——三号线列车；绿色——四号线列车；灰色——无法确定线路列车。

（6）车次窗号。

显示含义：车次窗号如图中的虚线方框中的数字"79"，平时隐藏不显示，只有进行列车描述操作时才会显示。

（7）控制模式。

标识：L C E
● ● ●

显示含义：

标记"C"的圆圈，稳定绿色——控制模式为中央控制。

标记"C"的圆圈，闪烁绿色——正在请求转换到中央控制模式。

标记"L"的圆圈，稳定黄色——站控模式。

标记"L"的圆圈，闪烁黄色——请求转换到站控模式。

标记"E"的圆圈，闪烁红色——紧急站控模式。

（8）运行方向。

标识：

显示含义：

稳定绿色向左——运行方向向左且锁闭；绿色向右——运行方向向右且锁闭。

无箭头——无方向，未锁闭。

（9）站台。

S：跳停符号
H：扣车符号
◎：发表表示器
◆：紧急关闭

标识：

显示含义：

◆站台：每个站台在站内相应的轨道电路旁边用长方形表示。

稳定黄色——列车停在站台；稳定白色——站内无车。

◆站台紧急按钮：用一个小菱形表示，位于相应的站台下方。

稳定红色——紧急停车按钮被按下；无——紧急停车按钮没有起作用。

◆发车表示器：每个站台有2个发车表示器，位于站台旁边。

稳定白色——列车可以发车；闪烁白色——列车准备发车（关车门）。

灰色——无表示。

◆扣车：用一个字母"H"表示，每个站台有两个扣车标志，位于站台两侧。

闪烁红色H——站台人工扣车；无——无扣车。

◆跳停：用一个字母"S"表示，每个站台有两个跳停标志，位于站台两侧。

稳定绿色S——站台跳停；无——无跳停。

（10）终端模式。

标识：**MODE1**　　**MODE2**　　**MODE3**

显示含义：

标有"1"、"2"或"3"小圆圈，稳定绿色——该模式有效。

标有"1"、"2"或"3"小圆圈，灰色——该模式无效。

（11）循环模式。

标识：**CYC1**

显示含义：

标有"1"或"2"或"3"的圆圈，稳定黄色——该循环进路有效。

标有"1"或"2"或"3"的圆圈，稳定白色——该循环无效。

（12）LATS 状态表示灯。

标识：**LATS**

显示含义：

稳定绿色——LATS 正常工作；稳定红色——LATS 故障。

（13）SACEM 状态表示灯。

标识：**SACEM**

显示含义：

稳定红色——与 SACEM 通信中断或 SACEM 没有工作。

稳定绿色——通信正常且 SACEM 工作。

（14）VPI2 状态表示灯。

标识：**VPI2**

显示含义：

稳定红色——VPI2（主机和备机）都未工作或通信中断。

稳定绿色——VPI2 工作正常。

（15）MMI 状态表示灯。

标识：**MMI**

显示含义：

稳定绿色——MMI 正常工作；稳定红色——MMI 故障。

（16）FAS 状态表示灯。

标识：**FAS**

显示含义：

闪红——FAS 没有工作；灰色——FAS 正常工作。

（二）菜单操作

【集中站】菜单

集中站菜单：包括在 ATS、10 个集中站、停车场之间切换显示菜单。

选择单击"集中站"菜单，弹出如图 11 所示的子菜单。

选择任何子菜单中的任何一项，即可切换到相应系统的界面。

（三）ATS 仿真操作—信号控制

单击控制命令区的"信号控制"按钮，横拉出信号控制二级命令窗口，如

图 12 所示。

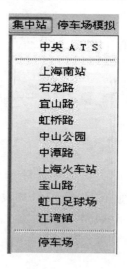

图11 集中站菜单

图12 集中站信号控制二级命令窗口

信号控制二级功能面板包括六个按钮：设置控制模式、设置终端模式、控制进路、控制信号、控制道岔和控制循环。在此实验中，我们主要用【控制进路】【控制信号机】功能按钮。

1. 控制进路

在信号控制二级功能面板（见图12）中按下"控制进路"按钮，则弹出如图13所示的"控制进路的任务界面"。它用来进行排列进路、取消进路、办理引导进路、取消引导进路以及故障解锁进路等进路控制。当前控制模式为站控（包括紧急站控）时才能进行控制进路相关操作，否则给出错误信息提示。

图13 集中站控制进路的任务界面

（1）设置进路。

1）办理进路过程。

操作阶段（在办理进路时，操作人员输入进路的始、终端信号机，以确定进路的范围、方向）。

选路阶段（根据已确定的进路范围，选出与进路有关的道岔、股道、敌对信号、防护进路的信号机的状态）。

进路判断（进路是否处于空闲、进路中的道岔位置是否正确并锁闭、是否没有敌对进路等）。

道岔转换阶段（将选出的道岔转换到进路所需位置）。

进路锁闭阶段（道岔转换完后，将道岔、轨道区段、敌对信号锁闭）。

开放信号阶段（进路光带点亮，信号开放）。

2）操作。在图13所示的控制进路的任务界面中，选中"设置进路"单选按钮。

在始端信号机和终端信号机两个输入框中输入进路的始、终端信号机名（键盘直接输入或者鼠标点击输入：鼠标左键点击站场图上的信号机为始端，鼠标右键点击站场图上的信号机为终端），按下"执行"按钮，命令发送到联锁机中。如果进路名称正确，并且联锁条件满足，进路能够建立，站场图中该进路的光带点亮绿光带，信号开放。与区间闭塞方向有关的进路，区间闭塞，闭塞箭头点亮绿灯。

若按下"取消"按钮，则回到起始窗口。

3）说明。输入的始端、终端信号机错误（所输入的信号机确定的进路名称不存在），则进路不能排列，并给出错误信息提示。

如果联锁条件不满足，进路不能排列，并给出相应的不满足的联锁条件信息提示。

正常排列进路需检查进路中的轨道区段（无岔/道岔区段、侵限轨道区段、接车股道）空闲、敌对信号、道岔位置等。

站台按下紧急关闭按钮时，与该站台相关的进路不能排列。

信号机灯丝断丝时，以该信号为防护信号的进路无法排列。

4）反向进路。

●办理的条件

接车站有权改变区间方向（在接车站排列一条与区间方向有关的进路）。

反向进路的联锁条件除了正向进路的联锁条件之外，还要检查接车站与邻近集中站的所有区间空闲，在征得中央调度员同意之后才可以办理反向进路。

●办理后的现象

如果反向进路能够排列，则进路中的道岔转到进路所要求的位置，进路光带点亮，防护进路的信号机开放。新发车站（原接车站）的区间闭塞箭头表示灯点绿灯（锁闭），新接车站（原发车站）接区间闭塞箭头表示灯点绿灯。

（2）取消进路。

1）说明。

排列进路，信号开放后，想要解锁进路，可用"取消进路"操作来解锁进路。

正常进路的接近区段有车占用或反向进路，如果想要人工解锁进路，则需要延时解锁（仿真系统中延时不明显），其他正常进路即时解锁。

取消进路时，如果防护进路的信号的工作模式为自动或者连续通过，则信号机工作模式同时也取消。

2）操作。

在如图 13 所示的控制进路的任务界面中，选中"取消进路"单选按钮。

在输入框中输入进路的始端信号机名（键盘直接输入或者鼠标左键单击站场图上的信号机输入），按下"执行"按钮，命令发送到联锁机中。进路的防护信号机关闭，进路光带熄灭，进路解锁，与区间闭塞方向有关的进路，若区间所有区段空闲，区间闭塞解锁，闭塞箭头点亮黄灯。

若按下"取消"按钮，则回到起始窗口。

（3）故障解锁。

1）说明。当列车通过进路后，进路区段因故不能解锁，此时需用故障解锁使该进路的区段解锁。

对于正常进路，如果采用故障解锁方式解锁，则进路防护信号关闭，进路解锁。

2）漏解锁的设置。通过 ATS 控制命令区的"故障模拟—信号故障—进路解锁故障"的任务界面中设置进路解锁故障。

当有列车通过该进路后，防护进路的信号机关闭，但进路中的区段不解锁，进路光带不熄灭。

3）解锁操作。

在如图 13 所示的控制进路的任务界面中，选中"故障解锁"单选按钮。

在两个输入框中顺序输入解锁故障的进路的始端信号机和终端信号机名（键盘直接输入或者通过鼠标点击输入：左键点击站场上的信号机为始端，右键点击站场上的信号机为终端）。

按下"执行"按钮，进路中的区段解锁，进路光带熄灭。

若按下"取消"按钮，则回到起始窗口。

（4）引导接车。

1）说明。对于接车进站的进路，防护的信号均有引导功能。

当接车进路中出现故障红光带，不能通过"设置进路"方式排列进路，若红光带不影响行车，可采用引导接车方式开放引导信号，进行接车。

对于信号机内方第一区段故障红光带，则需要手信号进行引导接车（本仿真系统中不涉及）。

引导接车时，列车运行安全由车站值班员来保证，必须慎之又慎。

2）故障红光带设置。通过 ATS 控制命令区的"故障模拟—信号故障—红光带"的任务界面中设置区段故障红光带。

3）引导操作。根据接车进路的要求，将进路中的道岔单操到相应位置，对于包含红光带的道岔，手摇到进路所需位置并单锁。

在如图 13 所示的控制进路的任务界面中，选中"引导接车"单选按钮。

在输入框中输入进路的始端信号机名（键盘直接输入或者鼠标左键点击站场图上的信号机输入）。

按下"执行"按钮，引导信号开放，引导进路光带点亮（故障的轨道区段仍点红光带）引导表示灯亮红白灯。（若道岔位置不正确，则无法建立引导进路，将给出错误信息提示）

若按下"取消"按钮，则回到起始窗口。

（5）取消引导。

1）说明。列车进入信号机内方，引导信号自动关闭。列车出清进路，进路仍处于锁闭状态，进路光带继续点亮。

2）操作。在如图 13 所示的控制进路的任务界面中，选中"取消引导"单选按钮。

在输入框中输入进路的始端信号机名（键盘直接输入或者鼠标左键点击站场图上的信号机）。

按下"执行"按钮，则引导进路解锁，进路光带熄灭。

若按下"取消"按钮，则回到起始窗口。

2. 控制信号机

在信号控制二级功能面板（见图 12）中按下"控制进路"按钮，则弹出如图 14 所示的"控制进路的任务界面"。它用来进行排列进路、取消进路、办理引导进路、取消引导进路以及故障解锁进路等进路控制。当前控制模式为站控（包括紧急站控）时才能进行控制进路相关操作，否则给出错误信息提示。

（1）说明。当前控制模式为站控（或者紧急站控）时，集中站才能进行"控制信号机"操作。

图 14　控制信号机任务界面

信号机工作模式有自动信号和连续通过信号。

自动信号设置后，该信号不能作为进路始端。

连续通过信号的设置，需要先建立进路后才能设置。

自动信号设置后，当列车占用触发区段时，自动信号默认的进路能够自动排列。

连续通过信号设置后，当列车出清进路，进路解锁后，该进路能够重新自动排列。

（2）操作。在如图 14 所示的控制信号机的任务界面中，输入站名和信号机名（键盘直接输入或者鼠标左键点击站场图上的信号机）。

选中需要进行设置的单选按钮（连续通过/取消连续通过/自动信号/取消自动信号）。

按下"执行"按钮，如果输入的信息正确，则信号机的模式设为所选的单选按钮相应的模式。如果输入的信息不正确，则给出错误信息提示。

若按下"取消"按钮，则回到起始窗口。

三、实验设备

ATS 仿真实训系统一套。

四、实验步骤

第一步：学习并掌握 ATS 系统中各图标的含义。

第二步：在 ATS 系统中办理一条正线进路。

第三步：取消已办理的正线进路。

第四步：完成一次故障解锁操作。

第五步：完成一次引导操作。

第六步：完成一次取消引导操作。

第七步：完成一次信号机控制操作。

五、实验思考与讨论题

思考：自动信号和连续通过信号的区别。

六、实验注意事项

（1）实验前认真预习实验指导书，明确实验目的和要求，理解实验原理，掌握实验步骤及注意事项。

（2）按实验指导书中的步骤和指导教师的要求完成实验，认真做好实验记录。

（3）实验中保持设备、线路的完好，保持实验室清洁。

（4）按要求写实验报告，报告要求文理通顺、书写简洁、图文并茂、结论简明。

项目六　停车场计算机联锁实验

一、实验目的

（1）掌握停车场内 ATS 系统中进路建立与进路取消的办理方法。

（2）掌握信号机重新开放的条件。

（3）掌握道岔的定操、反操、单锁、单解条件与方法。

（4）掌握信号机名称、道岔名称、股道名称的隐藏与再次显示。

（5）培养学生工程应用能力。

二、实验原理与实验内容

（一）车辆段

地铁车辆段是停放车辆和检查、修理、保养车辆的场所。每条地铁线路设一个车辆段，若线路较长则设一个停车场，也有几条线共用一个大修厂，各线自设停车场。

一般车辆段内有以下线路：

出、入段线：按双线（双向）布置。

停车线：一般在库内设停车线 15 条线，每条线可以存放 2 列车（8 节编组）。

清扫线：2 条线，每条可停 1 列车。

洗车线：设于入段线附近，全长 433m 库内设自动洗车库，对列车进行水洗和化学洗。

临修线：下设检查坑，可供 3 节车的临修作业。

旋轮线：420m，线上装有不落轮旋床，可对车轮踏面进行旋削而不需将轮对卸下。

检修线：双周双月检修，共4条线，两条双周检，两条双月检，每条停放1列车，线路一侧有三层作业平台，供检修人员在车底、车厢、车顶同时工作。

定修线：2条线，每条线可停放一列车，其中一条有移动式架车机12台。

架、大修线：共6条线，每条线可停放3节车，同时对3节车进行架车和落车作业。

静调线：可停放1列车，进行静态调试。

解钩线：供列车解钩编组用，全长280m。

吹扫线：进库检修前，进行车底吹、扫、洗作业，全长138m，中间为吹扫坑，3节车同时吹扫。

材料线：装卸各种物资材料的专用线长571m。

存车线：3条，作为临时存车用。

调机存放线：存放内燃机调车机车用，共二条线路。

试车线：列车检修后动态试车用，全长1435m。

另外还有：特种车停车线、牵出线、联路线等，根据各地线路的情况进行设定。

（二）车辆段联锁设备

车辆段内要进行频繁的调车作业，为了保证安全和提高效率，减小调车人员的劳动强度，所以设置电气集中或微机联锁设备。

1. 出、入段（库）信号机的布置

（1）出库信号机 SA、SB 置于出库线。出库信号与相邻的正线集中站（石龙路）的进、出站信号有联锁关系。当出库列车停在出库信号机外方轨道区段时，通过 TWC 系统，可以接收控制中心的调度命令（车次及目的地号），由正线集中站值班员开放出库信号机 SA、SB（或按时刻表自动开放）。

（2）入库信号机 XA、XB 置于入库线。入库信号与正线相邻的集中站调车信号机有联锁关系。当列车需要入库时，由相邻集中站值班员与车辆段调度员联系，先由停车场信号室值班员开放入库信号，才使集中站的调车信号机开放，允许列车由正线集中站出发，驶入停车场。

由于出、入库为复线双向，所以出入库线都设有出、入库信号机。

2. 调车作业和调车信号机

车辆段内为了完成各种调车作业，设置了各类不同用途的调车信号机，以指挥列车的运行，调车信号机主要有三类：

（1）调车起始信号机。设于调车作业的始端，如 D1、D3。

（2）调车折返信号机。这类信号机用于指挥列车折返用，它设于折返道岔的尖轨与基本轨的接缝处，以缩短折返行程，例如，D33、D35 都属于调车折返信号机。

（3）调车阻拦信号机（或称目标信号机）。设置这类信号机的目的是增加平行作业，以提高调车效率。图 15 的 D9 便是调车阻拦信号机。

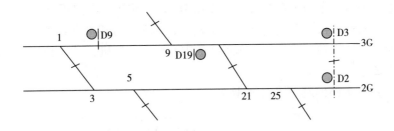

图 15　调车 1 信号机 1

另外，调车信号机是根据调车需要而设，在布置这些信号机时，可以先布置停车线的头部调车信号机，再布置尽头型调车信号机，然后布置折返调车信号机和阻拦调车信号机。在无岔区段对于不同方向的阻拦调车信号机，形成差置调车信号机或并置调车信号机，例如，D7 和 D9 为差置调车信号机，D20 和 D22 为并置调车信号机，即在同一个地点设的两个不同方向的调车信号机。

3. 调车信号机关闭时机和解锁方式

（1）调车信号机的关闭时机。调车信号机与其信号机不同，当列车进入信号机内方时不会灭灯，只有当列车（或车列）完全进入调车信号机内方后，信号机才会关闭（见图 16），这是由于往往司机在车列的尾部推行，假如车列头部进入调车信号机内方，信号马上关闭，导致车列尾部的司机看到的是关闭的信号，误认为是停止信号，所以调车信号机的关闭时机必须是在车列全部进入信号机内方以后。

图 16　调车信号机 3

（2）长进路调车时，只要按压进路始、终端按钮，该长进路上所有的调车信号机都必须放开，而根据列车的运行，调车信号关闭和进路区段自动解锁（见图 17）。

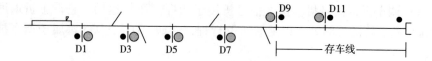

图 17　长调车进路

例如，要将列车送至存车线，可按压 D1 始端按钮，再按压存车线尽头的终端按钮，这时这条长调车进路上 D1、D3、D5、D7 信号机都会自动开放，当然也可以一段一段地排列。这种长调车进路的中间调车信号机，自动开放也是调车电路的特点之一。

（3）调车进路的解锁（见图 18）。

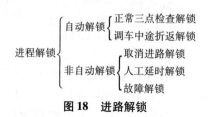

图 18　进路解锁

所谓三点检查是指：必须检查列车进入前方轨道区段、列车进入本轨道区段、列车出清前方轨道区段、列车抵达下一个轨道区段、列车全部出清本轨道区段，才能使本轨道区段解锁。

在进行调车折返作业时，牵出进路上的道岔区段，有可能部分解锁另一部分因调车中途折返而未能正常解锁，所以在电路上要采用特殊的方式，使车列退出道岔区段后自动解锁。

例如，当 2G 的列车向 1G 转线时，先开 D17 由 2G 调出列车在反向调车信号机 D13 前停下，开放 D13 列车折返至 1G，在这种情况下，第一次牵出调车时，17～23DG 可以自动正常解锁，而列车不到 3D 9～15DG 区段不能正常解锁（见图 19）。

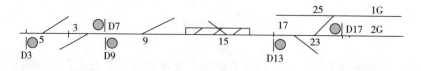

图 19　调车折返作业

2G 转向 1G 时，列车较长，不仅列车要占用 9～15DGG 而且开放 D7，占用 3DG，然后根据 D13 折返，所以 DG9 – 15 及 DG3 都不能以正常解锁方式解锁。这些区段的解锁要采取特殊的中途折返解锁方式，万一不能解锁则在保证安全的前提下采用其他办法解锁。

车辆段由于地理条件的限制，又要保证调车作业的灵活，所以设置了不少"超限绝缘节"，其符号：——╳——⊕——————。

按照有关设计规则的规定，道岔尖轨一侧的道岔绝缘，应装设在基本轨的接缝处，设置在警冲标一侧绝缘节（见图 20），原则上应安装在距警冲标计算位置不少于 3.5 米，距警冲标实际位置不大于 4 米的地点。如果设于距警冲标小于 3.5 米的钢轨绝缘为侵入限界绝缘，也称超限绝缘，为了防止列车侧面冲突事故，排列进路时，位于超限绝缘两侧的道岔区段必须相互检查联锁条件。在电路中作特殊处理，也即如果排列 D19，D3 进路时，除了检查进路上各个轨道区段（22DG、2 – 3DG 轨道区段空闲）无车外，还要检查 23DG 区段空闲。否则 D19 信号不能开放。

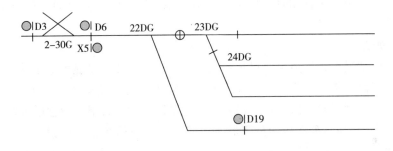

图 20　超限绝缘

（4）微机联锁站场图。站场图窗口显示一幅完整，背景为黑色的停车场信号平面图。本仿真系统采用上海地铁二号线部分站场。

站场图窗口包括以下几部分：

1）信号机及显示。

①信号机主要分进站信号机和调车信号机，其显示原则按部标规定。除进站信号机的复示器有两个灯位外，其余均只有一个灯位。

②没有办理接车进路时，进站信号机显示红灯；办理接车进路时，进站信号机显示绿灯（通过）、单黄色（正线）、双黄（侧线）；办理引导时，进站信号机显示红、白灯。灯丝断丝时信号机显示红闪。

③没有办理出发及调车作业时，出站兼调车信号机显示红色；出站信号机开

放时，显示绿灯；调车信号机开放时，显示白灯；灯丝断丝时显示红闪。

③没有办理调车进路时，调车信号机显示蓝色；调车信号开放时，显示白灯。灯丝断丝时，信号机显示蓝闪。

④平时显示信号机名称，当不需要显示时，用鼠标左键单击功能按钮中的"信号机名称"按钮即可。

2）道岔。

①当道岔处在定位状态时，道岔号显示绿色；当道岔在反位时，道岔号显示黄色。当操纵（单操或进路操纵）道岔时，道岔号显示红闪。道岔转换到位后，道岔号从闪光变为绿色或黄色。

②道岔定位位置应与信号平面图上的道岔开向一致，道岔转换后，开向应做相应改变。

③道岔挤岔时，挤岔表示灯显示红灯，道岔无表示；道岔修复后，道岔表示灯显示正常，挤岔表示灯复原。

④道岔单锁时，在该道岔号显示红色；道岔解锁后，道岔号恢复黄色或绿色。

⑤当办理全咽喉锁闭时。总锁闭表示灯亮白灯。此时整个咽喉的道岔锁闭。道岔号全部显示红色。

3）轨道。

①一般情况下，轨道电路显示灰色光带。道岔区段光带显示道岔的开向。

②当区段占用时，区段显示红光带，道岔区段红光带显示道岔的开向。

③当区段锁闭时，区段显示白光带，道岔区段白光带显示道岔的开向。

4）列车按钮。列车按钮的形状为方形，一般情况下，按钮显示绿色。排列进路时，按下列车进路的始端按钮，按钮有效，此按钮白闪，所有可能成为进路终端的按钮黄闪，按下所排进路的终端按钮，如此终端有效，则该终端按钮白闪，开始排列近路，其余终端按钮恢复常态。信号开放后，始、终端按钮恢复常态。列车按钮在排列列车进路、取消列车进路、人工解锁列车进路、信号重开时用到。

5）调车按钮。调车按钮为圆形，一般情况下，按钮显示灰色。排列进路时，按下调车进路的始端按钮，按钮有效，此按钮白闪，所有可能成为进路终端按钮黄闪，按下所排进路的终端按钮，如此终端有效，则该终端按钮白闪，开始排列调车进路，其余终端按钮恢复常态。信号开放后，始终端按钮恢复常态。调车按钮在排列调车进路、取消列车进路、人工解锁列车进路、信号重开时用到。

6）功能按钮。此按钮种类较多。在操作部分详细介绍。学生也可把鼠标驻留按钮上，系统也可给出按钮功能提示。

7）主、副电源表示灯。主电源工作时，主表示灯亮绿灯；副电源工作时，副表示灯亮黄灯。

8）XA、XB引导表示灯（兼作按钮）。常态灰色。办理XA、XB引导接车时，表示灯亮白灯，当引导信号关闭后，表示灯恢复常态。

9）灯丝报警表示灯（兼作按钮）。

常态灰色。站内上行或下行咽喉的灯丝断丝时，表示灯亮红灯。

10）30秒、3分钟表示灯。常态灰色。调车人工解锁和非进路调车时，30秒表示灯点红灯，持续30秒；列车人工解锁时，3分钟表示灯点红灯，持续3分钟。

11）引导总锁闭表示灯（兼作按钮）。常态灰色。办理引导总锁闭时，引导总锁闭灯点白灯，当引导总锁闭关闭后，表示灯恢复常态。

12）全站封锁（兼作按钮）。系统启动或当发生瞬间停电事故时，控制台将出现黑屏现象，当重新恢复供电时，控制台上显示花屏，此时按压全站封锁按钮（加密码）实现全站场的解锁。

（三）ATS系统操作

该仿真系统采用鼠标在站场图上的操作，相当于6502控制台上的操作按钮。包括列、调按钮、功能按钮、道岔号、股道等。实验要求在此仿真系统上做以下实验。

1．进路操作

在系统启动或者完成一项非近路排列功能后，窗口的默认操作状态为排列进路状态。此时屏幕下方的"进路建立"功能按钮显示白色。若此时不在进路建立状态，可用鼠标单击"进路建立"功能按钮，使系统处于进路建立状态。确定当前状态为排列进路状态。然后将鼠标的光标移至要排列的列车进路或调车进路始端按钮上，单击鼠标左键即可，具体过程如下。

在站场图上用鼠标左键单击所排进路的始端按钮，如有效，则按钮白闪；可作为进路终端的按钮都黄闪，选择，按压进路终端按钮，如有效，则此终端按钮白闪，其余按钮停止黄闪，开始排列进路，进路上道岔自动选排，转至要求位置。当联锁程序检查并确认了记录选排一致、无敌对信号等条件后，进路锁闭，此时进路显示一条白光带，进路始终端按钮恢复常态，信号开放，表示选路工作已经完成；如排列的是变更进路，则按压按钮的顺序是：始端按钮，变更按钮，最后是终端按钮。

办理长调车进路时，先在站场上单击所排进路的始端，再单击此长调车进路的最后一个终端按钮。

办理通过进路时，一般先按下始端通过按钮，然后按下对应的终端列车按钮；通过进路也可以分段办理，即先办理正线发车进路，后办理正线接车进路，进站信号机显示绿灯，指示列车通过本站。

2. 取消进路

当取消进路时，具体操作如下：

先用鼠标左键单击"取消进路"功能按钮，此时"取消进路"按钮变为白色，然后用鼠标左键单击取消进路的始端按钮即可。如操作有效"取消进路"按钮恢复常态，进路信号机关闭，进路取消，"建立进路"按钮变为白色，系统恢复到排列进路状态；如操作无效系统会给出提示（提示信息框在屏幕的右下角）操作无效，"取消进路"按钮恢复常态，"建立进路"按钮变为白色，系统恢复到排列进路状态。

3. 重新开放信号

当信号开放后由于轨道电路的瞬时分路或其他原因而关闭，故障恢复后，开放信号的条件又满足，此时若需要重开信号，则用鼠标左键单击"信号重开"功能按钮，"信号重开"功能按钮变为白色。然后用鼠标左键单击所需重开进路的始端按钮，如重开成功则重开按钮恢复常态。信号机重新开放。

4. 人工解锁

当需取消已处于接近锁闭状态（接近区段有车、信号开放、进路空闲）的进路时，使用"人工解锁"，在办理取消引导接车进路时，使用"人工解锁"，办理区段故障解锁时也使用"人工解锁"。

办理的方法是：用鼠标左键单击"总人解"按钮，弹出密码窗体，输入办理人解手续密码。用鼠标左键单击接近锁闭进路的始端按钮，操作有效后。此时如锁闭进路为列车进路，则进路延时 3 分钟解锁，三分钟灯显示红色；若锁闭进路为调车进路，则进路解锁延时 30 秒，30 秒灯显示红色。在办理取消引导接车进路时，同样按压"总人解"按钮，再用鼠标左键单击引导进路始端按钮，使引导进路解锁。

办理区段故障解锁时，用鼠标左键单击"总人解"按钮，弹出密码窗体，输入办理手续密码；"总人解"按钮变为白色，此时再单击要解锁的区段名称，则该区段解锁。注意，如果此时整个进路在所比状态，整个进路也将随之解锁。

5. 引导锁闭（加密码）和引导总锁闭（加密码）

当进站信号机（或接车进路信号机）因轨道电路故障不能正常开放，可采取用引导进路锁闭的方式开放引导信号。办理方法如下：

先单独操纵道岔，把进路排好；若因轨道电路故障，则应由停车场值班员再次确认故障区段空闲；然后进行登记，用鼠标左键单击"引导按钮"功能按钮，弹出密码窗口（见图 21），输入办理引导手续密码（相当于 6502 的破铅封），若密码正确，此时相应的"引导按钮"显示白色。直接用鼠标单击 X1 或 X2 引导按钮（兼表示灯），若条件满足则引导进路上的白光带点亮，引导信号开放。

若进站信号机内方第一区段轨道电路良好，当列车压入信号机内方第一区段时，引导信号机自动关闭。若进站信号机内方第一区段轨道电路故障，则在列车进入信号机内方第一区段前，信号机就会关闭，此时要每隔 30 秒按压一下 X1、X2"引导按钮"（兼表示灯），使信号保持开放。

在引导信号开放后，若要取消引导进路，可用"总人解"办理，不可使用"取消进路"来办理。

当道岔失去表示或向非接车进路引导接车时，用引导进路方式不能开放引导信号，此时必须采用引导总锁闭办理引导接车。办理方法如下：

在确认道岔位置正确（无表示的道岔应由车务人员在现场确认）、进路空闲、未建立敌对进路时，用单独操纵道岔方式预选进路，再办理登记手续。先用鼠标左键单击"总锁闭按钮"，弹出密码窗口（见图 21），输入办理引导总锁闭手续密码，确认密码正确后，此时"引导总锁"功能按钮显示白色。再用鼠标左键单击相应的引导锁闭按钮，如有效则引导锁闭表示灯显示红色，站场内道岔全部锁闭。完成以上操作再办理所需的引导进路，办理引导进路的方法与人工引导一致。

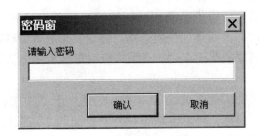

图 21　密码输入窗体

注：该密码输入窗体整个站场统一使用。

在正常情况下，引导总锁闭时的引导信号关闭与引导进路锁闭时的情况相同，在值班员确认列车已完全进入股道后，需解除引导总锁闭状态时，可重复引导总锁闭建立的过程，完成对引导总锁闭的解锁。

6. 道岔定操、道岔反操

道岔定操命令的任务是在道岔没有锁闭、引导总锁闭按钮没有按下和道岔没有单锁的条件下，可进行单操。用鼠标左键单击"道岔定操"功能按钮，按钮变为白色，然后再单击站场图上相应的道岔号，如操作有效则道岔开始转换（道岔号红闪），"道岔定操"按钮恢复，"进路建立"按钮变白。即完成道岔有反位向定位的操作。

道岔反操命令的任务是在道岔没有锁闭、引导总锁闭按钮没有按下和道岔没有单锁的条件下，可进行单操。用鼠标左键单击"道岔定操"功能按钮，按钮变为白色，然后再单击站图上相应的道岔号，如操作有效则道岔开始转换（道岔号红闪），"道岔定操"按钮恢复，"进路建立"按钮变白。即完成道岔有定位向反位的操作。

7. 道岔单锁、道岔单解

道岔单锁命令的任务是无条件地单独锁闭道岔。用鼠标左键单击"道岔单锁"功能按钮，此时单锁表示灯显示白色，再单击相应的道岔号。如道岔号变红，表示道岔单锁，否则系统会给出提示。

道岔单解命令的任务是无条件地解锁单独锁闭的道岔。用鼠标左键单击"道岔单解"功能按钮，输入密码正确后，再单击相应的道岔号。如正确，则道岔号有红色恢复黄色或绿色，表示单解成功，否则系统会给出提示。

8. 非进路调车（密码）

非进路调车指的是联锁区的部分线路作为推送线使用时，如果允许直接由现场调车员用手信号指挥往返调车，则叫作非进路调车。非进路调车不受调车信号机位置的限制，可根据需要在任何地点停车。非进路调车也允许溜放。

技术要求：①信号楼值班员必须确认推送线的各道岔区段（不包括无岔区段）空闲，未利用这些区段排列任何进路。命令发车后有关联锁道岔都要自动转到规定位置。②取消非进路调车时，必须检查列车已全部出清推送线的有关道岔区段。

办理方法：人工确认条件满足后，鼠标左键点击"功能按钮"，输入密码，操作有效，按钮变为白色，再单击站场中"非进路调车"按钮（兼表示灯），进路上的所用信号机都开放。取消时，人工确认后，办理同方法与建立时相同。

9. 信号机名称隐藏、道岔名称隐藏、股道名称隐藏

当需要在站场图上显示信号机名称时，用鼠标单击"信号名称"按钮；重复进行此操作可隐藏信号机名称。

当需要在站场图上显示道岔名称时，用鼠标单击"道岔名称"按钮；重复进行此操作可隐藏道岔名称。

当需要在站场图上显示股道名称时，用鼠标单击"股道名称"按钮；重复进行此操作可隐藏股道名称。

三、实验设备

ATS 仿真实训系统一套。

四、实验步骤

第一步：选取一条列车进路，完成进路办理操作。

第二步：选取一条已办理的列车进路，完成进路取消操作。

第三步：完成信号重复开放操作。

第四步：完成人工解锁操作。

第五步：完成引导锁闭操作。

第六步：完成引导总锁闭操作。

第七步：完成道岔定位单操操作。

第八步：完成道岔反位单操操作。

第九步：完成道岔单锁操作。

第十步：完成道岔单解操作。

第十一步：完成非进路调车操作。

第十二步：完成信号机名称隐藏、再显示操作。

第十三步：完成道岔名称隐藏、再显示操作。

第十四步：完成股道名称隐藏、再显示操作。

五、实验思考与讨论题

思考：何种情况下采用人工解锁、引导锁闭、引导总锁闭操作？

六、实验注意事项

（1）实验前认真预习实验指导书，明确实验目的和要求，理解实验原理，掌握实验步骤及注意事项。

（2）按实验指导书中的步骤和指导教师的要求完成实验，认真做好实验记录。

（3）实验中保持设备、线路的完好，保持实验室清洁。

（4）按要求写实验报告，报告要求文理通顺、书写简洁、图文并茂、结论简明。

实验五　信号控制一体化综合实验

项目一　信号控制一体化综合实验箱认知与准备实验

一、实验目的

(1) 掌握信号控制一体化综合实验箱系统的功能与组成。
(2) 掌握信号控制一体化综合实验箱系统的信号机控制方法。
(3) 掌握信号控制一体化综合实验箱系统的转辙机控制方法。
(4) 掌握信号控制一体化综合实验箱系统的轨道电路占用检测方法。
(5) 培养学生动手实践能力。

二、实验原理

(一) 信号控制一体化综合实验箱认知

信号一体化综合实验箱由 5 个实验箱组成，包括 A、B、C、D、E、F 6 个类型车站组成，其中实验箱 1 由 A 站场和 F 站场组成，实验箱 2、3、4、5 对应站场 B、C、D、E。A 站是简化的编组站，B、C、D、E 是带存车线的折返中间站，F 是区段站，如图 1 所示。

编组站：专门办理大量货物列车编组、解体和列车、车辆技术作业的车站。主要设备有到发线（场）、调车线（场）、驼峰、牵出线以及机务段和车辆段等。

中间站：主要办理列车会让（单线铁路）和越行（双线铁路）作业的车站。技术作业有：列车到发、会让和零担摘挂列车调车等。主要设备有到发线、货物线、牵出线和旅客乘降设备等。

区段站：设在铁路牵引区段分界处的车站，主要办理列车机车换挂、技术检查以及区段零担摘挂列车、小运转列车的改编等作业。主要设备有：到发线、调车线、牵出线、机务段、车辆段以及其他有关设备。布置图形按上、下行到发场相互位置可分为横列式和纵列式两种。

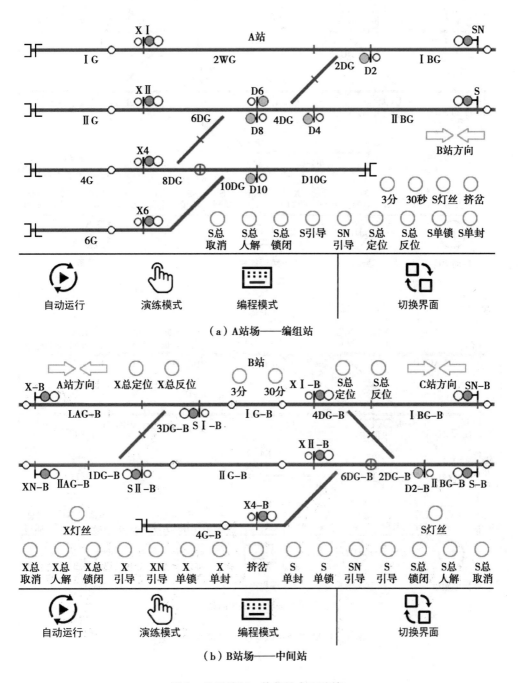

（a）A站场——编组站

（b）B站场——中间站

图1 信号控制一体化综合实验箱

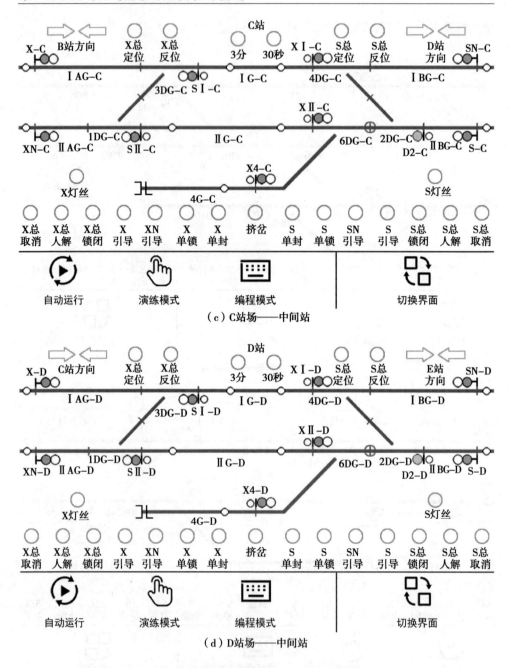

（c）C站场——中间站

（d）D站场——中间站

图1 信号控制一体化综合实验箱（续图）

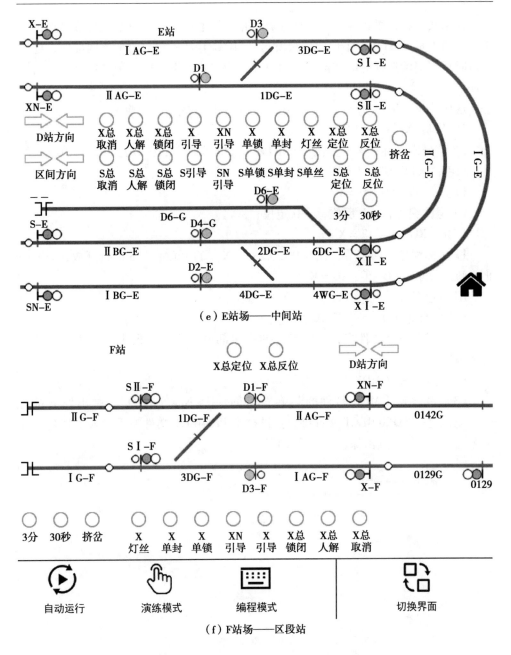

（e）E站场——中间站

（f）F站场——区段站

图1 信号控制一体化综合实验箱（续图）

检测轨道是否占用可通过实验导线连接到底板对应的轨道电路接口进行判断（低电平占用，高电平空闲）。

控制实验箱信号机显示，信标开放停止、轨道白光带、道岔定反位等均可通过实验箱上板的 STM32 串口向底板发送，（B/C/D 实验箱分为上下两部分，连接串口时根据实验选择对应的部分，串口接口为实验面板的指令端口）具体通信协议如下：

通信协议：XG + 开头　　　* 结尾　　　底板接收成功后回应 *

信号机：XG + X：D8 = A *

D8 信号机名称；= A 蓝色，= NO 不亮，= B 白色，= H 红色，= UU 双黄，= L 绿色，= LU 绿黄，= HB 红白

道岔：XG + D：D1 = F *

D1 道岔编号；= F 反位，= D 定位；

信标：XG + B：17 = X *

17 信标编号，两字节，比如 01，02；= X 下行开放，= S 上行开放，= T 停止；轨道显示：XG + G：IG = B *

IG 轨道名称；= B 白光带，= NO 不显示

（二）新建 MDK STM32 程序

（1）新建一个文件夹，把我编写的程序都放在这个目录中，方便后期的编写和调试。

（2）启动 Keil MDK。

（3）执行 Keil MDK 软件的菜单 "Project - > New Project"，弹出如下对话框。先新建一个 PROJECT 文件夹，点进这个 PROJECT 文件夹下输入工程名，可命名为 "demo"，点击保存（见图 2）。

图 2　对话框（1）

（4）接着弹出对话框，选择单片机的界面，选择 STMicroeletronics 公司 STM32F103 系列的 C8T6，点击确定（见图3）。

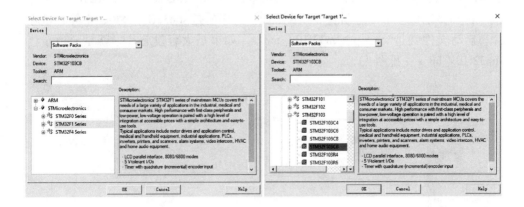

图3 对话框（2）

（5）点击 OK，MDK 会弹出 Manage Run – Time Environment 对话框，在这个界面可以添加自己需要的组件，从而方便构建开发环境。按 OK 进入下一步。

（6）到此，已经建立了一个框架，还需要往这个框架里加入 stm32f103 的启动代码和库文件。

（7）将官方的固件包里的源码文件复制到工程目录下。先在创建的工程目录下新建一个 STM32F10x_FWLib 文件夹，STM32F10x_StdPeriph_Lib_V3.5.0 \ Libraries \ STM32F10x_StdPeriph_Driver 下面的 src 和 inc 文件夹复制到这个文件夹。src 存放的是固件库的 .c 文件，inc 存放的是对应的 .h 文件（见图4）。

图4 对话框（3）

（8）在工程目录下创建一个 CORE 用来存放，启动文件，打开官方固件包，找到 CMSIS \ CM3 \ CoreSupport 下面，将 core_cm3. c 和文件 core_cm3. h 放入 CORE 下，再将 CMSIS \ CM3 \ DeviceSupport \ ST \ STM32F10x \ startup \ arm 的 startup_stm32f10x_md. s 复制到 CORE 下面。选用的是 stm32f103c8t6，中等容量芯片。启动文件就是 startup_stm32f10x_md. s，如果是大容量芯片，就是 startup_ stm32f10x_hd. s（见图5）。

图5　对话框（4）

（9）创建一个 USER 文件夹用来存放编写的代码，将 CMSIS \ CM3 \ Device-Suppoert \ ST \ STM32F10x 下面的三个文件，stm32f10x. h，system_stm32f10x. c，system_stm32f10x. h 复制到 USER 目录下然后将 Project \ STM32F10x_StdPeriph_ Template 下的四个文件 main. c，stm32f10x_conf. h，stm32f10x_it. c，stm32f10x_ it. h 复制到 USER 目录下面（见图6）。

图6　对话框（5）

（10）已经把所需的文件全部放入工程目录中了，下面需要将所有文件加入MDK 的环境中。右键点击 Target1，选择 Manage Project Items（见图7）。

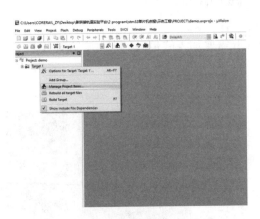

图7　对话框（6）

（11）Manage Project Items 中可以修改 Traget 名称，在 Groups 下创建 USER，CORE，FWLIB，对于 USER，选择相应的 group 将工程目录下的相对应的文件加入 MDK。对于 CORE，选择文件类型为所有，将所有 . s 文件也加入 FWLIB，加入 STM32F10x_FWLib 文件夹下，src 的所有文件（见图8）。

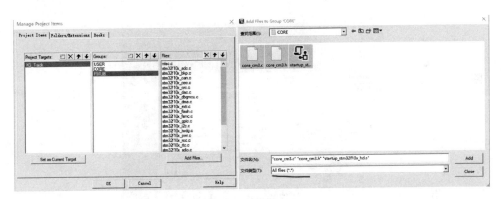

图8　对话框（7）

（12）完成后 MDK 的 project 窗口应该显示如图9所示。

（13）将工程所有需要用到的头文件的目录都加入 MDK，点击魔术棒，进入 Options for target。选择 C \ C ++。在 Include Paths 加入所有需要的目录，这些目录包括：

.\ CORE

..\ USER

..\ STM32F10x_FWLib\ inc

注意：..\ 代表当前目录。

STM32F10x_FWLib 需要加入的是 inc 目录（见图 10）。

图 9 对话框（8）

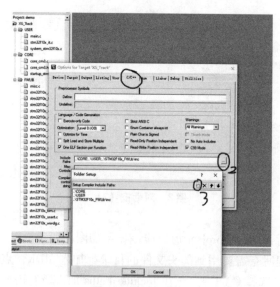

图 10 对话框（9）

（14）在 C \ C ＋＋的 Define 中加入 STM32F10X_MD，USE_STDPERIPH_ DRIVER 表示选用的设备（见图11）。

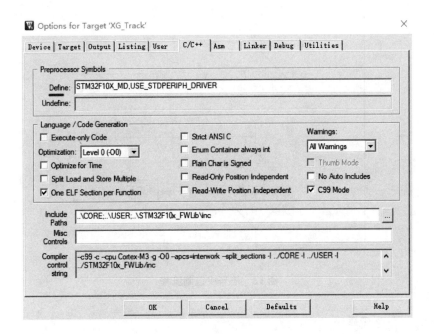

图11　对话框（10）

（15）到此工程就创建完成，学生可以在 main 中自由编写代码了。

（三）信号机控制实验

1. 实验任务

用按键控制信号机绿、红、白三灯位的点灯状态，分别显示允许信号（绿灯点亮或白灯点亮）、禁止信号（红灯点亮）以及引导信号（红白灯同时点亮）。

当有键按下时，对应灯位点亮，再按一下，灯位熄灭。

2. 实验要求

当单片机 I/O 口向信号机 LED 口输出高电平时，对应信号机 LED 点亮。

当单片机 I/O 口向信号机 LED 口输出低电平时，对应信号机 LED 熄灭。

3. 实验流程图

实验流程如图12所示。

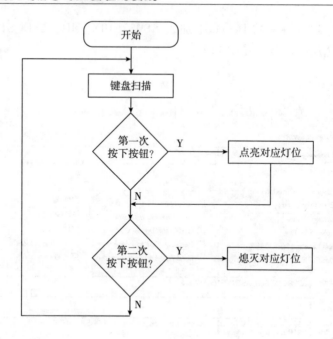

图 12   信号机控制流程

4. 部分源代码

```
#include " stm32f10x. h"    //包含 stm32f10x 头文件
#include " sys. h"

#define KEY2   GPIO_ReadInputDataBit( GPIOA, GPIO_Pin_1)   //读取按键 2
#define KEY3   GPIO_ReadInputDataBit( GPIOA, GPIO_Pin_4)   //读取按键 3
#define KEY4   GPIO_ReadInputDataBit( GPIOA, GPIO_Pin_5)   //读取按键 4
#define KEY5   GPIO_ReadInputDataBit( GPIOA, GPIO_Pin_6)   //读取按键 5

#define LED0 PBout(1)   //PB1
#define LED1 PBout(2)   //PB2   #define LED2 PBout(3)   //PB3

void GPIO_init(void);   //GPIO 初始化函数声明
void KEY_init(void);   //按键 GPIO 初始化
void KEY(void);   //按键检测函数声明
void delay(unsigned int times);   //延时函数声明
/ * _ _ _ _ _ _ _ _ _ _ _ _ _ _ _ _ _ _ _ _ _ _ _ _ _ _ _
```

```
                              主函数
        — — — — — — — — — — — — — — — — — — — — — — — — — — — — */
int main(void)
{
  GPIO_init();
  KEY_init();
  while(1)
  {
  KEY();  //按键扫描
  }
}
/* — — — — — — — — — — — — — — — — — — — — — — — — — — — —
                        按键检测函数
        — — — — — — — — — — — — — — — — — — — — — — — — — — — — */
void KEY(void)
{
```

//当按下 key2 时,信号机绿灯点亮,红白灯无显示,再按下 key1 时绿灯熄灭;
//当按下 key3 时,信号机红灯点亮,绿白灯无显示,再按下 key2 时红灯熄灭;
//当按下 key4 时,信号机白灯点亮,绿红灯无显示,再按下 key3 时白灯熄灭;
//当按下 key5 时,信号机红灯白灯同时点亮,绿灯无显示,再按下 key4 时红灯白灯同时熄灭。

```
    if((KEY2 ==0) || (KEY3 ==0) || (KEY4 ==0) || (KEY5 ==0))
    {
      delay(1500);        //150 毫秒软件防抖
    if(KEY2 ==0)
    {
    LED0 = ! LED0;  //IO 取反,如果绿灯是点亮状态的话则熄灭,如果绿灯
是熄灭状态的话则点亮
      LED1 =1;
    LED2 =1;
    }
    if(KEY3 ==0)
    {
```

```
        LED0 = 1;
    LED1 = ！ LED1;
    LED2 = 1;
    }
    if( KEY4 ==0)
    {
    LED0 = 1;
        LED1 = 1;
    LED2 = ！ LED2;
    }
    if( KEY5 ==0)
    {
        LED0 = 1;
        if( ( LED1 ==1) &&( LED2 ==1) )          //如果红白两灯位都不亮的
                                                   时候
        {
        LED1 = 0;          //红灯亮
        LED2 = 0;          //白灯亮
        }
        else              //如果红白两灯位都亮或者只有一个亮的时候
        {
        LED1 = 1;          //红灯灭
        LED2 = 1;          //白灯灭
        }

    }
    delay( 3000) ;
    }
}
/ * - - - - - - - - - - - - - - - - - - - - - - - - - - - - - - -
                    GPIO 初始化函数
- - - - - - - - - - - - - - - - - - - - - - - - - - - - - - */
void GPIO_init( )
{
```

```
GPIO_InitTypeDef  GPIO_InitStructure;  //定义一个 GPIO 结构体
RCC_APB2PeriphClockCmd(RCC_APB2Periph_GPIOB,ENABLE);  //使能
```
PB 端口时钟

```
RCC_APB2PeriphClockCmd(RCC_APB2Periph_AFIO,ENABLE);  //使能
```
AFIO 时钟
```
GPIO_PinRemapConfig(GPIO_Remap_SWJ_JTAGDisable,ENABLE);  //禁用
```
JTAG,PB3PB4 作为普通 IO 使用时需要禁用 JTAG

```
GPIO_InitStructure.GPIO_Pin = GPIO_Pin_1;  //PB1 端口配置
GPIO_InitStructure.GPIO_Mode = GPIO_Mode_Out_PP;  //推挽输出
GPIO_InitStructure.GPIO_Speed = GPIO_Speed_50MHz;  //IO 口速度
```
为 50MHz
```
GPIO_Init(GPIOB,&GPIO_InitStructure);  //根据设定参数初始化 GPI-
```
OB. 1
```
GPIO_SetBits(GPIOB,GPIO_Pin_1);  //PB1 输出高
```

```
GPIO_InitStructure.GPIO_Pin = GPIO_Pin_2;  //PB2 端口配置
GPIO_InitStructure.GPIO_Mode = GPIO_Mode_Out_PP;  //推挽输出
GPIO_InitStructure.GPIO_Speed = GPIO_Speed_50MHz;  //IO 口速度
```
为 50MHz
```
GPIO_Init(GPIOB,&GPIO_InitStructure);  //根据设定参数初始化 GPI-
```
OB. 2
```
GPIO_SetBits(GPIOB,GPIO_Pin_2);  //PB2 输出高
```

```
GPIO_InitStructure.GPIO_Pin = GPIO_Pin_3;  //PB1 端口配置
GPIO_InitStructure.GPIO_Mode = GPIO_Mode_Out_PP;  //推挽输出
GPIO_InitStructure.GPIO_Speed = GPIO_Speed_50MHz;  //IO 口速度
```
为 50MHz
```
GPIO_Init(GPIOB,&GPIO_InitStructure);  //根据设定参数初始化 GPI-
```
OB. 3
```
GPIO_SetBits(GPIOB,GPIO_Pin_3);  //PB3 输出高
    }
    /* - - - - - - - - - - - - - - - - - - - - - - - - - - - - - -
```

按键初始化函数

```
-------------------------------*/
voidKEY_init( )
{
    GPIO_InitTypeDef GPIO_InitStructure；  //定义一个 GPIO 结构体
    RCC_APB2PeriphClockCmd( RCC_APB2Periph_GPIOA，ENABLE)；  //使能
GPIOA 时钟

    GPIO_InitStructure. GPIO_Pin    = GPIO_Pin_1 | GPIO_Pin_4 | GPIO_Pin_5 |
GPIO_Pin_6；
    GPIO_InitStructure. GPIO_Mode = GPIO_Mode_IPU；  //设置上拉输入
    GPIO_Init( GPIOA ,&GPIO_InitStructure)；  //按配置初始化 GPIO



}
/ * -------------------------------
```

延时函数

```
-------------------------------*/
void delay( unsigned int times)
{
    u16 i,j；

    for( i = 0；i < times；i ++ )
        for( j = 0；j < 1000；j ++ )
            ；
}
```

（四）转辙机控制实验

1. 实验任务

用按键控制转辙机的定操、反操动作，同时获取道岔的实际位置，并通过发光二极管显示出来。

2. 实验要求

当单片机 I/O 口向转辙机 IN 口输出一个上升沿时，对应转辙机进行反操，道岔定操到位有反位表示后，转辙机 O 口输出一个高电平。

当单片机 I/O 口向转辙机 IN 口输出一个下降沿时，对应转辙机进行定操，

道岔定操到位有定位表示后，转辙机 O 口输出一个低电平。

3. 实验流程图

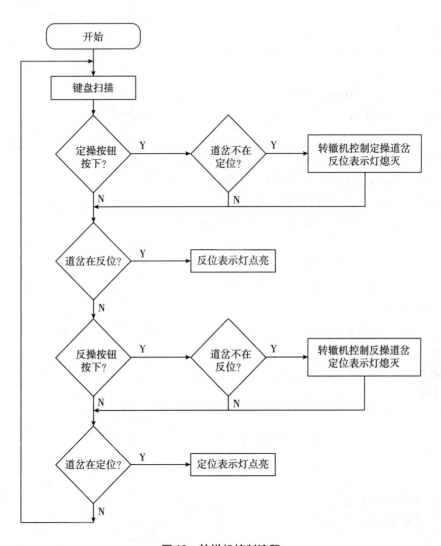

图 13　转辙机控制流程

4. 部分源代码

```
#include" stm32f10x. h"    //包含 stm32f10x 头文件
#include " sys. h"
```

```
#define KEY2    GPIO_ReadInputDataBit( GPIOA ,GPIO_Pin_1)    //读取按键 2
```

```
#define KEY3    GPIO_ReadInputDataBit(GPIOA,GPIO_Pin_4)   //读取按键3


#define ZZJ_IN   PBout(1)    //PB1
#define ZZJ_OUT PBin(2)    //PB2

#define LED0 PBout(3)    //PB3
#define LED1 PBout(4)    //PB4

void GPIO_init(void);   //GPIO 初始化函数声明
void KEY_init(void);    //按键 GPIO 初始化
void KEY(void);    //按键检测函数声明
void delay(unsigned int times);    //延时函数声明
/* - - - - - - - - - - - - - - - - - - - - - - - - - - - - - - -
                     主函数
- - - - - - - - - - - - - - - - - - - - - - - - - - - - - - - - - */
int main(void)
{
  GPIO_init();
  KEY_init();
  while(1)
  {
      KEY();        //按键扫描
    if(ZZJ_IN == 1)
    {
      LED0 = 1;
      LED1 = 0;
    }
    else if(ZZJ_IN == 1)
    {
      LED0 = 0;
      LED1 = 1;
    }
  }
```

```
}
/* – – – – – – – – – – – – – – – – – – – – – – – –
              按键检测函数
   – – – – – – – – – – – – – – – – – – – – – – – – */
void KEY(void)
{
//当按下 key2 时,信号机绿灯点亮,红白灯无显示,再按下 key1 时绿灯熄灭;
//当按下 key3 时,信号机红灯点亮,绿白灯无显示,再按下 key2 时红灯熄灭;
//当按下 key4 时,信号机白灯点亮,绿红灯无显示,再按下 key3 时白灯熄灭;
//当按下 key5 时,信号机红灯白灯同时点亮,绿灯无显示,再按下 key4 时红灯、白
灯同时熄灭。

  if((KEY2 ==0) ‖ (KEY3 ==0))
  {
  delay(50);     //150 毫秒软件防抖
    if(KEY2 ==0)        //按下按键为反操
    {
      ZZJ_IN = 1;         //输出一个上升沿
      while(ZZJ_OUT! =1)  //转辙机反馈
      ;
    }
    if(KEY3 ==0)        //按下按键为正操
    {
      ZZJ_IN = 0;         //输出一个下降沿
      while(ZZJ_OUT! =0)  //转辙机反馈
      ;
    }

    delay(3000);
  }
}
/* – – – – – – – – – – – – – – – – – – – – – – – –
              GPIO 初始化函数
   – – – – – – – – – – – – – – – – – – – – – – – – */
```

```
void GPIO_init( )
{
GPIO_InitTypeDef    GPIO_InitStructure;    //定义一个 GPIO 结构体
RCC_APB2PeriphClockCmd( RCC_APB2Periph_GPIOB, ENABLE );     //使能 PB
端口时钟

RCC_APB2PeriphClockCmd( RCC_APB2Periph_AFIO, ENABLE );    //使能 AFIO
时钟
GPIO_PinRemapConfig( GPIO_Remap_SWJ_JTAGDisable, ENABLE );    //禁用
JTAG,PB3PB4 作为普通 IO 使用时需要禁用 JTAG

GPIO_InitStructure. GPIO_Pin = GPIO_Pin_1;    //PB1 端口配置
GPIO_InitStructure. GPIO_Mode = GPIO_Mode_Out_PP;    //推挽输出
GPIO_InitStructure. GPIO_Speed = GPIO_Speed_50MHz;    //IO 口速度为 50MHz
GPIO_Init( GPIOB,&GPIO_InitStructure );    //根据设定参数初始化 GPIOB. 1
GPIO_SetBits( GPIOB,GPIO_Pin_1 );    //PB1 输出高

GPIO_InitStructure. GPIO_Pin = GPIO_Pin_2;    //PB2 端口配置
GPIO_InitStructure. GPIO_Mode = GPIO_Mode_Out_PP;    //推挽输出
GPIO_InitStructure. GPIO_Speed = GPIO_Speed_50MHz;    //IO 口速度为 50MHz
GPIO_Init( GPIOB,&GPIO_InitStructure );    //根据设定参数初始化 GPIOB. 2
GPIO_SetBits( GPIOB,GPIO_Pin_2 );    //PB2 输出高

GPIO_InitStructure. GPIO_Pin = GPIO_Pin_3;    //PB1 端口配置
GPIO_InitStructure. GPIO_Mode = GPIO_Mode_Out_PP;    //推挽输出
GPIO_InitStructure. GPIO_Speed = GPIO_Speed_50MHz;    //IO 口速度为 50MHz
GPIO_Init( GPIOB,&GPIO_InitStructure );    //根据设定参数初始化 GPIOB. 3
GPIO_SetBits( GPIOB,GPIO_Pin_3 );    //PB3 输出高

GPIO_InitStructure. GPIO_Pin = GPIO_Pin_4;    //PB1 端口配置
GPIO_InitStructure. GPIO_Mode = GPIO_Mode_Out_PP;    //推挽输出
GPIO_InitStructure. GPIO_Speed = GPIO_Speed_50MHz;    //IO 口速度为 50MHz
GPIO_Init( GPIOB,&GPIO_InitStructure );    //根据设定参数初始化 GPIOB. 3
GPIO_SetBits( GPIOB,GPIO_Pin_4 );    //PB3 输出高
```

```
}
/*  – – – – – – – – – – – – – – – – – – – – – – – – – –
                  按键初始化函数
    – – – – – – – – – – – – – – – – – – – – – – – – *  /
void KEY_init( )
{
  GPIO_InitTypeDef GPIO_InitStructure；  //定义一个 GPIO 结构体
  RCC _ APB2PeriphClockCmd ( RCC _ APB2Periph _ GPIOA, ENABLE )；  //使 能
GPIOA 时钟

  GPIO_InitStructure. GPIO_Pin    = GPIO_Pin_1 | GPIO_Pin_4 | GPIO_Pin_5 | GPIO_
Pin_6；
  GPIO_InitStructure. GPIO_Mode = GPIO_Mode_IPU；  //设置上拉输入
  GPIO_Init( GPIOA ,&GPIO_InitStructure )；  //按配置初始化 GPIO


}
/*  – – – – – – – – – – – – – – – – – – – – – – – – – –
                  延时函数
    – – – – – – – – – – – – – – – – – – – – – – – – *  /
void delay( unsigned int times)
{
    u16 i,j；

    for( i = 0 ; i < times ; i ++ )
      for( j = 0 ; j < 1000 ; j ++ )
        ；
}
```

（五）轨道电路实验

1. 实验任务

获取轨道电路是否为车辆所占用的实际状态，并通过发光二极管显示出来。

2. 实验要求

当轨道电路处于空闲状态即无车辆占用时，对应轨道电路端口输出高电平。

当轨道电路有车辆占用时，对应轨道电路端口输出低电平。

3. 实验流程图

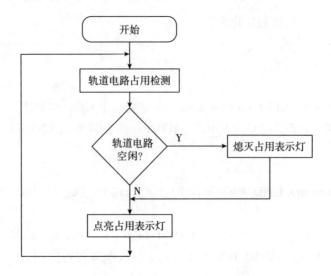

图 14　轨道电路占用检测流程

4. 部分代码

```
#include "stm32f10x. h"    //包含 stm32f10x 头文件
#include "sys. h"


#define Check    GPIO_ReadInputDataBit(GPIOA,GPIO_Pin_1)    //读取按键2
#define LED0 PBout(1)    //PB3


void GPIO_init(void);    //GPIO 初始化函数声明
void display();
void delay(unsigned int times);    //延时函数声明
/ * - - - - - - - - - - - - - - - - - - - - - - - - - - - -
                    主函数
- - - - - - - - - - - - - - - - - - - - - - - - - - - - */
int main(void)
{
    GPIO_init();
    while(1)
    {
```

```
    LED0 = 0;

    while(1)
    {
    display();
    }

    }
}
```

/ * –
按键检测函数
– * /

```
void display()
{
    if(Check ==0)   //轨道占用输出低电平
    {
    delay(150);//软件去抖
      if(Check ==0)
          LED0 = 1;
        else
          LED0 = 0;
    }
    else
      LED0 = 0;
}
```

/ * –
GPIO 初始化函数
– * /

```
void GPIO_init()
{
GPIO_InitTypeDef   GPIO_InitStructure;   //定义一个 GPIO 结构体
RCC_APB2PeriphClockCmd(RCC_APB2Periph_GPIOB, ENABLE);   //使能
PB 端口时钟
```

```
    RCC_APB2PeriphClockCmd（RCC_APB2Periph_AFIO, ENABLE）；    //使能
AFIO时钟
    GPIO_PinRemapConfig（GPIO_Remap_SWJ_JTAGDisable, ENABLE）；    //禁用
JTAG,PB3PB4作为普通IO使用时需要禁用JTAG

    GPIO_InitStructure. GPIO_Pin = GPIO_Pin_1；    //PB1端口配置
    GPIO_InitStructure. GPIO_Mode = GPIO_Mode_Out_PP；    //推挽输出
    GPIO_InitStructure. GPIO_Speed = GPIO_Speed_50MHz；    //IO口速度
为50MHz
    GPIO_Init（GPIOB, &GPIO_InitStructure）；    //根据设定参数初始化GPI-
OB. 1
    GPIO_SetBits（GPIOB, GPIO_Pin_1）；    //PB1输出高

    GPIO_InitStructure. GPIO_Pin = GPIO_Pin_4；    //PB1端口配置
    GPIO_InitStructure. GPIO_Mode = GPIO_Mode_Out_PP；    //推挽输出
    GPIO_InitStructure. GPIO_Speed = GPIO_Speed_50MHz；    //IO口速度
为50MHz
    GPIO_Init（GPIOB, &GPIO_InitStructure）；    //根据设定参数初始化GPI-
OB. 3
    GPIO_SetBits（GPIOB, GPIO_Pin_4）；    //PB3输出高
    }


/* - - - - - - - - - - - - - - - - - - - - - - - - - - - - - -
                    延时函数
- - - - - - - - - - - - - - - - - - - - - - - - - - - - - - */
void delay（unsigned int times）
{
    u16 i,j;

    for（i = 0；i < times；i ++）
        for（j = 0；j < 1000；j ++）
            ;
}
```

三、实验设备

（1）信号控制一体化综合实验箱。

（2）插导线若干。

（3）程序烧写电脑一台。

四、实验步骤

第一步：学习信号控制一体化综合实验箱功能与组成。

第二步：按照信号机控制流程图完成信号机的控制。

第三步：按照转辙机控制流程图完成转辙机的控制。

第四步：按照轨道电路占用检测流程图完成轨道电路占用检测。

五、实验思考与讨论题

如何保证信号机、转辙机、轨道电路的故障导向安全。

六、实验注意事项

（1）实验前认真预习实验指导书，明确实验目的和要求，理解实验原理，掌握实验步骤及注意事项。

（2）按实验指导书中的步骤和指导教师的要求完成实验，认真做好实验记录。

（3）实验中保持设备、线路的完好，保持实验室清洁。

（4）按要求写实验报告，报告要求文理通顺、书写简洁、图文并茂、结论简明。

项目二　列车接车进路控制实验

一、实验目的

（1）掌握列车接车进路的排列方法。

（2）掌握列车接车进路涉及的联锁条件。

（3）掌握列车接车进路的编程方法。

（4）掌握列车接车进路的检验方法。

（5）培养学生动手实践能力。

二、实验内容

本实验主要是对接车进路进行仿真实验，接车进路是指列车从区间进入车站内的股道时所经过的路径。接车进路由进站信号机进行防护。例如 A 站场图中，S 至 ⅡG 的列车进路和 SN 至 IG 的列车进路都是接车进路，分别由进站信号机 S 和 SN 来防护，区别在于前者是正方向接车进路、后者是反方向接车进路。

（一）选择实验车站

按照学生数量进行分组，各小组可以分别选择 A/B/C/D/E/F 任一车站实验箱进行实验，其中，B/F 车站在同一实验箱；B/C/D 三个车站类型一致，联锁表也一致，以选择 A 车站为例，若选择其他车站，则实验方法同样按照下述步骤，保持一致。

（二）选择实验进路

确定好实验车站后，确定实验接车进路对象。对照 A 车站联锁表，选取任意一条接车进路作为实验所排进路，以选取 B 站方向、正方向接车、S 至 ⅡG 股道的接车进路为实验对象，并将选定的实验进路信息按照车站、进路号、进路性质、进路方向、进路按钮、防护信号机、道岔、轨道区段等内容填入实验结果表中。

（三）连接实验导线

（1）使用实验导线将实验箱上板的 STM32 单片机 USART1 接口连接到底板的指令端口（TX 接 RX，RX 接 TX）。

（2）将 STM32 的 PA1，PA4 引脚分别连接到进路的始端按钮和终端按钮接口（实验底板的 SLA，X1LA，LA 代表信号机列车按钮，DA 代表信号机调车按钮）。

（3）将 J – LINK 连接到 STM32 核心板调试接口上。

（四）实验编程阶段

（1）始终端按钮轮询：

```
void KEY(void)
{
  if((KEY0 ==0) || (KEY1 ==0))
  {
    delay(10);      //10 毫秒软件防抖
    if(KEY0 ==0)
    {
        JINLU_sta_key =1;  //进路始端按钮标记位置 1
```

```
        }
      if( KEY1 == 0 )
        {
    if( JINLU_sta_key == 1 )
        {
          JINLU_end_key = 1;//进路终端按钮标记位置1
        }
      }
    }
  }
```

（2）道岔转换阶段：

USART1_Putstr("XG + D:D4 = D * ");//XG + D:D4 = D * 道岔 4 定位

USART1_Putstr("XG + D:D2 = D * ");//XG + D:D2 = D * 道岔 4 关联道岔 2 定位

USART1_Putstr("XG + D:D6 = D * ");//XG + D:D6 = D * 道岔 6 定位

USART1_Putstr("XG + D:D8 = D * ");//XG + D:D8 = D * 道岔 6 关联道岔 8 定位

（3）进路锁闭阶段：

USART1_Putstr("XG + G:IIBG = B * ");//XG + G:IIBG = B * 轨道 IIBG 显示白光带

USART1_Putstr("XG + G:4DG = B * ");//XG + G:4DG = B * 轨道 4DG 显示白光带

USART1_Putstr("XG + G:6DG = B * ");//XG + G:6DG = B * 轨道 6DG 显示白光带

USART1_Putstr("XG + G:IIG = B * ");//XG + G:IIG = B *　轨道 IIG 显示白光带

（4）信号开放阶段：

USART1_Putstr("XG + X:S = U * ");//XG + X:S = U * 信号机 S 显示黄色

（五）实验操纵与检查阶段

先按始端按钮 SLA，后按终端按钮 X_1LA。

查看站场显示屏，应满足下述要求：

（1）道岔：2/4 与 6/8 号道岔是否转换到定位。

（2）区段：IIBG、4DG、6DG、IIG 轨道是否锁闭白光带。

（3）信号机：S 信号机是否开放 U 灯。

若全部满足上述条件，实验成功；若不满足，请检查接线与程序。

（六）实验结果

表1 实验结果（1）

车站	进路号	进路性质	进路方向	进路按钮	防护信号机	道岔	轨道区段	进路结果
A	6	列车进路	接车进路	XILA、S_NLA	S	2/4、6/8	IIG、6DG、4DG、IIBG	

三、实验设备

（1）联锁车站 A/B/C/D/E/F 任一实验箱、对应联锁表、实验导线、电源、编程环境。

（2）插导线若干。

（3）程序烧写电脑一台。

四、实验步骤

第一步：学习列车接车进路的联锁条件。

第二步：完成车站、进路的选择。

第三步：完成列车接车进路的程序编写。

第四步：完成列车接车进路操纵与检查。

五、实验思考与讨论题

请完成 SN 至 IIG 的反方向接车进路实验设计。

六、实验注意事项

（1）实验前认真预习实验指导书，明确实验目的和要求，理解实验原理，掌握实验步骤及注意事项。

（2）按实验指导书中的步骤和指导教师的要求完成实验，认真做好实验记录。

（3）实验中保持设备、线路的完好，保持实验室清洁。

（4）按要求写实验报告，报告要求文理通顺、书写简洁、图文并茂、结论简明。

项目三　列车发车进路控制实验

一、实验目的

（1）掌握列车发车进路的排列方法。

（2）掌握列车发车进路涉及的联锁条件。

（3）掌握列车发车进路的编程方法。

（4）掌握列车发车进路的检验方法。

（5）培养学生动手实践能力。

二、实验内容

本实验主要是对发车进路进行仿真实验，发车进路指列车离开车站、向区间发车时所经过的路径。发车进路由出站信号机进行防护。例如 A 站场图中，XI 至 SN 之间的列车进路和 XII 至 S 之间列车进路都是发车进路，分别由出站信号机 XI 和 XII 来防护，区别在于前者是正方向发车进路、后者是反方向发车进路。

（一）选择实验车站

按照学生数量进行分组，各小组可以分别选择 A/B/C/D/E/F 任一车站实验箱进行实验，其中，B/F 车站在同一实验箱；B/C/D 三个车站类型一致，联锁表也一致，以选择 A 车站为例，若选择其他车站，则实验方法同样按照下述步骤，保持一致。

（二）选择实验进路

确定好实验车站后，确定实验发车进路对象。以选取 B 站方向、正方向发车、由 IG 股道至 IBG、XI 信号机的发车进路为实验对象，并将选定的实验进路信息按照车站、进路号、进路性质、进路方向、进路按钮、防护信号机、道岔、轨道区段等内容填入实验结果表中。

（三）连接实验导线

（1）使用实验导线将实验箱上板的 STM32 单片机 USART1 接口连接到底板的指令端口（TX 接 RX，RX 接 TX）。

（2）将 STM32 的 PA1，PA4 引脚分别连接到进路的始端按钮和终端按钮接口（实验底板的 XILA，SLA，LA 代表信号机列车按钮，DA 代表信号机调车按钮）。

（3）将 J‒LINK 连接到 STM32 核心板调试接口上。

（四）实验编程阶段

（1）始终端按钮轮询：

```
void KEY(void)
{
  if((KEY0 ==0) || (KEY1 ==0))
  {
    delay(10);        //10 毫秒软件防抖
      if(KEY0 ==0)
      {
          JINLU_sta_key = 1;    //进路始端按钮标记位置 1
      }
      if(KEY1 ==0)
      {
      if(JINLU_sta_key ==1)
        {
        JINLU_end_key = 1;//进路终端按钮标记位置 1
        }
      }
    }
  }
}
```

（2）道岔转换阶段：

USART1_Putstr("XG + D:D2 = D * ");//XG + D:D2 = D * 道岔 2 定位

USART1_Putstr("XG + D:D4 = D * ");//XG + D:D4 = D * 道岔 2 关联道岔 4 定位

（3）进路锁闭阶段：

USART1_Putstr("XG + G:2WG = B * ");//XG + G:2WG = B * 轨道 2WG 显示白光带

USART1_Putstr("XG + G:2DG = B * ");//XG + G:2DG = B * 轨道 2DG 显示白光带

USART1_Putstr("XG + G:IBG = B * ");//XG + G:IBG = B * 轨道 IBG 显示白光带

（4）信号开放阶段：

USART1_Putstr("XG + X:XI = L * ");//XG + X:XI = L * 信号机 XI 显示绿色

（五） 实验操纵与检查阶段

先按始端按钮 XILA，后按终端按钮 SLA。

实验检查阶段：查看站场显示屏，应满足下述要求：

（1） 道岔：2/4 号道岔是否转换到定位。

（2） 区段：2WG、2DG、IIBG 轨道是否锁闭白光带。

（3） 信号机：XI 信号机是否开放 L 灯。

若全部满足上述条件，实验成功；若不满足，请检查接线与程序。

（六） 实验结果

表2 实验结果（2）

车站	进路号	进路性质	进路方向	进路按钮	防护信号机	道岔	轨道区段	进路结果
A	1	列车进路	发车进路	XILA、S_NLA	XI	2/4	IG、2WG、2DG、IBG	

三、实验设备

（1） 联锁车站 A/B/C/D/E/F 任一实验箱、对应联锁表、实验导线、电源、编程环境。

（2） 插导线若干。

（3） 程序烧写电脑一台。

四、实验步骤

第一步：学习列车发车进路的联锁条件。

第二步：完成车站、进路的选择。

第三步：完成列车发车进路的程序编写。

第四步：完成列车发车进路操纵与检查。

五、实验思考与讨论题

请完成由 IIG 至信号机 S_N 的反方向发车进路实验设计。

六、实验注意事项

（1） 实验前认真预习实验指导书，明确实验目的和要求，理解实验原理，掌握实验步骤及注意事项。

（2）按实验指导书中的步骤和指导教师的要求完成实验，认真做好实验记录。

（3）实验中保持设备、线路的完好，保持实验室清洁。

（4）按要求写实验报告，报告要求文理通顺、书写简洁、图文并茂、结论简明。

项目四　列车调车进路控制实验

一、实验目的

（1）掌握列车调车进路的排列方法。

（2）掌握列车调车进路涉及的联锁条件。

（3）掌握列车调车进路的编程方法。

（4）掌握列车调车进路的检验方法。

（5）培养学生动手实践能力。

二、实验内容

本实验主要是对列车调车进路进行仿真实验，调车进路的主要作用是进行站内调车作业。例如，对进入车站的旅客列车更换机车时，必须将正在使用的机车牵出到站内其他线路上，随之，将准备使用的机车牵出到旅客列车所在位置并与旅客列车组合在一起。其中，将正在使用的机车的牵出和将准备使用的机车牵引到旅客列车的所在位置，都是在站内作业，其所行驶的进路都是调车进路，即调车进路作业一般只能在站内运行而不出车站。

调车进路由调车信号机来防护，按照其作用不同分为牵出进路和折返进路。例如，在 A 站场图中，若要将 4G 上的机车调到 6G 上，可先建立 X4 至 D10 的调车进路，当进路始端信号机 X4 开放白灯后，将机车牵出到 D10G，然后建立 D10 至 6G 的调车进路，待信号机 D10 开放后，将机车折返到 6G 股道上。其中，X4 至 D10 的调车进路为牵出进路，而 D10 至 6G 的调车进路为折返进路，本节主要实验调车进路的牵出进路。

（一）选择实验车站

按照学生数量进行分组，各小组可以分别选择 A/B/C/D/E/F 任一车站实验箱进行实验，其中，B/F 车站在同一实验箱；B/C/D 三个车站类型一致，联锁表也一致，以选择 A 车站为例，若选择其他车站，则实验方法同样按照下述步骤，保持一致。

（二）选择实验进路

确定好实验车站后，确定实验调车进路对象。以 A 车站为例，对照 A 车站联锁表，选取任意一条调车进路作为实验所排进路，以选取由调车信号机 X4 至 D10，4G 至 D10G 的牵出调车进路为实验对象，并将选定的实验进路信息按照车站、进路号、进路性质、进路方向、进路按钮、防护信号机、道岔、轨道区段等内容填入实验结果表中。

（三）连接实验导线

（1）使用实验导线将实验箱上板的 STM32 单片机 USART1 接口连接到底板的指令端口（TX 接 RX，RX 接 TX）。

（2）将 STM32 的 PA1、PA4 引脚分别连接到进路的始端按钮和终端按钮接口（实验底板的 X4DA、D10DA、LA 代表信号机列车按钮，DA 代表信号机调车按钮）。

（3）将 J–LINK 连接到 STM32 核心板调试接口上。

（四）实验编程阶段

（1）始终端按钮轮询：

```
void KEY(void)
{
if((KEY0 ==0) || (KEY1 ==0))
{
  delay(10);      //10 毫秒软件防抖
    if(KEY0 ==0)
    {
      JINLU_sta_key =1;   //进路始端按钮标记位置 1
    }
    if(KEY1 ==0)
    {
    if(JINLU_sta_key ==1)
      {
      JINLU_end_key =1;//进路终端按钮标记位置 1
      }
    }
  }
}
```

（2）道岔转换阶段：

USART1_Putstr("XG + D:D8 = D * ");//XG + D:D8 = D * 道岔 8 定位

USART1_Putstr("XG + D:D6 = D * ");//XG + D:D6 = D * 道岔 8 关联道岔 6 定位

USART1_Putstr("XG + D:D10 = D * ");//XG + D:D10 = D * 道岔 8 关联道岔 6 定位

（3）进路锁闭阶段：

USART1_Putstr("XG + G:8DG = B * ");//XG + G:8DG = B * 轨道 8DG 显示白光带

USART1_Putstr("XG + G:10DG = B * ");//XG + G:10DG = B * 轨道 10DG 显示白光带

USART1_Putstr("XG + G:D10G = B * ");//XG + G:D10G = B * 轨道 D10G 显示白光带

（4）信号开放阶段：

USART1_Putstr("XG + X:X4 = B * ");//XG + X:X4 = B * 信号机 X4 显示白色

（五）实验操纵与检查阶段

先按始端按钮 X4DA，后按终端按钮 D10DA。

实验检查阶段：查看站场显示屏，应满足下述要求：

（1）道岔：6/8、10 号道岔是否转换到定位。

（2）区段：8DG、10DG、D10G 轨道是否锁闭白光带。

（3）信号机：X4D 信号机是否开放 B 灯。

若全部满足上述条件，实验成功；若不满足，请检查接线与程序。

（六）实验结果

表 3　实验结果（3）

车站	进路号	进路性质	进路方向	进路按钮	防护信号机	道岔	轨道区段	进路结果
A	25	列车进路	调车进路	X_4DA、D10A	X_4D	6/8、10	4G、8DG、10DG、D10G	

三、实验设备

（1）联锁车站 A/B/C/D/E/F 任一实验箱、对应联锁表、实验导线、电源、编程环境。

（2）插导线若干。

（3）程序烧写电脑一台。

四、实验步骤

第一步：学习列车调车进路的联锁条件。

第二步：完成车站、进路的选择。

第三步：完成列车调车进路的程序编写。

第四步：完成列车调车进路操纵与检查。

五、实验思考与讨论题

请完成由 D10 至 X6 的调车进路实验设计。

六、实验注意事项

（1）实验前认真预习实验指导书，明确实验目的和要求，理解实验原理，掌握实验步骤及注意事项。

（2）按实验指导书中的步骤和指导教师的要求完成实验，认真做好实验记录。

（3）实验中保持设备、线路的完好，保持实验室清洁。

（4）按要求写实验报告，报告要求文理通顺、书写简洁、图文并茂、结论简明。

项目五　预先锁闭与解锁实验

一、实验目的

（1）掌握预先锁闭与解锁的含义。

（2）掌握预先锁闭与解锁的应用场景与操作方法。

（3）掌握预先锁闭与解锁的编程方法。

（4）掌握预先锁闭与解锁的检验方法。

（5）培养学生动手实践能力。

二、实验内容

进路锁闭是指当进路选出后，在确定进路在空闲状态，道岔位置正确以及敌对进路没有建立的条件下，把与进路有关的道岔和敌对进路进行锁闭，使它们不能扳动和建立，是在铁路车站内为保证列车运行安全的一种必要手段。根据对行车安全的影响，进路锁闭分为预先锁闭和接近锁闭，本节对预先锁闭与解锁进行实验学习，下一节对进路锁闭的接近锁闭与解锁进行实验，其中，预先锁闭的解锁方式是取消进路解锁。

预先锁闭是指在信号开放后，其接近区段空闲没有车占用时的锁闭。办理好进路锁闭，信号开放后，在车未驶入接近区段时，因故要取消已建立的进路，可按取消进路方式办理，信号关闭、进路立即解锁，为建立新的进路准备条件。

（一）选择实验车站

按照学生数量进行分组，各小组可以分别选择 A/B/C/D/E/F 任一车站实验箱进行实验，其中，B/F 车站在同一实验箱；B/C/D 三个车站类型一致，联锁表也一致，以选择 A 车站为例，若选择其他车站，则实验方法同样按照下述步骤，保持一致。

（二）选择实验进路

确定好实验车站后，确定实验排列进路对象。以 A 车站为例，对照 A 车站联锁表，选取任意一条接车进路作为实验所排进路，以选取 B 站方向、正方向发车、由 IG 股道至 IBG、XI 信号机的发车进路为实验对象，并将选定的实验进路信息按照车站、进路号、进路性质、进路方向、进路按钮、防护信号机等内容填入实验结果表中。

（三）连接实验导线

（1）使用实验导线将实验箱上板的 STM32 单片机 USART1 接口连接到底板的指令端口（TX 接 RX，RX 接 TX）。

（2）将 STM32 的 PA1，PA4 引脚分别连接到进路的始端按钮和终端按钮接口（实验底板的 XILA，SNLA，LA 代表信号机列车按钮，DA 代表信号机调车按钮）。

（3）将 STM32 的 PA5 引脚连接到总取消按钮 KEY3 接口。

（4）将 J–LINK 连接到 STM32 核心板调试接口上。

（四）实验编程阶段

（1）始终端按钮轮询：

void KEY(void)

```
    {
      if((KEY0 ==0) || (KEY1 ==0))
      {
        delay(10);        //10 毫秒软件防抖
          if(KEY0 ==0)
          {
            JINLU_sta_key =1;   //进路始端按钮标记位置 1
          }
          if(KEY1 ==0)
          {
          if(JINLU_sta_key ==1)
            {
            JINLU_end_key =1;//进路终端按钮标记位置 1
            }
          }
      }
    }
```

（2）道岔转换阶段：
USART1_Putstr("XG + D:D2 = D * ");//XG + D:D2 = D * 道岔 2 定位
USART1_Putstr("XG + D:D4 = D * ");//XG + D:D4 = D * 道岔 2 关联道岔 4 定位

（3）进路锁闭阶段：
USART1_Putstr("XG + G:2WG = B * ");//XG + G:2WG = B * 轨道 2WG 显示白光带
USART1_Putstr("XG + G:2DG = B * ");//XG + G:2DG = B * 轨道 2DG 显示白光带
USART1_Putstr("XG + G:IBG = B * ");//XG + G:IBG = B * 轨道 IBG 显示白光带

（4）信号开放阶段：
USART1_Putstr("XG + X:XI = L * ");//XG + X:XI = L * 信号机 XI 显示绿色

（5）取消按钮轮询阶段：
轮询"总取消按钮 + 进路始端按钮"组合触发，
voidKEY(void)
{

```
if((KEY0 ==0) || (KEY1 ==0))
{
    delay(10);        //10 毫秒软件防抖
      if(KEY0 ==0)
        {
            JINLU_sta_key = 1;    //进路始端按钮标记位置 1
        }
      if(KEY1 ==0)
        {
      if(JINLU_sta_key ==1)
        {
        JINLU_end_key = 1;//进路终端按钮标记位置 1
        }
        }
      if(KEY_CANCEL ==0)        //总取消按钮按下
        {
            JINLU_cancel_key = 1;    //总取消按钮标记位置 1
        }
    }
}
```

(6) 取消进路完成阶段：

信号机关闭，锁闭的白光带消失，完成解锁。

//信号关闭阶段

USART1_Putstr("XG + X:XI = H * ");//XG + X:XI = H * 信号机 XI 显示红色

//进路解锁阶段

USART1_Putstr("XG + G:2WG = NO * ");//XG + G:2WG = NO * 轨道 2WG 白光带取消

USART1_Putstr("XG + G:2DG = NO * ");//XG + G:2DG = NO *   轨道 2DG 白光带取消

USART1_Putstr("XG + G:IBG = NO * ");//XG + G:IBG = NO *   轨道 IBG 白光带取消

JINLU_sta_key = 0;   //清空始端按钮标记位

JINLU_cancel_key = 0;//清空总取消按钮标记位

JINLU_BUILD = 0；   //取消进路

（五）实验操纵与检查阶段

先按始端按钮 XILA，后按终端按钮 SNLA，完成进路排列，实现预先锁闭。

按压"总取消按钮 + 始端按钮 XILA"，完成取消进路解锁操作。

实验检查阶段：查看站场显示屏，应满足下述要求：

（1）预先锁闭：XI 开放 L 灯，A 站的 1 号进路区段锁闭白光带，且 IG 空闲。

（2）取消解锁：按压"总取消按钮 + 始端按钮 XILA"后，XI 关闭信号，区段解锁，白光带消失。

若全部满足上述条件，实验成功；若不满足，请检查接线与程序。

（六）实验结果

表 4 实验结果（4）

车站	进路号	进路性质	进路方向	进路按钮	防护信号机	总取消按钮	锁闭结果	解锁结果
A	1	列车进路	发车进路	XILA、S$_N$LA	XI			

三、实验设备

（1）联锁车站 A/B/C/D/E/F 任一实验箱、对应联锁表、实验导线、电源、编程环境。

（2）插导线若干。

（3）程序烧写电脑一台。

四、实验步骤

第一步：学习预先锁闭与解锁的条件。

第二步：完成车站、进路的选择。

第三步：完成预先锁闭与解锁的程序编写。

第四步：完成预先锁闭与解锁操纵与检查。

五、实验思考与讨论题

请完成由信号机 SN 至 ＩG 的接车进路预先锁闭与解锁的实验设计。

六、实验注意事项

（1）实验前认真预习实验指导书，明确实验目的和要求，理解实验原理，掌握实验步骤及注意事项。

（2）按实验指导书中的步骤和指导教师的要求完成实验，认真做好实验记录。

（3）实验中保持设备、线路的完好，保持实验室清洁。

（4）按要求写实验报告，报告要求文理通顺、书写简洁、图文并茂、结论简明。

项目六　接近锁闭与延时解锁实验

一、实验目的

（1）掌握接近锁闭与延时解锁的含义。

（2）掌握接近锁闭与延时解锁的应用场景与操作方法。

（3）掌握接近锁闭与延时解锁的编程方法。

（4）掌握接近锁闭与延时解锁的检验方法。

（5）培养学生动手实践能力。

二、实验内容

本实验对进路锁闭的接近锁闭与解锁进行实验学习，接近锁闭的解锁方式是人工延时解锁。

接近锁闭是指在信号开放后，其接近区段已经有车时的锁闭。此时不能办理取消进路手续关闭信号使进路解锁，只有等列车或车列通过道岔区段后使进路逐段解锁，或者用人工解锁的方法，使进路延时解锁。接车进路和正线发车进路的延时解锁从信号关闭时起延时3分钟，侧线发车进路和调车进路延时30秒。

设置接近锁闭的目的是保证行业安全，信号开放后接近区段有车运行，如果取消进路，使信号机由允许灯光突然变为禁止灯光，司机采取制动措施，很有可能造成冒进信号。如果这时准许进路由信号关闭时立即解锁，将会引起重大行车事故。设置接近锁闭，按人工解锁方式办理取消，信号关闭时进路延时解锁，即等列车停车后再解锁，保证行业安全。

（一）选择实验车站

按照学生数量进行分组，各小组可以分别选择 A/B/C/D/E/F 任一车站实验箱进行实验，其中，B/F 车站在同一实验箱；B/C/D 三个车站类型一致，联锁表也一致，以选择 A 车站为例，若选择其他车站，则实验方法同样按照下述步骤，保持一致。

（二）选择实验进路

确定好实验车站后，确定实验排列进路对象。以 A 车站为例，对照 A 车站联锁表，选取任意一条接车进路作为实验所排进路，以选取 B 站方向、正方向发车、由 IG 股道至 IBG、XI 信号机的发车进路为实验对象，并将选定的实验进路信息按照车站、进路号、进路性质、进路方向、进路按钮、防护信号机等内容填入实验结果表中。

（三）连接实验导线

（1）使用实验导线将实验箱上板的 STM32 单片机 USART1 接口连接到底板的指令端口（TX 接 RX，RX 接 TX）。

（2）将 STM32 的 PA1、PA4 引脚分别连接到进路的始端按钮和终端按钮接口（实验底板的 XILA、SNLA，LA 代表信号机列车按钮，DA 代表信号机调车按钮）。

（3）将 STM32 的 PA6 引脚连接到总人解按钮 KEY4 接口。

（4）将 STM32 的 PB1 引脚连接到底板的 IG 接口上。

（5）将 J – LINK 连接到 STM32 核心板调试接口上。

（四）实验编程阶段

（1）始终端按钮轮询：

```c
void KEY(void)
{
  if((KEY0 ==0) || (KEY1 ==0) || (KEY_ZRA ==0) || (IG ==0))
  {
    delay(10);      //10 毫秒软件防抖
      if(KEY0 ==0)
      {
          JINLU_sta_key = 1;  //进路始端按钮标记位置 1
      }
      if(KEY1 ==0)
      {
      if(JINLU_sta_key ==1)
        {
        JINLU_end_key =1;//进路终端按钮标记位置 1
```

```
                }
            }
        if( KEY_ZRA ==0)        //总人解按钮按下
            {
                JINLU_zra_key = 1;        //总人解按钮标记位置 1
            }
        if( IG ==0)        //IG 占用检测
            {
                IG_ZY = 1;        //IG 占用标记位置 1
            }
        }
    }
```

（2）道岔转换阶段：

USART1_Putstr("XG + D:D2 = D * ");//XG + D:D2 = D * 道岔 2 定位

USART1_Putstr("XG + D:D4 = D * ");//XG + D:D4 = D * 道岔 2 关联道岔 4 定位

（3）进路锁闭阶段：

USART1_Putstr("XG + G:2WG = B * ");//XG + G:2WG = B * 轨道 2WG 显示白光带

USART1_Putstr("XG + G:2DG = B * ");//XG + G:2DG = B * 轨道 2DG 显示白光带

USART1_Putstr("XG + G:IBG = B * ");//XG + G:IBG = B * 轨道 IBG 显示白光带

（4）信号开放阶段：

USART1_Putstr("XG + X:XI = L * ");//XG + X:XI = L * 信号机 XI 显示绿色

（5）延时解锁阶段：

注意：接车进路和正线发车进路的延时解锁从信号关闭时起延时 3 分钟，侧线发车进路和调车进路延时 30 秒。

```
voidKEY( void)
    {
    if( ( KEY0 ==0) || ( KEY1 ==0) || ( KEY_ZRA ==0) || ( IG ==0) )
        {
        delay( 10);        //10 毫秒软件防抖
            if( KEY0 ==0)
```

```
            {
                JINLU_sta_key = 1;    //进路始端按钮标记位置1
            }
        if( KEY1 == 0)
            {
        if( JINLU_sta_key == 1)
                {
                JINLU_end_key = 1;//进路终端按钮标记位置1
                }
            }
        if( KEY_ZRA == 0)        //总人解按钮按下
            {
                JINLU_zra_key = 1;        //总人解按钮标记位置1
            }
        if( IG == 0)                //IG 占用检测
            {
                IG_ZY = 1;            //IG 占用标记位置1
            }
    }
```

（6）取消进路完成阶段：

先关闭信号机,待延时3分钟后锁闭的白光带消失,完成解锁。

//信号关闭阶段

USART1_Putstr("XG + X:XI = H * ");//XG + X:XI = H * 信号机 XI 显示红色

if(time > =30)//为了实验快速进行,这里延时了500ms * 30,实际上应该是 3
分钟

```
    {
    //进路解锁阶段
    USART1_Putstr( "XG + G:2WG = NO * " );//XG + G:2WG = NO * 轨道 2WG
```

白光带取消

```
    USART1_Putstr( "XG + G:2DG = NO * " );//XG + G:2DG = NO * 轨道 2DG
```

白光带取消

```
    USART1_Putstr( "XG + G:IBG = NO * " );//XG + G:IBG = NO * 轨道 IBG 白
```

光带取消

```
JINLU_sta_key = 0；    //清空始端按钮标记位
JINLU_cancel_key = 0；//清空总取消按钮标记位
JINLU_BUILD = 0；      //取消进路
time = 0；             //清空计数
}
```

（五）实验操纵与检查阶段

先按始端按钮 XILA，后按终端按钮 SNLA，完成进路排列。

用实验导线短路 IG，实现接近区段占用，设置接近锁闭场景。

按压"总人解按钮 + 始端按钮 XILA"，完成人工延时解锁操作。

实验检查阶段：查看站场显示屏，应满足下述要求：

（1）接近锁闭：XI 开放 U 灯，A 站的 1 号进路区段锁闭白光带，且 IG 占用红光带。

（2）延时解锁：按压"总人解按钮 + 始端按钮 XILA"后，XI 允许信号保持开放；延时 3min 后，X1 允许信号关闭，区段解锁，白光带消失。

若全部满足上述条件，实验成功；若不满足，请检查接线与程序。

（六）实验结果

表 5　实验结果（5）

车站	进路号	进路性质	进路方向	进路按钮	防护信号机	总人解按钮	锁闭结果	解锁结果
A	1	列车进路	发车进路	XILA、S$_N$LA	XI			

三、实验设备

（1）联锁车站 A/B/C/D/E/F 任一实验箱、对应联锁表、实验导线、电源、编程环境。

（2）插导线若干。

（3）程序烧写电脑一台。

四、实验步骤

第一步：学习接近锁闭与延时解锁的条件。

第二步：完成车站、进路的选择。

第三步：完成接近锁闭与延时解锁的程序编写。

第四步：完成接近锁闭与延时解锁操纵与检查。

五、实验思考与讨论题

请完成由信号机 SN 至 I G 的接车进路接近锁闭与解锁的实验设计。

六、实验注意事项

（1）实验前认真预习实验指导书，明确实验目的和要求，理解实验原理，掌握实验步骤及注意事项。

（2）按实验指导书中的步骤和指导教师的要求完成实验，认真做好实验记录。

（3）实验中保持设备、线路的完好，保持实验室清洁。

（4）按要求写实验报告，报告要求文理通顺、书写简洁、图文并茂、结论简明。

项目七　引导锁闭与解锁实验

一、实验目的

（1）掌握引导锁闭与解锁的含义。

（2）掌握引导锁闭与解锁的应用场景与操作方法。

（3）掌握引导锁闭与解锁的编程方法。

（4）掌握引导锁闭与解锁的检验方法。

（5）培养学生动手实践能力。

二、实验内容

列车进站时，一般通过办理接车进路将列车接入站内股道上，但是，如果接车进路上出现故障（如进站信号机允许灯丝断丝了而无法正常开放、接车进路上轨道电路或道岔出现故障等）时，接车进路无法建立。这时，仍要将列车接入站内股道上，就必须办理引导接车。办理引导接车时，将开放引导信号，引导列车低速进站。引导接车进路有两种方式：进路锁闭引导、总锁闭引导。本实验主要对进路锁闭引导（引导锁闭进路）的锁闭与解锁是实验学习，下一实验是对总锁闭引导（引导总锁闭进路）的锁闭与解锁实验。

当进站信号机故障（如允许灯光的主、副灯丝都断丝）或轨道电路故障，不能正常开放进站或者接车进路信号时，应采用引导进路锁闭方法开放引导信号。

办理方法如下：

（1）路径确认：确定引导路径，使有关道岔转到正确位置。

（2）道岔单锁：若是区段故障，需将故障区段的道岔单锁。

（3）按压按钮：按压引导按钮，进路锁闭、进站信号机亮引导信号。

（4）引导锁闭解锁：人工确认列车全部进入股道后，由车站值班员按下本咽喉的总人工解锁按钮 ZRA 和该进站信号机的列车按钮 LA 后，不延时解锁。

（一）选择实验车站

按照学生数量进行分组，各小组可以分别选择 A/B/C/D/E/F 任一车站实验箱进行实验，其中，B/F 车站在同一实验箱；B/C/D 三个车站类型一致，联锁表也一致，以选择 A 车站为例，若选择其他车站，则实验方法同样按照下述步骤，保持一致。

（二）选择实验进路

确定好实验车站后，确定实验排列进路对象。以 A 车站为例，对照 A 车站联锁表，选取任意一条接车进路作为实验所排进路，以选取 B 站方向、正方向接车、S 至 ⅡG 股道的接车进路为实验对象，并将选定的实验进路信息按照车站、进路号、进路性质、进路方向、防护信号机等内容填入实验结果表中。

（三）连接实验导线

（1）使用实验导线将实验箱上板的 STM32 单片机 USART1 接口连接到底板的指令端口（TX 接 RX，RX 接 TX）。

（2）将 STM32 的 PA1、PA4 引脚分别连接到进路的始端按钮和终端按钮接口（实验底板的 SNLA、XIILA，LA 代表信号机列车按钮，DA 代表信号机调车按钮）。

（3）将 STM32 的 PA6 引脚连接到总人解按钮 KEY4 接口。

（4）将 STM32 的 PA7 引脚连接到引导按钮 KEY2 接口。

（5）将 J－LINK 连接到 STM32 核心板调试接口上。

（四）实验编程阶段

（1）初始化阶段：

（程序默认此故障场景状态，无须学生设置故障），初始使 4DG 轨道区段红光带，设置轨道区段故障场景。

（2）路径确认阶段：

发送指令，使2/4、6/8号道岔动作至定位，满足引导信号路径。

USART1_Putstr("XG+D:D2=F*");//XG+D:D2=D*

USART1_Putstr("XG+D:D4=F*");//XG+D:D4=D*

USART1_Putstr("XG+D:D6=D*");//XG+D:D6=D*

USART1_Putstr("XG+D:D8=D*");//XG+D:D8=D*

（3）道岔单锁阶段：

假设4DG发生故障，应当对2/4道岔进行单锁设置。

DC_4DG_lock=1;

（4）YA轮询等待阶段：

等待按压引导按钮SYA信号，

```
  if(KEY_SYA==0)              //引导按钮按下
  {
      JINLU_sya_key=1;        //引导按钮标记位置1
  }
```

（5）引导信号开放阶段：

S信号机点红白引导信号灯,进路区段点亮白光带

//进路锁闭阶段

USART1_Putstr("XG+G:IBG=B*");//XG+G:IBG=B*

USART1_Putstr("XG+G:2DG=B*");//XG+G:2DG=B*

USART1_Putstr("XG+G:4DG=B*");//XG+G:4DG=B*

USART1_Putstr("XG+G:6DG=B*");//XG+G:6DG=B*

USART1_Putstr("XG+G:IIG=B*");//XG+G:IIG=B*

delay(1000);　//等待进路锁闭完毕

//信号机开放

USART1_Putstr("XG+X:SN=HB*");//XG+X:SN=HB*

（6）ZRA轮询等待阶段：

轮询"总人解按钮+进路始端按钮"组合触发

```
void KEY(void)
{
  if((KEY0==0)||(KEY1==0)||(KEY_ZRA==0)||(KEY_SYA==0))
  {
    delay(10);      //软件去抖
```

```
if( KEY0 ==0)     //进路始端按钮
  {
    if( JINLU_zra_key ==1)                //总人解按钮按下后
      {
        JINLU_sta_key =1;            //始端按钮标记位置1
      }
  }
  if( KEY_ZRA ==0)                //总人解按钮
  {
      JINLU_zra_key =1;        //总人解按钮标记位置1
  }
  if( KEY_SYA ==0)
  {
      JINLU_sya_key =1;
  }
}
}
```

（7）引导信号解锁阶段：

引导信号人工解锁不需延时，直接解锁。

```
//信号关闭阶段
USART1_Putstr( "XG + X:XI = H * ");//XG + X:XI = H *
delay( 1000);


//进路解锁阶段
USART1_Putstr( "XG + G:IBG = NO * ");//XG + G:IBG = NO *
USART1_Putstr( "XG + G:2DG = NO * ");//XG + G:2DG = NO *
USART1_Putstr( "XG + G:4DG = NO * ");//XG + G:4DG = NO *
USART1_Putstr( "XG + G:6DG = NO * ");//XG + G:6DG = NO *
USART1_Putstr( "XG + G:IIG = NO * ");//XG + G:IIG = NO *
```

（五）实验操纵与检查阶段

按压 S 信号机引导按钮"SYA"，完成引导进路排列。

按压"总人解按钮 SZRA + 始端按钮 SNLA"，完成引导信号人工解锁操作。

实验检查阶段：查看站场显示屏，应满足下述要求：

（1）引导进路锁闭：2/4 与 6/8 号道岔是否转换到定位；IIBG、4DG、6DG、

IIG 轨道是否锁闭白光带，且 SN 信号机点亮引导信号红白灯。

（2）引导进路解锁：按压"总人解按钮 SZRA + 始端按钮 SNLA"后，SN 引导信号关闭，区段解锁，白光带消失。

若全部满足上述条件，实验成功；若不满足，请检查接线与程序。先按始端按钮 XILA，后按终端按钮 SNLA，完成进路排列。

（六）实验结果

表 6   实验结果（6）

车站	进路号	进路性质	进路方向	防护信号机	引导按钮	总人解按钮	锁闭结果	解锁结果
A	6	列车进路	接车进路	S_N				

三、实验设备

（1）联锁车站 A/B/C/D/E/F 任一实验箱、对应联锁表、实验导线、电源、编程环境。

（2）插导线若干。

（3）程序烧写电脑一台。

四、实验步骤

第一步：学习引导锁闭与解锁的条件。

第二步：完成车站、进路的选择。

第三步：完成引导锁闭与解锁的程序编写。

第四步：完成引导锁闭与解锁操纵与检查。

五、实验思考与讨论题

请完成由信号机 S 至 ⅡG 的引导进路锁闭与解锁的实验设计。

六、实验注意事项

（1）实验前认真预习实验指导书，明确实验目的和要求，理解实验原理，掌握实验步骤及注意事项。

（2）按实验指导书中的步骤和指导教师的要求完成实验，认真做好实验记录。

（3）实验中保持设备、线路的完好，保持实验室清洁。

（4）按要求写实验报告，报告要求文理通顺、书写简洁、图文并茂、结论简明。

项目八　引导总锁闭与解锁实验

一、实验目的

（1）掌握引导总锁闭与解锁的含义。

（2）掌握引导总锁闭与解锁的应用场景与操作方法。

（3）掌握引导总锁闭与解锁的编程方法。

（4）掌握引导总锁闭与解锁的检验方法。

（5）培养学生动手实践能力。

二、实验内容

本实验主要对总锁闭引导（引导总锁闭进路）的锁闭与解锁实验学习。

当进站上某一个道岔表示继电器不能励磁吸起时，即道岔发生失表示报警，此时不能通过办理引导进路来进行接车，只能通过采用引导总锁闭方式办理接车。

办理方法如下：

（1）路径确认：确定引导路径，使有关道岔转到正确位置。

（2）人工检查：人工检查联锁条件。

（3）锁闭咽喉：按压 YZSA 实行全咽喉道岔总锁闭。

（4）开放信号：按压 YA 引导信号即可开放（进路不点亮白光带）。

引导总锁闭解锁：人工确认列车全部进入股道后，由车站值班员拉出本咽喉的 YZSA，实现引导总锁闭解锁。

（一）选择实验车站

按照学生数量进行分组，各小组可以分别选择 A/B/C/D/E/F 任一车站实验箱进行实验，其中，B/F 车站在同一实验箱；B/C/D 三个车站类型一致，联锁表也一致，以选择 A 车站为例，若选择其他车站，则实验方法同样按照下述步骤，保持一致。

（二）选择实验进路

确定好实验车站后，确定实验排列进路对象。以 A 车站为例，对照 A 车站联锁表，选取任意一条接车进路作为实验所排进路，以选取 B 站方向、正方向接车、S 至ⅡG 股道的接车进路为实验对象，并将选定的实验进路信息按照车站、进路号、进路性质、进路方向、防护信号机等内容填入实验结果表中。

（三）连接实验导线

（1）使用实验导线将实验箱上板的 STM32 单片机 USART1 接口连接到底板的指令端口（TX 接 RX，RX 接 TX）。

（2）将 STM32 的 PA8 引脚连接到总锁闭按钮 KEY1 接口（非自复式按钮）。

（3）将 STM32 的 PA7 引脚连接到引导按钮 KEY2 接口。

（4）将 J－LINK 连接到 STM32 核心板调试接口上。

（四）实验编程阶段

（1）初始化阶段：

（程序默认此故障场景状态，无须学生设置故障），初始使 2/4 号道岔处于失表示故障状态，设置道岔表示故障场景。

（2）路径确认阶段：

发送指令，使 2/4，6/8 号道岔动作至定位，满足引导总锁闭路径空闲状态。

USART1_Putstr("XG + D:D2 = D * ");//XG + D:D2 = D *

USART1_Putstr("XG + D:D4 = D * ");//XG + D:D4 = D *

USART1_Putstr("XG + D:D6 = D * ");//XG + D:D6 = D *

USART1_Putstr("XG + D:D8 = D * ");//XG + D:D8 = D *

（3）YZSA 轮询阶段：

轮询按压"引导总锁闭按钮 YZSA"。

```
void KEY(void)
{
    if((KEY_ZSA ==0) || (KEY_SYA ==0))
    {
        delay(10);      //软件去抖
        if(KEY_SYA ==0)             //引导按钮
        {
            JINLU_sya_key =1;       //引导按钮标记位置1
        }
        if(KEY_ZSA ==0)                 //总锁闭按钮按下
        {
```

```
            JINLU_zsa_key = 1;
        }
    elseif( KEY_ZSA == 1 )                //总锁闭按钮抬起
        {
    JINLU_zsa_key = 0;
        }
    }
}
```

(4) YA 轮询等待阶段：

等待按压"引导按钮 SYA"信号，

```
void KEY( void )
{
  if( ( KEY_ZSA == 0) || ( KEY_ZSA == 1 ) || ( KEY_SYA == 0 ) )
    {
    delay( 10 ) ;        //软件去抖
    if( KEY_SYA == 0 )                    //引导按钮
        {
        JINLU_sya_key = 1;                //引导按钮标记位置1
        }
    if( KEY_ZSA == 0 )                    //总锁闭按钮按下
        {
        JINLU_zsa_key = 1;
        }
    elseif( KEY_ZSA == 1 )                //总锁闭按钮抬起
        {
        JINLU_zsa_key = 0;
        }
      }
}
```

(5) 引导信号开放阶段：

S 信号机点红白引导信号灯

```
//信号机开放
USART1_Putstr( " XG + X:S = HB * " ) ;//XG + X:S = HB *
```

(6) YZSA 轮询等待阶段：

轮询"引导总锁闭按钮 YZSA"是否拉出？

If(JINLU_zsa_key == 0&&JINLU_sya_key == 1)

（7）引导总锁闭解锁阶段：

若 YZSA 拉出,则关闭引导允许信号,实现解锁。

//信号机关闭

USART1_Putstr("XG + X:S = H * ");//XG + X:S = H *

（五）实验操纵与检查阶段

按压上行咽喉引导总锁闭按钮"SYZSA",实验咽喉锁闭。

按压 S 信号机引导按钮"SYA",完成引导信号开放。

拉出"引导总锁闭按钮 YZSA",完成引导总锁闭进路解锁操作。

实验检查阶段：查看站场显示屏,应满足下述要求：

（1）引导总锁闭阶段：按压 S 信号机引导按钮"SYA",S 信号机点亮引导信号红白灯。

（2）引导总锁闭解锁：拉出"引导总锁闭按钮 YZSA"后,S 信号机关闭引导信号红白灯。

若全部满足上述条件,实验成功；若不满足,请检查接线与程序。

（六）实验结果

表7　实验结果（7）

车站	进路号	进路性质	进路方向	防护信号机	引导按钮	引导总锁闭	锁闭结果	解锁结果
A	6	列车进路	接车进路	S				

三、实验设备

（1）联锁车站 A/B/C/D/E/F 任一实验箱、对应联锁表、实验导线、电源、编程环境。

（2）插导线若干。

（3）程序烧写电脑一台。

四、实验步骤

第一步：学习引导总锁闭与解锁的条件。

第二步：完成车站、进路的选择。

第三步：完成引导总锁闭与解锁的程序编写。

第四步：完成引导总锁闭与解锁操纵与检查。

五、实验思考与讨论题

请完成由信号机 SN 至 ⅡG 的引导总锁闭进路与解锁的实验设计。

六、实验注意事项

（1）实验前认真预习实验指导书，明确实验目的和要求，理解实验原理，掌握实验步骤及注意事项。

（2）按实验指导书中的步骤和指导教师的要求完成实验，认真做好实验记录。

（3）实验中保持设备、线路的完好，保持实验室清洁。

（4）按要求写实验报告，报告要求文理通顺、书写简洁、图文并茂、结论简明。

项目九　区间四显示自动闭塞实验

一、实验目的

（1）掌握区间四显示自动闭塞的含义。

（2）掌握区间四显示自动闭塞的编程方法。

（3）掌握区间四显示自动闭塞的检验方法。

（4）培养学生动手实践能力。

二、实验内容

为解决提速列车所需制动距离而又不影响运输效率，进一步保证提速列车运行安全，在提速区段应采用四显示自动闭塞，区间通过信号机为四种显示，增加绿黄灯（LU），列车追踪运行间隔三个闭塞分区，提速列车的制动距离在两个闭塞分区内完成。区间通过信号机仍采用原三显示信号机的机构，用改变灯光排列顺序来显示绿、黄灯光，其显示顺序从前往后是 H—U—LU—L，其四种显示意义为：

L——准许列车按规定速度运行，表示列车运行前方至少有三个闭塞分区空闲。

LU——准许列车按规定速度运行，要求注意准备减速，表示运行前方有两个闭塞分区空闲。

U——要求列车减速运行，按规定限速要求越过该信号机，表示运行前方有一个闭塞分区空闲。

H——列车应在该信号机前方停车。

（一）选择区间运行方向

选择由 E 站至 F 站方向区间运行，列车初始化处于 E 站 IG - E 股道。

（二）列车运行轨迹

出站阶段：列车由 IG - E 经 X1 - E 信号机发车出站，在 009 号信号机前停车。

区间运行：列车依次经过 0009、0021 至 0129 区间通过信号机，在 X - F 进站信号机前停车。

进站阶段：列车由 X - F 信号机进站，至 IG - F 股道停车，完成区间运行。

（三）连接实验导线

（1）使用连接轨道将实验箱 B＼C＼D＼E 连接起来，并给实验箱通电，切换到编程模式的区间三显示自动闭塞实验。

（2）使用实验导线将实验箱 B＼C＼D＼E 上板的 STM32 单片机 USART1 接口连接到底板的指令端口（TX 接 RX，RX 接 TX）。

（3）B 箱的 USART2 接口连接到 C 箱的 USART2 接口；C 箱的 USART3 接口连接到 D 箱的 USART2 接口；D 箱的 USART3 接口连接到 E 箱的 USART2 接口，以实现箱子之间的互相通信。

（4）将实验箱 B 的 STM32 的 PA1 和 PA4 引脚分别连接到 X - F_ LA 和 SI - F_ LA，办理从信号机 X 到 SI 的接车进路；PB1 - PB4 引脚依次连接到 0129G、IAG、3DG 和 IG 轨道检测端口。

（5）将实验箱 C 的 STM32 的 PB1 - PB4 引脚依次连接到 0105G - 0069G；PB5 - PB8 引脚依次连接到 0082G - 0118G。

（6）将实验箱 D 的 STM32 的 PB1 - PB4 引脚依次连接到 0045G - 0009G；PB5 - PB8 引脚依次连接到 0022G - 0058G。

（7）将实验箱 E 的 STM32 的 PA1 和 PA4 引脚分别连接到 XI_ LA 和 SN_ LA，办理从信号机 XI 到 SN 的发车进路；PB1 - PB4 引脚依次连接到 IG、4WG、4DG 和 IBG 轨道检测端口。

（8）将 J - LINK 连接到 STM32 核心板调试接口上。

（四）实验编程阶段

（1）初始化阶段：

程序初始化通过信号机状态。

（2）出站运行阶段：

在实验 E 车站的主控芯片上编写，列车由 IG – E 经 X1 – E 信号机发车出站程序。

```
//道岔转换阶段
    USART1_Putstr("XG + D:D2 = D*");//XG + D:D2 = D*
    USART1_Putstr("XG + D:D4 = D*");//XG + D:D4 = D*

delay(1000);   //等待道岔转换完毕

    //进路锁闭阶段
    USART1_Putstr("XG + G:4WG = B*");//XG + G:4WG = B*
    USART1_Putstr("XG + G:4DG = B*");//XG + G:4DG = B*
    USART1_Putstr("XG + G:IBG = B*");//XG + G:IBG = B*

delay(1000);   //等待进路锁闭完毕
    //信号开放接端
    USART1_Putstr("XG + X:XI = L*");//XG + X:XI = L*
```

（3）区间运行阶段：

分别在实验 C、D 实验箱的主控芯片上编写，列车区间运行程序，保证根据检测到区段占用情况与后方信号机灯色，确定本区段信号机灯色，且根据上述两个参考的变化，修改通过信号机显示状态，该从前至后的显示逻辑按照 H—U—LU—L 的顺序显示。

```
//C 箱程序
//检测轨道占用改变信号机状态    下行
    if(ZY_0105G == 0)
    {
        XHJ_STATUS[X0105].XHJ_color = &H[0];
        XHJ_STATUS[X0093].XHJ_color = &U[0];
        XHJ_STATUS[X0081].XHJ_color = &LU[0];
        XHJ_STATUS[X0069].XHJ_color = &L[0];
        if(XHJ_STATUS[X0129].XHJ_color == &H[0])
        {
            USART1_Putstr("XG + B:49 = T*");
```

```
            }
        else
    if( XHJ_STATUS[ X0129 ]. XHJ_color == &L[ 0 ] || XHJ_STATUS[ X0129 ]. XHJ_
color == &LU[ 0 ] || XHJ_STATUS[ X0129 ]. XHJ_color == &U[ 0 ] )
            {
                USART1_Putstr( "XG + B:49 = X * " ) ;
            }
        }
        if( ZY_0093G == 0 )
        {
            XHJ_STATUS[ X0093 ]. XHJ_color = &H[ 0 ] ;
            XHJ_STATUS[ X0081 ]. XHJ_color = &U[ 0 ] ;
            XHJ_STATUS[ X0069 ]. XHJ_color = &LU[ 0 ] ;
                if( XHJ_STATUS[ X0105 ]. XHJ_color == &H[ 0 ] )
                {
                    USART1_Putstr( "XG + B:47 = T * " ) ;
                }
            else
    if( XHJ_STATUS[ X0105 ]. XHJ_color == &L[ 0 ] || XHJ_STATUS[ X0105 ]. XHJ_
color == &LU[ 0 ] || XHJ_STATUS[ X0105 ]. XHJ_color == &U[ 0 ] )
                {
                    USART1_Putstr( "XG + B:47 = X * " ) ;
                }
        }
        if( ZY_0081G == 0 )
        {
            XHJ_STATUS[ X0081 ]. XHJ_color = &H[ 0 ] ;
            XHJ_STATUS[ X0069 ]. XHJ_color = &U[ 0 ] ;
                if( XHJ_STATUS[ X0093 ]. XHJ_color == &H[ 0 ] )
                {
                    USART1_Putstr( "XG + B:45 = T * " ) ;
                }
            else
    if( XHJ_STATUS[ X0093 ]. XHJ_color == &L[ 0 ] || XHJ_STATUS[ X0093 ]. XHJ_
```

```
color == &LU[0] || XHJ_STATUS[X0093]. XHJ_color == &U[0])
                {
                    USART1_Putstr("XG + B:45 = X * ");
                }
            }
            if(ZY_0069G == 0)
            {
                XHJ_STATUS[X0069]. XHJ_color = &H[0];
                if(XHJ_STATUS[X0081]. XHJ_color == &H[0])
                {
                    USART1_Putstr("XG + B:43 = T * ");
                }
                else
        if(XHJ_STATUS[X0081]. XHJ_color == &L[0] || XHJ_STATUS[X0081]. XHJ_
color == &LU[0] || XHJ_STATUS[X0081]. XHJ_color == &U[0])
                {
                    USART1_Putstr("XG + B:43 = X * ");
                }
            }
        //检测轨道占用改变信号机状态   上行
            if(ZY_0082G == 0)
            {
                XHJ_STATUS[X0082]. XHJ_color = &H[0];
                XHJ_STATUS[X0094]. XHJ_color = &U[0];
                XHJ_STATUS[X0106]. XHJ_color = &LU[0];
                XHJ_STATUS[X0118]. XHJ_color = &L[0];
                if(XHJ_STATUS[X0058]. XHJ_color == &H[0])
                {
                    USART1_Putstr("XG + B:14 = T * ");
                }
                else
        if(XHJ_STATUS[X0058]. XHJ_color == &L[0] || XHJ_STATUS[X0058]. XHJ_
color == &LU[0] || XHJ_STATUS[X0058]. XHJ_color == &U[0])
                {
```

```
                USART1_Putstr( "XG + B:14 = S * " ) ;
          }
      }
      if( ZY_0094G == 0 )
      {
          XHJ_STATUS[ X0094 ]. XHJ_color = &H[ 0 ] ;
          XHJ_STATUS[ X0106 ]. XHJ_color = &U[ 0 ] ;
          XHJ_STATUS[ X0118 ]. XHJ_color = &LU[ 0 ] ;
              if( XHJ_STATUS[ X0082 ]. XHJ_color == &H[ 0 ] )
              {
                  USART1_Putstr( "XG + B:12 = T * " ) ;
              }
              else
      if( XHJ_STATUS[ X0082 ]. XHJ_color == &L[ 0 ] || XHJ_STATUS[ X0082 ]. XHJ_
color == &LU[ 0 ] || XHJ_STATUS[ X0082 ]. XHJ_color == &U[ 0 ] )
                  {
                      USART1_Putstr( "XG + B:12 = S * " ) ;
                  }
      }
      if( ZY_0106G == 0 )
      {
          XHJ_STATUS[ X0106 ]. XHJ_color = &H[ 0 ] ;
          XHJ_STATUS[ X0118 ]. XHJ_color = &U[ 0 ] ;
              if( XHJ_STATUS[ X0094 ]. XHJ_color == &H[ 0 ] )
              {
                  USART1_Putstr( "XG + B:10 = T * " ) ;
              }
              else
      if( XHJ_STATUS[ X0094 ]. XHJ_color == &L[ 0 ] || XHJ_STATUS[ X0094 ]. XHJ_
color == &LU[ 0 ] || XHJ_STATUS[ X0094 ]. XHJ_color == &U[ 0 ] )
                  {
                      USART1_Putstr( "XG + B:10 = S * " ) ;
                  }
      }
```

```
    if(ZY_0118G ==0)
    {
      XHJ_STATUS[X0118].XHJ_color = &H[0];
        if(XHJ_STATUS[X0106].XHJ_color == &H[0])
        {
          USART1_Putstr("XG + B:08 = T * ");
        }
      else
    if(XHJ_STATUS[X0106].XHJ_color == &L[0] || XHJ_STATUS[X0106].XHJ_
color == &LU[0] || XHJ_STATUS[X0106].XHJ_color == &U[0])
        {
          USART1_Putstr("XG + B:08 = S * ");
        }
    }
```

(4) 进站运行阶段：

在实验 F 车站的主控芯片上编写，列车由 X – F 至 IG – F 股道的进站程序。

```
    //道岔转换阶段
    USART1_Putstr("XG + D:D1 = D * ");//XG + D:D1 = D *
    USART1_Putstr("XG + D:D3 = D * ");//XG + D:D3 = D *

delay(1000);  //等待道岔转换完毕

    //进路锁闭阶段
    USART1_Putstr("XG + G:IAG = B * ");//XG + G:IAG = B *
    USART1_Putstr("XG + G:3DG = B * ");//XG + G:3DG = B *
    USART1_Putstr("XG + G:IG = B * ");//XG + G:IG = B *

delay(1000);  //等待进路锁闭完毕
    //信号开放接端
    USART1_Putstr("XG + X:X = U * ");//XG + X:X = U *
```

（五）实验操纵与检查阶段

（1）将列车放置在 E 站的 IG – E 上，等待发车。

（2）在 E 站上排列发车进路，先按始端按钮 XI – ELA，后按终端按钮 SN – ELA，等待列车出站至 0009 号信号机前，列车按照区间信号显示运行。

（3）在 F 站上排列接车进路，先按始端按钮 X－FLA，后按终端按钮 SI－FLA，使列车运行进站至 IG－F 停车，完成列车区间运行。

（4）实验检查阶段：查看站场显示屏，应满足下述要求：

出站阶段：按照上述发车进路显示要求，且"三点检查"满足正常解锁显示。

区间阶段：通过信号机从前至后按照 H—U—LU—L 四显示要求显示。

进站阶段：按照上述接车进路显示要求，且"三点检查"满足正常解锁显示。

若全部满足上述条件，实验成功；若不满足，请检查接线与程序。

（六）实验结果

表 8　实验结果（8）

始发站	终点站	出站信号机	进站信号机	出站结果	区间运行结果	进站结果
E	F	X1－E	X－F			

三、实验设备

（1）联锁车站 B/C/D/E/F 任一实验箱、对应联锁表、实验导线、电源、编程环境。

（2）插导线若干。

（3）程序烧写电脑一台。

四、实验步骤

第一步：学习区间四显示自动闭塞的颜色含义。

第二步：完成区间四显示自动闭塞的程序编写。

第三步：完成区间四显示自动闭塞操纵与检查。

五、实验思考与讨论题

请完成由 F 站至 E 站区间四显示自动运行，由信号机 SⅡ－F 至 S－E 的实验设计。

六、实验注意事项

（1）实验前认真预习实验指导书，明确实验目的和要求，理解实验原理，掌握实验步骤及注意事项。

（2）按实验指导书中的步骤和指导教师的要求完成实验，认真做好实验记录。

（3）实验中保持设备、线路的完好，保持实验室清洁。

（4）按要求写实验报告，报告要求文理通顺、书写简洁、图文并茂、结论简明。

实验六　列车自动控制综合实验

项目一　CBTC 系统的进路控制

一、实验目的

（1）理解 CBTC 系统下运营组织中联锁制约关系。

（2）掌握 CBTC 系统下各种进路的排列方法。

（3）理解 CBTC 系统下的进路排列检查的条件。

（4）培养学生动手实践能力。

二、实验内容

（一）进路相关的概念

（1）进路。联锁是指进路、道岔和信号机之间存在某种相互制约的关系。进路是指列车或调车车列在站内运行时所经由的路径。

（2）CBTC 进路联锁条件。进路中的道岔位置是否正确并锁闭。

（3）列车到信号机的进路。根据列车的位置，来设置列车到信号机的 CBTC 进路。

（4）列车到站台的进路。根据列车的位置，来设置列车到站台的 CBTC 进路。

1）办理的条件。

列车已经完成定位功能。

列车处于 ATPM 或者 ATO 模式。

调度员根据运营任务的要求，将车的目的地设置成功。

2）办理后的现象。

进路中的道岔转到进路所要求的位置，进路光带点亮，进路所经过的信号机开放。

列车的保护区段根据进路的排列状态显示。

（二）排列列车到信号机的进路

实验前提：控制模式为中控，在客户端的用户权限界面中可以看得到区域的控制权限。

（1）选择具体的某列车。

（2）按住鼠标左键，将列车拖动到具体的某架信号机。

（3）弹出如图1所示的对话框。

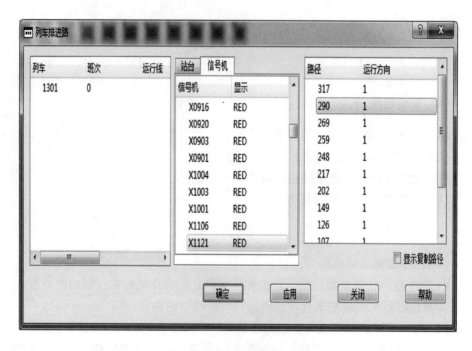

图 1　CBTC 系统下至信号机进路排列界面

（4）选择某条路径之后，按下【确定】按钮。

（三）排列列车到站台的进路

实验前提：控制模式为中控，在客户端的用户权限界面中可以看得到区域的控制权限。

（1）选择具体的某列车。

（2）按住鼠标左键，将列车拖动到具体的某个站台。

（3）弹出如图2所示的对话框。

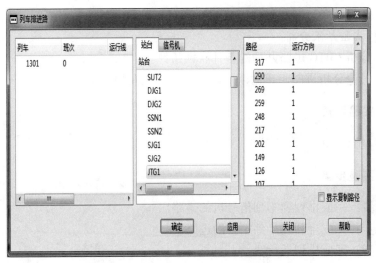

图2 CBTC系统下至站台进路排列界面

（4）选择某条路径之后，按下【确定】按钮。

（四）排列运行线

实验前提：控制模式为中控，在客户端的用户权限界面中可以看得到区域的控制权限。同时，列车处于在站台对准的状态。

（1）选择具体的某列车。

（2）按鼠标右键，弹出如图3所示的对话框。

图3 CBTC系统下运行线进路排列界面

（3）选择某条运行线之后，按下【确定】按钮。

（五）实验结果分析

（1）分析 CBTC 进路办理的各种联锁条件。

（2）讨论分析进路、道岔以及信号机三者之间的关系。

三、实验设备

CBTC 仿真系统一套。

四、实验步骤

第一步：完成排列列车到信号机的进路。

第二步：完成排列列车到站台的进路。

第三步：完成排列运行线。

第四步：完成实验结果分析。

五、实验思考与讨论题

（1）正线信号机有几种显示，各表示什么含义。

（2）为什么要有保护区段，保护区段的作用是什么。

（3）分析自动进路解锁的过程。

六、实验注意事项

（1）实验前认真预习实验指导书，明确实验目的和要求，理解实验原理，掌握实验步骤及注意事项。

（2）按实验指导书中的步骤和指导教师的要求完成实验，认真做好实验记录。

（3）实验中保持设备、线路的完好，保持实验室清洁。

（4）按要求写实验报告，报告要求文理通顺、书写简洁、图文并茂、结论简明。

项目二　CBTC 系统的列车控制

一、实验目的

（1）提高学生对 ATS 调度命令的认识和理解。

（2）掌握催发车命令和列车的跳停命令。

（3）掌握如何查看列车的详细信息。

（4）培养学生动手实践能力。

二、实验内容

（一）列车的调度命令

（1）列车的催发车命令。当列车停靠在站台上，且列车的停站时间未结束时，通过调度发布催发车命令，可以在停站时间未结束的情况下，建立列车的进路，允许列车离开站台。

（2）列车的跳停命令。调度通过该命令，可以使列车在某些站台以一定的速度通过而不停车。

（二）催发车命令

（1）当列车停靠在站台上，且列车的停站时间未结束时。

（2）右键选择列车的催发车命令，如图4所示。

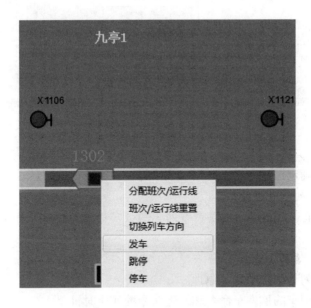

图4　CBTC系统下催发车命令

（3）虽然停站时间未结束，但进路已经建立了，同时，列车关闭车门，从该站台出发。

（三）跳停命令

（1）当列车在区间运行时，如果想在某站不停车通过，则可以使用该命令。

但是，在折返站台无法跳停。

（2）列车上选择右键，弹出如图5所示的对话框。

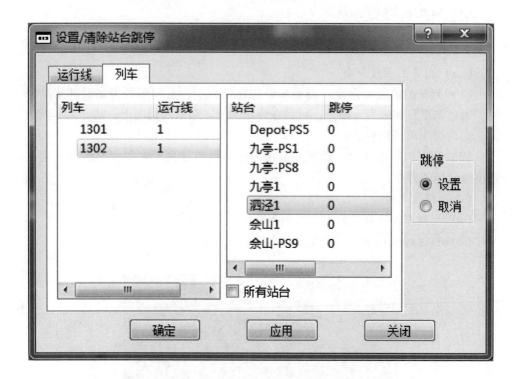

图5　CBTC系统下站台跳停界面

（3）按下确定按钮之后，跳停的效果将在列车接近该站台时实现。

（四）查看列车的详细信息

在某列车上选择右键，可以查看列车的很多信息，包括列车的位置等内容，如图6所示。

（五）实验结果分析

（1）理解列车位置的显示原理。

（2）分析列车的催发车命令和跳停命令的使用时机。

三、实验设备

CBTC仿真系统一套。

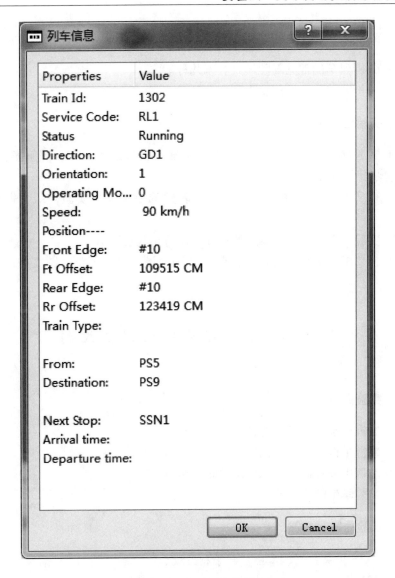

图6 CBTC 系统下列车的详细信息

四、实验步骤

第一步：完成列车的催发车命令。

第二步：完成列车的站台跳停。

第三步：完成查看列车的详细信息任务。

第四步：完成实验结果分析。

五、实验思考与讨论题

（1）分析列车的常见驾驶模式有哪几种。

（2）分析列车显示的信息内容包含哪些。

六、实验注意事项

（1）实验前认真预习实验指导书，明确实验目的和要求，理解实验原理，掌握实验步骤及注意事项。

（2）按实验指导书中的步骤和指导教师的要求完成实验，认真做好实验记录。

（3）实验中保持设备、线路的完好，保持实验室清洁。

（4）按要求写实验报告，报告要求文理通顺、书写简洁、图文并茂、结论简明。

项目三　CBTC 系统的道岔控制

一、实验目的

（1）掌握单独操作道岔的各项条件。

（2）掌握单操道岔的操作过程。

（3）掌握中央控制与本地控制之间的切换。

（4）培养学生动手实践能力。

二、实验内容

（一）ATS 中央控制、本地控制等相关概念

（1）ATS 控制模式。

1）中央控制。

2）本地控制。

3）紧急站控。

（2）中央控制、本地控制之间的切换条件。

1）中控切换为站控的条件：当控制中心的 ATS 发出转换控制模式的命令后，得到车站行车值班员的认可，才能转换到车站工作模式。

2）站控切换到中控的条件：当车站 ATS 发出释放命令后，经控制中心 ATS

确认，才能转换到控制中心 ATS 的控制模式。

3）紧急站控的条件：即使没有收到控制中心 ATS 发出的控制转换命令，也可以切换至车站操作。

（二）启用中央控制模式的 ATS 客户端

实验前提：控制模式为中控，在客户端的用户权限界面中可以看得到区域的控制权限。

（1）连接 ATS 服务器。

（2）使用中央 ATS 账户（ZHK）登录。

选择"菜单"选项 | 请求中控，如图 7 所示。

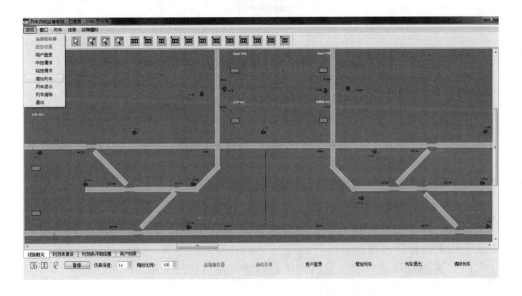

图 7　CBTC 系统下启动中央控制模式

（3）完成中央控制模式的请求操作。

（三）启用本地模式控制的 ATS 客户端

实验前提：控制模式为中控，在客户端的用户权限界面中可以看得到区域的控制权限。

（1）连接 ATS 服务器。

（2）用本地 ATS 账户（非 ZHK 账户）登录。

（四）权限交接

实验前提：控制模式为中控，在任何一个 ATS 客户端的用户权限界面中可以看到区域的控制权限。

（1）选择"菜单"选项 | 请求站控。

（2）弹出如图 8 所示的对话框。

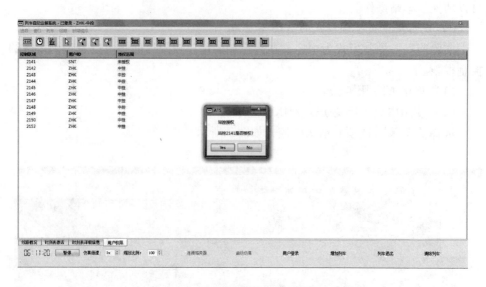

图 8　CBTC 系统下权限交接界面

（3）选择"确定"按钮，完成中控到站控的切换。

（五）道岔单操控制

实验前提：在站控模式下，才能完成道岔的单独操作。否则，在中控模式下，无法单独操作道岔。

（1）右键选择该控制区域内的任意道岔，弹出如图 9 所示的对话框。

（2）选择对应的道岔，设置模式为"人工"。

（3）将道岔转动到想要的位置，选择"确定"，完成道岔的单独操作。达到如图 10 所示的结果。

（六）实验结果分析

（1）思考站控如何再转换成中央控制。

（2）讨论道岔单独操作的前提条件有哪些。

三、实验设备

CBTC 仿真系统一套。

四、实验步骤

第一步：完成启用中央控制模式的 ATS 客户端任务。

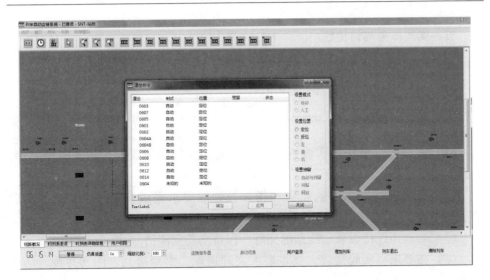

图9　CBTC系统下道岔单操控制界面

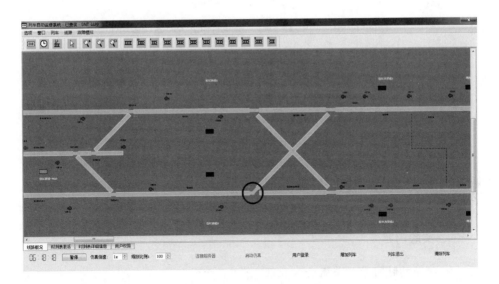

图10　CBTC系统下道岔单操效果

第二步：完成启用本地模式控制的ATS客户端任务。

第三步：完成权限交接任务。

第四步：完成道岔单操控制任务。

第五步：完成实验结果分析。

五、实验思考与讨论题

（1）分析城市轨道交通常用的不同型号道岔，侧向通过的允许速度值。

（2）分析道岔单操操作的使用条件。

六、实验注意事项

（1）实验前认真预习实验指导书，明确实验目的和要求，理解实验原理，掌握实验步骤及注意事项。

（2）按实验指导书中的步骤和指导教师的要求完成实验，认真做好实验记录。

（3）实验中保持设备、线路的完好，保持实验室清洁。

（4）按要求写实验报告，报告要求文理通顺、书写简洁、图文并茂、结论简明。

项目四　CBTC 系统的站台控制

一、实验目的

（1）掌握设置站台的停站时间。

（2）掌握设置站台的扣车。

（3）掌握设置站台的跳停。

（4）理解各种站台命令的触发和执行过程。

（5）培养学生动手实践能力。

二、实验内容

（一）停站时间等相关概念和原理

（1）停站时间。严格意义上来讲，停站时间是指列车从运行到静止的时刻开始，至列车由静止到再次运行的时刻，这段时间称为停站时间。

（2）扣车的作用。当列车早点过多时，通过扣车可以将列车停靠在某站台，完成列车调整和准点的目的。特别是系统发生故障时，可以使列车停靠在某站台而不往前运行。

（3）跳停的作用。当列车晚点时，通过设置跳停，可以实现列车的"赶点"，完成列车调整，尽量减少与时刻表的偏差功能。

（二）跳停

实验前提：控制模式为中控，已经有列车从停车场出发，并已对列车施加了某运行线的命令。

（1）右键选择列车运行前方的某站台（非虚拟站台），选择"跳停"选项，如图 11 所示。

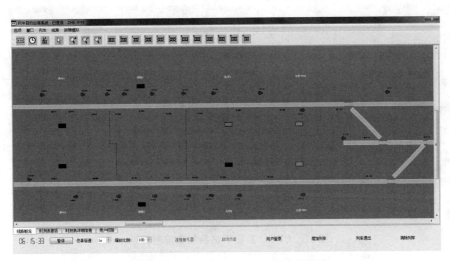

图 11　CBTC 系统下站台跳停控制界面

（2）列车在未到达该站台的情况下，触发出站进路，通过该站台。

（3）观察后续列车在该站台是否跳停。

（4）观察跳停列车的进路出发位置和过程。

（三）扣车

实验前提：控制模式为中控，已经有列车从停车场出发，并已对列车施加了某运行线的命令。

（1）右键选择列车运行前方的某站台（非虚拟站台），选择"扣车"选项（见图 12）。

（2）列车到达该站台时，将无法继续运行，停靠在该站台。

（3）观察列车在该站台的停站时间变化过程。

（4）右键取消该扣车命令。

（5）观察列车的变化过程。

（四）设置停站时间

实验前提：控制模式为中控，已经有列车从停车场出发，并已对列车施加了某运行线的命令。

（1）右键选择列车运行前方的某站台（非虚拟站台），选择"设置停站时间"选项。

（2）弹出如图 13 所示的对话框。

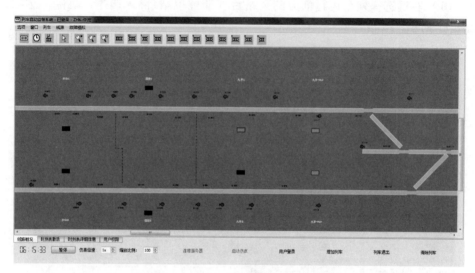

图 12　CBTC 系统下站台扣车控制界面

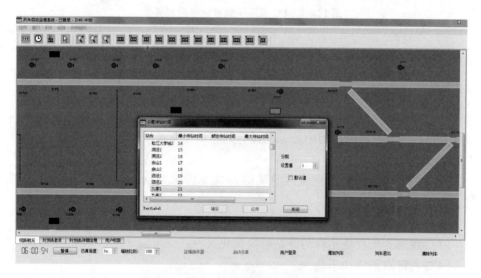

图 13　CBTC 系统下设置停站时间界面

（3）在对话框中，输入停站时间。

（4）选择"确定"按钮，完成停站时间的设置。

（5）观察列车在该站台的停站时间值是否发生了变化。

（五）实验结果分析

（1）讨论设置站台跳停时，何时触发跳停站台的出站进路的。

（2）讨论列车的跳停命令与站台的跳停命令的区别和特点。

三、实验设备

CBTC 仿真系统一套。

四、实验步骤

第一步：完成站台跳停控制任务。

第二步：完成站台扣车控制任务。

第三步：完成设置停站时间任务。

第四步：完成实验结果分析。

五、实验思考与讨论题

（1）讨论站台的各种类型及特点。

（2）讨论在早晚点的故障情况下，如何正确合理地使用跳停、设置停站时间、扣车这三项功能。

六、实验注意事项

（1）实验前认真预习实验指导书，明确实验目的和要求，理解实验原理，掌握实验步骤及注意事项。

（2）按实验指导书中的步骤和指导教师的要求完成实验，认真做好实验记录。

（3）实验中保持设备、线路的完好，保持实验室清洁。

（4）按要求写实验报告，报告要求文理通顺、书写简洁、图文并茂、结论简明。

项目五　CBTC 系统的移动授权

一、实验目的

（1）掌握移动授权的概念。

（2）掌握正常情况下的移动授权的显示含义。

（3）掌握故障情况下的移动授权的显示变化。

（4）理解移动授权的各种场景下的变化过程。

（5）培养学生动手实践能力。

二、实验内容

（一）移动授权相关概念

（1）移动授权的定义。向列车传送运行的距离、最高的运行速度，从而保证列车间的安全间隔，移动授权的起点列车的尾部。

（2）车—地通信的方式：无线、波导管、感应环线、漏泄电缆。

（二）列车排列进路/运行线

实验前提：控制模式为中控；列车到达正线。

（1）连接 ATS 服务器。

（2）用中央 ATS 账户（ZHK）登录。

（3）选择"菜单"选项｜请求中控。

（4）增加列车，使列车从车辆段出库，到达转换轨。

（5）给列车排列运行线/进路，如图 14 所示。

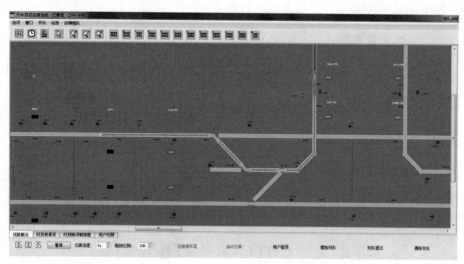

图 14　CBTC 系统中列车排列进路

（三）查看列车的移动授权

（1）选择菜单列车｜显示｜CBTC 进路信息，如图 15 所示。

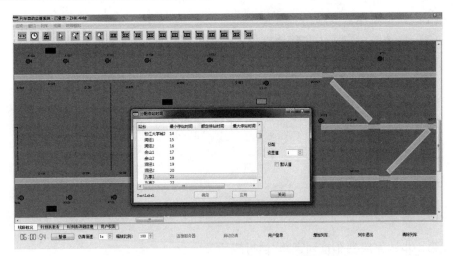

图 15 CBTC 系统中移动授权信息

（2）查看列车的移动授权信息，以及变化过程。

（四）车—地通信故障模拟

实验前提：列车已经按照运行线/进路运行。

（1）选择列车右键丨通信故障模拟。

（2）查看列车的变化，以及移动授权的变化。如图 16 所示。

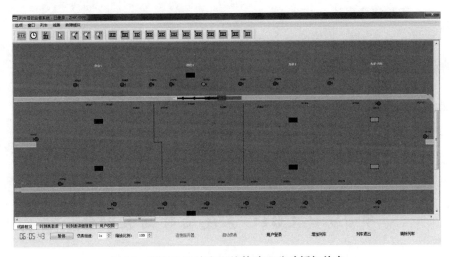

图 16 CBTC 系统中通信故障下移动授权信息

车—地通信发生故障，产生的现象如下。

（1）列车施加紧急制动。

（2）移动授权变成了非移动授权，而是进路信息。

（3）列车停止运行。

（五）实验结果分析

（1）思考移动授权的含义，以及与进路之间的关系。

（2）讨论车—地通信故障时，移动授权的变化过程以及列车的变化过程。

三、实验设备

CBTC 仿真系统一套。

四、实验步骤

第一步：完成列车排列进路/运行线任务。

第二步：完成查看列车的移动授权任务。

第三步：完成车—地通信故障模拟并观察移动授权变化。

第四步：完成实验结果分析。

五、实验思考与讨论题

（1）分析移动授权的概念。

（2）讨论车—地通信故障的可能原因有哪些。

六、实验注意事项

（1）实验前认真预习实验指导书，明确实验目的和要求，理解实验原理，掌握实验步骤及注意事项。

（2）按实验指导书中的步骤和指导教师的要求完成实验，认真做好实验记录。

（3）实验中保持设备、线路的完好，保持实验室清洁。

（4）按要求写实验报告，报告要求文理通顺、书写简洁、图文并茂、结论简明。

项目六 CBTC 系统的时刻表功能

一、实验目的

（1）掌握列车时刻表的含义。

（2）掌握如何选择和激活列车时刻表。

（3）掌握如何使用列车时刻表。

（4）培养学生动手实践能力。

二、实验内容

（一）列车时刻表等相关概念

（1）列车时刻表的概念。表示列车在铁路各区间运行时刻及在各车站停车和通过时刻的线条图，其是铁路运输工作的综合计划和行车组织的基础，是协调铁路各部门和单位按一定程序进行活动的工具。因此，也称为运行图。

（2）计划时刻表与实际时刻表的含义。计划时刻表表示的是列车计划在所有站台的到达和出发时刻；实际时刻表表示的是列车在所有站台的实际到达和出发时刻。

（3）车次号。列车在运行中的编号。

（二）激活列车时刻表

实验前提：连接 ATS 服务器；用中央 ATS 账户（ZHK）登录；选择菜单选项丨请求中控。

（1）选择时刻表选项，查看可用的时刻表，如图 17 所示。

图 17　列车时刻表文件

（2）双击激活所选择的时刻表。

（三）使用列车时刻表

实验前提：连接 ATS 服务器；用中央 ATS 账户（ZHK）登录；选择菜单选项│请求中控；某时刻表已经激活。

（1）增加列车，从车辆段到达转换轨。

（2）列车图像上，右键选择 分配班次/运行线（见图18）。

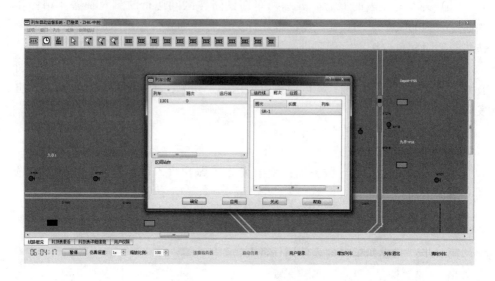

图18 列车分配班次/运行线

（3）查看列车的车次号的变化。

（四）列车时刻表的含义

实验前提：列车按照时刻表来运行。

（1）选择时刻表详细信息选项。

（2）查看时刻表的信息变化，如图19所示。

（3）从时刻表详细信息上，可以查看列车的早晚点情况、列车的准点性等信息。

（五）实验结果分析

（1）思考时刻表的数据和内容特点。

（2）讨论列车根据时刻表调整的方法和过程。

三、实验设备

CBTC 仿真系统一套。

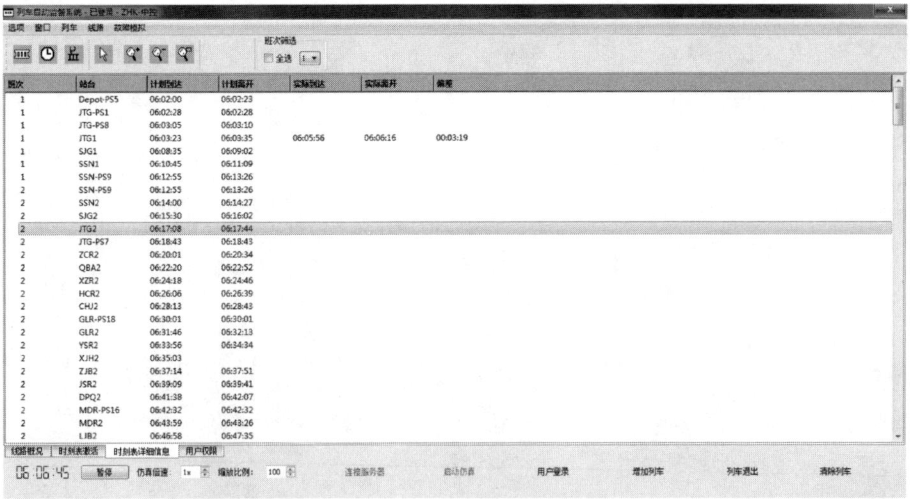

图 19　CBTC 系统下列车时刻表信息

四、实验步骤

第一步：完成列车时刻表激活任务。

第二步：完成列车时刻表使用任务。

第三步：通过时刻表观察列车的运营情况。

第四步：完成实验结果分析。

五、实验思考与讨论题

（1）时刻表包含的内容。

（2）车次号的含义。

六、实验注意事项

（1）实验前认真预习实验指导书，明确实验目的和要求，理解实验原理，掌握实验步骤及注意事项。

（2）按实验指导书中的步骤和指导教师的要求完成实验，认真做好实验记录。

（3）实验中保持设备、线路的完好，保持实验室清洁。

（4）按要求写实验报告，报告要求文理通顺、书写简洁、图文并茂、结论简明。

实习篇

实习一　城市轨道交通基础实习

项目一　车辆部分

一、实习目的与主要任务

（1）熟悉车辆转向架、车门、车钩等主要的机械及电气结构原理。

（2）了解驾驶室基本设备、按钮布置及驾驶操作基本过程。

（3）了解车辆运行与供电、信号、运营、工务之间的关系。

二、实习设备与场景要求

实习地点为上海申通地铁集团有限公司维护与保障公司九亭基地，实习设备为实习基地各仪器、设备。

三、相关知识要点

（1）上海城市轨道车辆基本车型、结构部件。

（2）车辆零部件及车辆维护、维修过程。

（3）列车驾驶基本操作流程。

四、实习内容与实习过程

（一）主要实习内容

1. 了解列车电力牵引过程及特点

轨道交通车辆电力传动方式分为直流传动和交流传动。若车辆采用直流牵引电机，则其传动方式为直流传动。由直流电源经直流变换器（DCDC）向直（脉）流牵引电机供电。若车辆采用交流牵引电机，则其传动方式为交流传动。由直流电源经晶闸管或其他新型电力电子器件构成的逆变器将直流电源转换为可调压、变频的三相交流电源，再向交流牵引电机供电，也可由交流—直流—交流方式向三相交流牵引电机供电。

2. 熟悉车辆类型及编组方式

地铁车辆有动车和拖车、带司机室车和不带司机室车等多种形式，例如上海地铁有带司机室拖车（A 型）、无司机室带受电弓的动车（B 型）和无司机室不带受电弓的动车（C 型）3 种车型。当采用 6 节编组时，其排列为：A—B—C—C—B—A；当采用 8 节编组时，其排列为：A—B—C—B—C—B—C—A；这样就能保证所编列车首尾两节车（全列车首尾两端）均带有司机室，中间各节车之间均为贯通，方便乘客沿全列车随意走动，使乘客在全列车中均匀分市，也有利于在列车发生意外事故时让乘客有秩序地沿此通道经司机室前端安全门撤离。北京地铁按全动车设计，两车为一单元，使用时按 2、4、6 辆编挂组成列车组。

3. 了解车体主要部件及功能、原理

车体分有司机室车体和无司机室车体两种。它是容纳乘客和司机驾驶（对于有司机室的车辆）的地方，又是安装与连接其他设备和部件的基础。近代城市轨道车辆车体均采用整体承载的钢结构或轻金属结构，以达到在最轻的自重下满足强度的要求。一般均有底架、端墙、侧墙及车顶等。

4. 了解制动方式的分类、功能及基本原理

制动装置是保证列车安全运行所必不可少的装置。不仅在动车上设制动装置，而且在拖车上也要设制动装置，这样才能使运行中的车辆按需要减速或在规定的距离内停车。城市轨道车辆制动装置除常规的空气制动装置外，还有再生制动、电阻制动和磁轨制动等。

5. 了解受流装置功能特点及基本原理

从接触导线（接触网）或导电轨（第 3 轨）将电流引入动车的装置称为受流装置或受流器。在受电制式上，目前世界上地铁发展较早的城市大多采用直流电 750V，个别有采用 600V 的。北京地铁为直流电 750V。上海地铁采用直流电 1500V，它与直流电 750V 比较有以下优点：可提高牵引电网供电质量，降低迷流数值，增加牵引供电距离，从而可减少牵引变电所数量；便于地铁线路实现地下、地面和高架的联动。

6. 了解车辆内部设备主要构成、功能及布置

车辆内部设备包括服务于乘客的车体内的固定附属装置和服务于车辆运行的设备装置。属于前者的有车电、通风、取暖、空调、座椅、拉手等。服务于车辆运行的设备装置大多吊挂于车底架，如蓄电池箱、继电器箱、主控制箱、电动空气压缩机组、总风缸、电源变压器、各种电气开关和接触器箱等。

7. 了解转向架主要构成、功能及特点

转向架是支承车体并担负车辆沿着轨道走行的支承走行装置。为了便于通过

曲线，在车体和转向架之间设有心盘或回转轴，转向架可以绕一中心轴相对车体转动。为了改善车辆的运行品质和满足运行要求，在转向架上设有弹簧减振装置和制动装置。对于动车，转向架上还装有牵引电机和减速机构，以驱动车辆运行，这种转向架称为动力转向架。

采用转向架可增加车辆的载重、长度和容积。转向架相对车体可自由回转，使较长的车辆能自由通过小半径曲线，减少运行阻力与噪声，提高运行速度。

便于安装弹簧减振装置，保证车辆具有良好的动力性能和运行品质。另外，有转向架车辆在通过两轨头高低不平处时，车体支承点的垂直移动量仅为二轴车轮对支点的一半，从而提高了运行的平稳性。支承车体，承受并传递从车体至轮轨的各种载荷及作用力，使各轴重均匀分配。便于安装制动装置，传递制动力，满足运行要求。便于在转向架上安装牵引电机及减速装置，驱动轮对（或车轮）使车辆沿着轨道运行。转向架为车辆的一个独立部件，便于转向架的互换、制造和维修。

8. 了解轮对主要构成及功能、特点

轮对是由一根车轴和两个相同的车轮采用过盈配合使之牢固地结合在一起，是组成转向架的重要部件之一。

轮对承担车辆全部载荷，引导车辆沿着钢轨高速运行，同时还承受着从车体、钢轨传来的各种力的作用。因此，轮对应具有足够的强度，以保证在允许的最高速度和最大载荷下安全运行。应在强度足够和保证一定使用寿命前提下，使其重量最小，并具一定的弹性，以减少轮轨之间的作用力和磨耗。

9. 了解弹性悬挂装置主要构成及功能、特点

为减少线路不平顺和轮对运动对车体各种动态的影响，转向架在轮对与构架或构架与车体（摇枕）之间，设有弹性悬挂装置。前者称为轴箱悬挂装置，后者称为摇枕（或中央）悬挂装置，也可称一系悬挂装置和二系悬挂装置。弹性悬挂装置包括弹簧、减振、定位装置。

（二）实习过程

实习方式：学生的实习地点在上海申通地铁集团维护与保障公司九亭基地；采用跟随实习指导教师学习形式进行；每班学生分2组进行，按照实习要求和内容进行相关实习。

实习安排：实验中心主要负责安排实习和现场技能教学，负责实习预安排、评阅实习报告、进行实习工作总结。

五、实习报告要求

（一）格式要求

实习报告主要包括以下几个项目：

（1）报告题目。

（2）专业和班级、姓名与学号、时间和地点。

（3）目的意义。

（4）内容与过程。

（5）感想与评价。

（6）回答指导书中提出的或实习教师设定的问题。

书写格式要求：实习报告字数 3000～5000 字，排版：字体：宋体。字号：小四号。行距：20 磅。段前段后：0 磅。页边距上下：2.54cm，左右：3.17cm。

（二）内容要求

实习报告的内容与过程、感想与评价等主要部分，结合本次实习及平时所写的实习报告应包含以下内容：

（1）列车驾驶过程与特点。

（2）车辆主要部件结构，包括转向架、车门、受电弓结构。

（3）车辆牵引电机、空气弹簧、制动系统基本工作原理。

六、实习思考与讨论题

（1）城市轨道交通列车结构主要分为哪些部分？

（2）列车驾驶分为哪两种方式？各有什么特点？

（3）列车车门有哪几种形式？各有何特点？

七、实习注意事项

（1）在实习前对相关先修课程进行复习。

（2）服从实习指导老师的安排，并遵守纪律。

（3）实习过程中，认真做好实习日志。

（4）在实习过程中，注意人身的安全。

项目二　供电部分

一、实习目的与主要任务

（1）了解供电系统组成、城市轨道交通常用供电设备安装、基本使用方法。

（2）了解城市轨道交通电力系统特点、组成及相关监控技术。

（3）了解上海车辆供电方式基本模式。

（4）了解相关城市轨道交通供变电原理，关键参数指标。

（5）了解供电与列车运行、运营、信号、工务之间的关系。

二、实习设备与场景要求

实习地点为上海申通地铁集团有限公司维护与保障公司九亭基地，实习设备为实习基地各仪器、设备。

三、相关知识要点

（1）城市轨道交通供电系统组成。

（2）城市轨道交通电力系统特点。

（3）城市轨道交通相关供变电设备的使用方法。

（4）城市轨道交通供变电原理，关键参数指标。

四、实习内容与实习过程

（一）实习内容

1. 城市轨道交通供电基本过程

城市轨道交通供电电源一般取自城市电网，通过城市电网一次电力系统和轨道交通供电系统实现输送或变换，最后以适当的电压等级一定的电流形式（直流电或交流电）供给用电设备。

电能先经过降压变压器把 110kV 或 220kV 的高压降低电压等级（如 10kV 或 35kV），再经过三相输电线输送给本区域内的牵引变电站和降压变电站，并再降为轨道交通所需的电压等级（如 1500V、400V 等）。

2. 城市轨道交通牵引系统基本结构

牵引供电系统由牵引变电站和牵引网所组成，其中牵引变电站和接触网是牵引供电系统的主要组成部分。

牵引变电站：供给地铁一定区段内牵引电能的变电站。

接触网（架空线或接触轨）：经过电动列车的受电器向电动列车供给电能的导电网（北京、天津地铁采用接触轨；上海地铁采用架空接触网）。

回流线：用以供牵引电流返回牵引变电站的导线。

馈电线：从牵引变电站向接触网输送牵引电能的导线。

电分段：为便于检修和缩小事故范围，将接触网分成若干段称为电分段。

轨道电路：利用走行轨作为牵引电流回流的电路。

一般将接触网、馈电线、轨道、回流线总称为牵引网。

3. 接触网功能及基本要求

接触网是牵引供电系统的重要组成部分，一旦损坏将中断牵引供电。为此，接触网应满足以下基本要求：

（1）由于接触网在工作中无备用网，因而要求接触网强度高且安全可靠。

（2）要求在各种气候条件下均能受流良好。

（3）因接触网部件更换困难，因此要求接触网性能好、运行寿命长。

（4）因其维修是利用行车中的间隔时间进行的，故要求结构轻巧，零部件互换性强，便于施工、维护和抢修。

（5）因接触网无法避开腐蚀强、污秽严重等异常环境，故应采取耐腐蚀和防污秽技术措施。

（6）因采用与受电器摩擦接触的受流方式，因此要求接触网有较均匀的弹性，接触线等部位要有良好的耐磨性。

4. 接触网基本结构

架空式接触网是架设在走行轨道上部的接触网。由电动列车顶部伸出的受电弓与之接触取得电能。它又可分为地面架空式和隧道架空式两种。

地面架空式接触网由以下几个部分组成：

（1）接触悬挂：包括承力索、吊弦、接触线。

（2）支持装置：其作用是用以支持接触悬挂，并将其负荷传给支柱或其他建筑物的结构，包括腕臂、拉杆和绝缘子。

（3）定位装置：其作用是保证接触线与受电弓的相对位置在规定范围内，包括定位器与定位管。

（4）支柱与基础：其作用是用以支承接触悬挂和支持装置，并将接触悬挂固定在规定高度。

隧道架空式接触网的特点为：因为隧道内空间狭窄，所以隧道架空式接触网必须考虑隧道断面、净空高度、带电体对接地体的绝缘距离等因素的限制。此外隧道架空式接触网的支持装置可直接设置在洞顶或洞壁，而不需要专门立支柱。只有合理地选择和确定悬挂方式，才能充分地利用有效的净空高度，改善接触网的工作性能。

地面与隧道架空式悬挂均属柔性接触悬挂，还有一种悬挂方式为刚性架空式接触悬挂，可适用于低净空隧道，在日本的东京、大阪等地的地铁中已有应用，但在弹性方面不如柔性接触悬挂。

5. 地下迷流及其防护措施原理

在直流牵引供电系统中，牵引电流并非全部由钢轨流回牵引变电站，而是有一部分由钢轨杂散流入大地，再由大地流回钢轨并回到牵引变电站。走行钢轨中的牵引电流越大或钢轨对地面绝缘程度越差，地下杂散电流也就相应增大，这种地下杂散电流又称为地下迷流。

走行钢轨铺设在轨枕、道砟和大地上，由于轨枕等的绝缘不良和大地的导电性能，地下杂散电流杂散流入大地，并在某些地方重新流回钢轨和牵引变电站，在走行钢轨附近埋有地下金属管道、电缆和任何其他金属结构件时，一部分地下杂散电流就由导电的金属件上流过。在电动列车附近的杂散电流从钢轨流向金属体，使金属体对地电位形成阴极区。在变电站附近，杂散电流从金属体流回钢轨和变电站，金属体对地电位形成阳极区。在阳极区，杂散电流从金属体流出的地方将出现电解现象，这种电解现象使金属物体温度升高，加速了金属物体的腐蚀。在长期电腐蚀作用下，地下金属物体（如管道、电缆等）将受到严重的损坏。若地下杂散电流流入电气接地装置，又将引起过高的接地电位，导致某些设备无法正常工作。同时杂散电流过大时将产生对地电压，严重时可危及人身安全。

（二）实习过程

实习方式：学生的实习地点在九亭基地；采用跟随实习指导教师学习形式进行；每班学生分两组进行，按照实习要求和内容进行相关实习。

实习安排：实验中心主要负责安排实习和现场技能教学，负责实习预安排、评阅实习报告、进行实习工作总结。

五、实习报告要求

（一）格式要求

实习报告主要包括以下几个项目：

（1）报告题目。

（2）专业和班级、姓名与学号、时间和地点。

（3）目的意义。

（4）内容与过程。

（5）感想与评价。

（6）回答指导书中提出的或实习教师设定的问题。

书写格式要求：实习报告字数 3000～5000 字，排版：字体：宋体。字号：小四号。行距：20 磅。段前段后：0 磅。页边距上下：2.54cm，左右：3.17cm。

（二）内容要求

实习报告的内容与过程、感想与评价等主要部分，结合本次实习及平时所写的实习报告应包含以下内容：

（1）城市轨道交通常用供电制式。

（2）触网结构、特点。

（3）触网常用检修设备，功能。

（4）供变电一次设备结构、功能、特点。

（5）供变电监控设备的功能、常规操作方式。

六、实习思考与讨论题

（1）城市轨道交通供电制式分哪几种？其各有什么特点？

（2）对比城际铁路供电方式思考，城市轨道交通为何采用直流牵引？

（3）城市轨道交通供变电系统的作用和地位如何？

七、实习注意事项

（1）在实习前对相关先修课程进行复习。

（2）服从实习指导老师的安排，并遵守纪律。

（3）实习过程中，认真做好实习日志。

（4）在实习过程中，注意人身的安全。

项目三　信号部分

一、实习目的与主要任务

（1）掌握信号系统在城轨交通中的作用。

（2）掌握城市轨道交通信号系统的特点。

（3）掌握城市轨道交通信号系统的硬件组成部分。

二、实习设备与场景要求

实习地点为上海申通地铁集团有限公司维护与保障公司九亭基地，实习设备为实习基地各仪器、设备。

三、相关知识要点

（1）上海城市轨道信号系统基本原理。

（2）城市轨道交通信号硬件设备的组成。

四、实习内容与实习过程

（一）实习内容

1. 轨道电路

轨道电路是以铁路线路的两根钢轨作为导体，两端加以机械绝缘（或电气绝缘），接上送电和受电设备构成的电路，最简单的轨道电路。轨道电路的送电设备设在送电端，由轨道电源 E 和限流电阻 R 组成。限流电阻的作用是保护电源不致因过负荷而损坏，同时保证列车占用轨道电路时，轨道继电器可靠落下。接收设备设在受电端，一般采用继电器，称为轨道继电器，由它来接收轨道电路的信号电流。

送、受电设备一般放在轨道旁的变压器箱或电缆盒内，轨道继电器在信号楼内。送、受电设备由引接线直接向钢轨或通过电缆过轨后由引接线接向钢轨。

钢轨是轨道电路的导体，为减小钢轨接头的接触电阻，增设了轨端接续线。绝缘节是为分隔相邻轨道电路而装设。两绝缘节之间的钢轨线路的长度就是轨道电路的长度。

当轨道电路内钢轨完整，且没有列车占用时，轨道继电器吸起，表示轨道电路空闲。轨道电路被列车占用时，它被列车轮对分路，轮对电阻远小于轨道继电器线圈电阻，流经轨道继电器的电流大大减小，轨道继电器落下，表示轨道电路被占用。

2. 道岔

道岔的机械结构有两根可以移动的尖轨，尖轨的外侧是两根固定的基本轨，与尖轨和基本轨相连接的是四根合拢轨，其中两根合拢轨是直向的，另外两根合拢轨是弯向的（其曲线叫道岔导曲线），两根内侧合拢轨相连的是辙叉，它由两根翼轨、一个岔心和两根护轮轨组成。护轮轨和翼用于固定车轮运行方向，因为机车车辆通过道岔时都要经过辙叉的"有害空间 S"，如果不固定车轮轮缘的前进方向，就有可能造成脱轨事故。目前，在我国铁路线路上，大多采用 9 号、12 号、18 号三个型号的道岔，它们所允许的侧向通过速度分别为 30、45、80km/h。城市轨道交通线路一般都采用 9 号道岔。

3. ZD6 转辙机

ZD6 - A 型电动转辙机主要由电动机、减速器、摩擦联结器、主轴、动作杆、表示杆、移位接触器、外壳等组成。

电动机为电动转辙机提供动力，采用直流串激电动机；减速器用来降低转速以获得足够的转矩，并完成传动。由第一级齿轮和第二级行星传动式减速器组成。两级间以输入轴联系，减速器由输出轴和主轴联系；用弹簧和摩擦制动板，组成输出轴与主轴之间的摩擦联结，防止尖轨受阻时损坏机件；主轴由输出轴通过起动片带动旋转，主轴上安装锁闭齿轮；锁闭齿轮和齿条相互动作，将转动变为平动，通过动作杆带动道岔尖轨运动，并完成锁闭作用；动作杆和齿条块用挤切销相连，正常工作时，齿条块带动动作杆。挤岔时，挤切销折断，动作杆和齿条块分离，避免机件损坏；表示杆由前、后表示杆及两个检查块组成。表示杆随尖轨移动，只有当尖轨密贴且锁闭后，自动开闭器的检查柱才能落入表示杆缺口，接通道岔表示电路。挤岔时，表示杆被推动，顶起检查柱，从而断开道岔表示电路；自动开闭器由静接点、动接点、速动点、速动爪、检查柱组成，用来表示道岔尖轨所在位置；移动接触器用来监督挤切销的受损状态，道岔被挤或挤切销折断时，断开道岔表示电路；安全接点（遮断接点）用来保证维修安全。正常使用时，遮断接点接通，才能接通道岔动作电路。检修时，断开遮断接点，以防止检修过程中转辙机转动影响维修人员作业；壳体用来固定转辙机各部件，防护内部部件免受机械损伤和雨水、尘土的侵入，提供整机安装条件。它由底壳和机盖组成。底壳是壳体的基础，也是整机安装的基础。底壳上设有特定形状的窗孔，便于整机组装和分解。机盖内侧周边有盘根槽，内镶有密封用盘根（胶垫）。

4. 信号机

凡是危及行车安全的地点，均应设置信号机加以防护。信号机的设置地点不同，其用途也不一样，命名也不相同。我国铁路长期以来一直采用传统的以白炽灯泡为光源的色灯信号机，这种信号机的主要缺点是可靠性差、寿命短、易断丝、工效低。随着半导体固态冷光源发光器件的发展，超高亮度 LED 管的问世，出现了新型的 LED 信号机。

LED 信号机是运用近代光、电器材和电子稳压技术，研制的免维护信号器材。该信号机具有发光强度高、显示距离长、节能、寿命长、消除了灯丝突然断丝和点灯冲击电流等优点，具有小型化、轻量化、色泽一致、光束集中、应变速度快的特点，是一种很有发展前途的信号机。

5. 继电器

城市轨道交通信号系统大多使用安全型继电器以确保设备具有"故障—安全"特性。安全型继电器一般为电磁继电器，可采用直流电也可采用交流电，根据需要还可使继电器具有缓动功能。

继电器基本组成：它由电磁系统（由线圈、固定的铁心和轭铁以及可动的衔铁组成）和接点系统（由动接点和静接点组成）构成。

当线圈中通入规定的电流后，根据电磁原理，线圈中产生磁性，衔铁被吸引；当线圈中没有电流时，衔铁由于重力作用被释放。衔铁上的触点称为动触点。随着衔铁的动作，动触点与静触点接通或断开，从而实现对其他设备的控制。

"故障—安全"原则是轨道交通信号设备必须遵循的原则，当系统任何部分发生故障时，应确保系统的输出导向安全状态。随着电子技术的迅速发展，电子器件尤其是计算机以其速度快、体积小、容量大、功能强等技术优势，在相当大程度上逐渐取代继电器构成自动控制和远程控制系统，使技术水准大大提高。但与电子器件相比，继电器仍存在一定优势，尤其是具有"故障—安全"性能，因此不仅现在，而且在未来一定时期内，继电器在轨道交通信号领域仍将起着重要作用。例如，在计算机联锁设备中，尽管电子器件所占比例相当大，但仍需要将继电器电路作为系统主机与信号机、轨道电路、转辙机的接口电路。

6. 信标

信标是一种基于电磁耦合原理而构成的高速点式数据传输设备，它利用无线感应的原理，在特定地点实现地对车的数据通信，并接收列车送出的谐振频率。信标若要完成上述功能，必须和车载设备相配合使用。车载设备主要包括车载查询天线和车载查询器主机。

信标分无源信标和有源信标两种。无源信标作为一个电磁设备，没有外接电源进行供电。平时，无源信标处于静止休眠状态；当有列车经过它的上方时，无源信标会接收到列车通过车载天线发出的功率载波。这种功率载波将激活无源信标中的电子元器件，使其向列车发送调制好的数据编码信息。这些信息可以包含公里标、线路坡度、限速等各种关键信息。列车接收到这些信息，通过车载控制系统得出最佳的运行速度，以保证行车安全。列车也可以根据接收到的信息确定列车位置。

有源信标需要外接电源向其供电。它由可变信息应答器、轨旁电子单元（LEU）、车站信息编码设备和连接电缆等组成。有源信标接有车站信息编码设备，因此有源信标内的数据报文是可随外部控制条件产生变化。列车接近到信标的一定距离时，地面信标内的数据应该保持不变；当列车远离信标时，数据可以随时变化。车站信息编码设备和车站联锁系统结合，采集联锁系统的有关信息，例如信号机的显示、道岔的位置、临时限速等。这些信息经过编码设备编码后，通过串行接口传送至轨旁电子单元，再通过它控制地面可变应答器的发送，为列车提供实时的信息。

7. 电源屏

电源屏为信号设备提供交流电源和直流电源。

（1）交流电源。信号点灯电源一般为220V，夜间为了节省用电和延长灯泡寿命，在保证足够的信号显示距离的前提下可以降低电压，例如降到180V；轨道电路电源为220V；道岔表示电源为220V；控制台表示灯电源一般为24V、夜间为19.6V；控制台表示灯闪光电源为24V，闪光频率为90~120次/分；其他用途电源为220V，如维修用电、控制台通信电源、专用照明电源。

（2）直流电源。直流电动转辙机动作电源为220V；直流安全型继电器电源为24V。

电源屏由自动调压屏、交流屏（主、备用各一台），直流屏（主、备用各一台）和转换屏等六个屏组成。自动调压屏主要用来稳压，采用无动触点的感应调压器作为交流稳压调整器。变流屏主要用来调制和分配各种用途的交流电源；直流屏主要用来输出各种用途的直流电源。转换屏主要用来自动或手动切换两路主、副电源，手动转换主、备用交流屏和直流屏，也可以手动切断调压屏改成直接由外电网供电及作为主、备用交流屏和直流屏输出电源的汇接。

（二）实习过程

实习方式：学生的实习地点在九亭基地；采用跟随实习指导教师学习形式进行；每班学生分 2 组进行，按照实习要求和内容进行相关实习。

实习安排：实验中心主要负责安排实习和现场技能教学，负责实习预安排、评阅实习报告、进行实习工作总结。

五、实习报告要求

（一）格式要求

实习报告主要包括以下几个项目：

（1）报告题目。

（2）专业和班级、姓名与学号、时间和地点。

（3）目的意义。

（4）内容与过程。

（5）感想与评价。

（6）回答指导书中提出的或实习教师设定的问题。

书写格式要求：实习报告字数 3000～5000 字，排版：字体：宋体。字号：小四号。行距：20 磅。段前段后：0 磅。页边距上下：2.54cm，左右：3.17cm。

（二）内容要求

实习报告的内容与过程、感想与评价等主要部分，结合本次实习及平时所写的实习报告应包含以下内容：

（1）轨道电路的组成与功能。

（2）道岔与转辙机的组成。

（3）信号机与继电器的组成。

（4）信标与电源屏的组成。

六、实习思考与讨论题

（1）城市轨道交通在城市交通中的作用和地位如何？

（2）思考提高城轨交通信号系统可靠性和安全性的方法。

七、实习注意事项

（1）在实习前对相关先修课程进行复习。

（2）服从实习指导老师的安排，并遵守纪律。

（3）实习过程中，认真做好实习日志。

（4）在实习过程中，注意人身的安全。

项目四　运营部分

一、实习目的与主要任务

（1）了解城市轨道交通车站环境。

（2）掌握车站布局与结构。

（3）掌握轨道交通运营职能部门的工作职责以及相关流程。

二、实习设备与场景要求

实习地点为上海申通地铁集团有限公司九亭地铁站及维护与保障公司九亭基地，实习设备为实习基地各仪器、设备。

三、相关知识要点

（1）上海城市轨道交通车站运设备组成。

（2）上海城市轨道运营岗位职责。

四、实习内容与实习过程

（一）实习内容

1. 轨道交通车站各客运设备组成

城市轨道交通系统中，车站不仅要供乘客上下车、集散、候车，也是办理运营业务和设置运营设备的地方。车站是系统运行的主要设施，也是系统运营过程中不可缺少的组成部分。轨道交通系统车站的选址、布置、规模等对运营具有决定性的意义。作为旅客乘降的场所，城市轨道交通车站一般设在客流集散点或线路交汇区域，车站间的距离要根据实际需要确定。

客流组织是通过合理布置客运有关设备、设施以及对客流采取有效的分流或引导措施来组织客流运送的过程。轨道交通主要通过合理的客流组织来完成其大容量的客运任务。客流组织的主要内容包括车站售、检票位置、车站导向位置的设置，车站自动扶梯、隔离栏杆等设施的设置，车站广播的导向、售、检票数量的配置，工作人员的配备，以及应急措施预案等。客流组织的目的是保证客流运送的安全，保持客流运送过程的畅通，尽量减少乘客出行的时间，避免或减少拥挤，便于大客流发生时的及时疏散。

2. 自动售检票系统组成

轨道交通票务系统是轨道交通运营方为乘客提供快捷、优惠出行，有效进行票务收入管理，合理配置营运系统（营运设备、营运模式）资源而建立的一套满足轨道交通票务管理需求的系统，也是轨道交通票务收入和结算的基础，只有通过安全、可靠和完备的自动售检票才能有效地实施票务结算和清分。

自动售检票系统以其高度的智能化设计，扮演着售票员、检票员、会计、统计、审计等角色，以数据收集和控制系统实现了票务管理的高度自动化。

票务系统的业务管理是借助于自动售检票系统来实现的。其内容主要有票卡管理、规则管理、信息管理、财务管理、模式管理、运营监督等。

3. 车站各运营工作岗位的职责与工作内容

城市轨道交通车站通常设有站长、值班站长、值班员和服务员等岗位。车站的日常生产活动主要由车站值班站长负责开展，全面负责当班期间的行车施工、客运管理、乘客服务、事故事件处理、人员管理等工作。车站各岗位有不同的岗位职责，各岗位在日常工作中相互协作，共同完成生产任务。

车站站长全面负责车站行政管理工作，对车站的安全管理、票务管理、服务管理、培训组织、人员管理及班组建设等工作负责，组织本站人员完成车站行车、票务和客运服务工作及特殊情况下的应急组织。

车站值班站长直接对站长负责，服从调度员生产指挥，对本班的行车、客运、票务、培训及人员管理等具体事务进行管理和落实。当车站发生设备故障或紧急情况时担任事故处理现场负责人，组织指挥现场人员按照应急处理预案的要求进行处理。

车站服务员主要负责直接面向乘客提供服务，包括售检票服务、接发列车、组织乘客乘降、回答乘客问询及对车站设备进行巡视检查等具体工作。根据负责业务的不同以及岗位区域不同，服务员通常分为客服中心、站台岗等，客服中心通常以售票、充值、处理乘客票务事务为主；站台岗通常以站台接发列车、回答乘客问询、组织乘客乘降等工组为主。

4. 调度中心各运营工作岗位的职责与工作内容

行车管理按生产、组织、管理流程，可以分为运输计划的编制、列车运行图编制、列车交路计划、列车运行与行车调度指挥等内容。行车管理是城市轨道交通运营体系的核心内容，具有极其重要的地位，通过列车组织将客运和轨道设备联系在一起，完成城市轨道交通系统运营组织和管理的全过程。

城市轨道交通系统是一个复杂的、技术密集型的城市公共交通系统，它具有各项作业环节紧密联系和各部门、各工种协同工作的特点，为对运输生产活动进行集中领导、统一指挥和实行有效监控，城市轨道交通系统必须设立行车组织的指挥中心。行车指挥中心分为运营网络指挥中心和线路控制中心。

城市轨道交通网络运营协调与应急中心是城市轨道交通实行路网运营协调指挥和应急联动的部门，由公司授权总调度所统一管理，负责城市轨道交通网络层面的运营协调、应急指挥，主要承担城市轨道交通网络运营的监督协调、应急指挥、运营信息（数据）管理等职责。线路控制中心（以下简称控制中心）是城市轨道交通日常运输工作的指挥中枢，基本任务是组织指挥线路与列车运行有关的各部门、各工种协同工作，确保列车运行图实现，组织完成客运生产任务，保证行车和乘客安全，努力提高运输效率和发挥经济效益。总调度所行车调度管理体系由运营技术管理部运营组和各控制中心行车调度组成。

5. 车控室所包含的设备与内容

地铁车控室是地铁车站行车组织控制的最重要场所，室内主要有接发列车操作控制设备、列车运行控制设备、环境控制设备、救急和疏散控制设备等，实现列车运行的监督和操作控制。室内人员主要是行车值班员和信号员，负责接发列车和行车安全的工作。

6. 车站机电设备系统

车站低压配电主要为车站管辖内通风空调系统设备、消防联动设备、给排水设备、自动扶梯、照明设备、屏蔽门系统等提供电源。

7. 消防报警系统工作原理与设备

城市轨道交通火灾报警系统（Fire Alarm System，FAS）由火灾监控系统、报警系统和灭火系统组成。火灾监控系统是由灵敏的温感、烟感、红外线反应的传感器和自动巡检及显示元件组成。可以及时将探测器检测到的火灾情况传输给报警系统和自动灭火系统。自动报警系统以灯光信号和报警铃声及时反映到控制面板，提示值班人员。而自动灭火系统在得到信号后，切断所有可能有助于燃烧的工作设备，如空调、通风机的电气线路。同时，接通消防专用设备的工作电路，启动有关消防设备，如排烟风机、防烟垂壁、管道排烟阀。关闭电动防火门、防火卷帘门，接通火灾事故照明灯、疏散标志灯等。

8. 环境控制系统工作原理与设备

BAS 系统，即 Building Automation System（建筑楼宇自控系统），在轨道交通系统中被称为车站机电设备自控系统。该系统能对地铁车站的机电设备进行运行监视，故障报警和遥控开关，能对空调通风系统按要求进行控制。在火灾发生的情况下，可接收消防报警信号，使车站的空调和通风设备按火灾工况运行。

地下车站 BAS 系统是将轨道交通地下车站，区间和相关建筑内的环控、低压配电，照明系统，给排水系统，以及中监控和科学管理为目的而构成的综合自动化系统。对城市轨道交通地下车站机电设备并对其环境进行集中监控，并对其环境进行实时监测和优化控制。通过现代化自动控制技术与网络技术，对城市轨道交通地下车站机电设备运行状况实时集中控制，监视和报警，减少设备操作复杂性及操作难度，协调设备动作。

由消防报警系统提供火灾报警信息，地下车站机电设备系统自动控制系统联动相关的机电设备转向火灾模式，实现地下轨道交通发生火灾时机电设备联动自动化，将火灾的影响程度降到最低，保证轨道交通设备和乘客的安全。

9. 电梯与自动扶梯工作原理与设备

电梯与自动扶梯是城市轨道交通站台、站厅、地面间运送客流的重要设备，对及时疏散客流起着至关重要的作用。此外，车站内还设置残疾人液压梯、楼梯升降机以满足残疾人等人士的需要。

10. 屏蔽门设备

屏蔽门系统作为站台公共区域与轨道列车之间的可控通道，能够在列车进站时配合列车车门动作打开或关闭活动门，为乘客提供上下列车的通道。在地下车站使用屏蔽门系统，隔断了站台侧公共区域与轨道侧空间，将站台公共区与隧道区间完全隔离，消除了车站与轨道区间的热量交换，降低了环控系统的运营能耗。

屏蔽门系统的设置杜绝了乘客因特殊情况掉下站台的情况，使列车的正常运营得到了保证，还为轨道交通实现无人驾驶创造了条件。同时避免了人员跌落轨道的安全隐患以及列车司机驾车进站时的心理恐慌问题。屏蔽门也具有障碍物检测功能，即活动门关闭时检测到障碍物，会后退做短暂停止以释放夹到的障碍物，然后再关闭，以免夹伤乘客。

11. 自动监控系统设备与工作原理

自动监控系统分为中央级、车站级和现场级三级对车站设备进行监控，中央级和车站级进行系统管理。车站设备监控系统对全线各个车站通风空调系统设备、给排水设备、自动扶梯、电梯、车站公共区照明、广告照明、车站事故照明电源、屏蔽门、人防密闭隔断门等车站设备进行全面、有效自动化监控及管理，确保设备处于高效、节能、可靠最佳运行状态，创造一个舒适的环境；并在火灾等灾害或阻塞事故状态下，更好协调车站设备运行，充分发挥各种设备应有作用，保证乘客安全和设备正常运行。

设备监控系统主要被控对象由通风与空调系统、给排水系统、自动扶梯系统、照明系统、屏蔽门系统、人防密闭隔断门系统等几部分组成。

12. 各运营岗位工作人员的应急处理操作

地铁运营针对列车运行过程中的各类故障、突发事件等，汇编了预案，规范了应急处置流程，强调各专业间的"无缝"衔接。为了适应地铁网络化发展的特点，应急预案还会根据列车车型、车站网点设置、换乘枢纽等新情况，进行一次梳理。而预案的具体内容都是相关运营员工必须掌握的技能。

轨道交通大客流爆满该怎么处置，遇到火灾、投毒、爆炸等突发事件又该怎么办，轨道交通道床伤亡事件怎样才是正确处置等九大预案的具体内容都是相关地铁员工必须掌握的技能。

（1）大客流：封站、分流。随着越来越多的各类重大赛事在上海举办，以及未来世博会可能带来的大量人流等，轨交出现大客流爆满的情况会比较普遍，而相关情况的处理就显得非常重要。记者了解到，一旦发生大客流爆满，值班站长需要立刻向上级部门报告，相关部门会及时调备用车增援，以疏散客流。地铁还会采取封站措施，地铁的闸机也会自动打开，方便乘客安全快速进出。同时会实行临时售票，并开动流动售票车，方便乘客购票。

（2）火灾：封站、人员疏散。如果车站发生火灾该怎么处理？根据要求，事发车站站长得立刻组织人员实施火灾的初期扑救，组织人员进行车站人员疏散。而车站值班员则需要立刻将信息汇报相关部门并拨打119、120，同时对车站环控设备进行操作，并进行紧急广播以及信息的发布。行车调度员则要发布事发车站封站措施，安排所有列车在事发车站通过，列车司机在该站通过不进行上下客作业等。如果是在换乘站点发生火灾，还要通知相关线路不在相关站点进行上下客作业。

（3）道床伤亡：施救第一。列车在行进过程中碰撞到物体，司机必须马上停车，并报告总调同时下车查看，根据总调的安排进行相关处理。如果造成人员受伤，则立刻将伤者抬到司机室，并将列车开到站台上配合施救。站台工作人员会进行同步作业，在第一时间内通知110急救中心。

（二）实习过程

实习方式：学生的实习地点在九亭地铁站和九亭基地；采用跟随实习指导教师学习形式进行；每班学生分两组进行，按照实习要求和内容进行相关实习。

实习安排：实验中心主要负责安排实习和现场技能教学，负责实习预安排、评阅实习报告、进行实习工作总结。

五、实习报告要求

（一）格式要求

实习报告主要包括以下几个项目：

（1）报告题目。

（2）专业和班级、姓名与学号、时间和地点。

（3）目的意义。

（4）内容与过程。

（5）感想与评价。

（6）回答指导书中提出的或实习教师设定的问题。

书写格式要求：实习报告字数 3000～5000 字，排版：字体：宋体。字号：小四号。行距：20 磅。段前段后：0 磅。页边距上下：2.54cm，左右：3.17cm。

（二）内容要求

实习报告的内容与过程、感想与评价等主要部分，结合本次实习及平时所写的实习报告应包含以下内容：

（1）分析车站的主要特点，以及如何应对突发事件（火灾、爆炸、投毒等）发生。

（2）对现有行车调度指挥工作提出建议和设想。

（3）对行车调度指挥流程进行概括和分析。

六、实习思考与讨论题

（1）城市轨道交通在城市交通中的作用和地位如何？

（2）城市轨道交通调度指挥岗位主要有哪些？各岗位的职责分工如何？这些岗位是如何进行协作的？

（3）上海是特大国际大都市，所以只要发展大运量的地铁就行了，对吗？

七、实习注意事项

（1）在实习前对相关先修课程进行复习。

（2）服从实习指导老师的安排，并遵守纪律。

（3）实习过程中，认真做好实习日志。

（4）在实习过程中，注意人身的安全。

项目五 铁工部分

一、实习目的与主要任务

（1）了解轨道交通车辆段的规划和布局。

（2）了解城市轨道交通的轨道结构组成及各组成部件的功能和作用。

二、实习设备与场景要求

实习地点为上海申通地铁集团有限公司维护与保障公司九亭基地，实习设备为实习基地各仪器、设备。

三、相关知识要点

（1）上城市轨道交通的轨道结构。

（2）城市轨道交通线路规划与设计。

四、实习内容与实习过程

（一）实习内容

1. 钢轨

不管城市轨道交通采用何种类型、何种形式的轨道结构，钢轨都是轨道结构的主要部件。钢轨与机车车辆的车轮直接接触，钢轨质量的好坏直接影响行车的安全性和平稳性。

目前，我国铁路的轨型主要采用60kg/m和50kg/m钢轨，通常，主要干线采用60kg/m钢轨，次要线路及基地车场采用50kg/m钢轨，重载线路已开始采用75kg/m钢轨。城市轨道交通的线路，正线、车场线路中的试车线、出入场线采用60kg/m钢轨，其余均采用50kg/m钢轨。

钢轨截面形状的发展也经过了相当长的时间。从构件截面的力学特性可知，"工"字形截面的构件具有较好的抗弯曲性能。可把钢轨看成是连续弹性地基梁，或连续点支承地基梁，在轮载的作用下，钢轨主要承受垂向弯曲，所以一般将钢轨截面设计成"工"字形。

钢轨截面由轨头、轨腰和轨底三部分组成，相互之间用圆弧连接，以便安装钢轨接头夹板和减少截面突变引起的应力集中。

钢轨头部是直接和车轮接触的部分，应有抵抗压溃和耐磨的能力，故轨头宜大而厚，并应具有和车轮踏面相适应的外形。钢轨头部顶面应有足够的宽度，使在其上面滚动的车轮踏面和铜轨顶面磨耗均匀。钢轨头部顶面应轧制成隆起的圆弧形，使由车轮传来的压力能集中于钢轨中轴。实践表明，钢轨顶面被车轮长期滚轧以后，顶面近似于 $200 \sim 300mm$ 半径的圆弧。因此在我国铁路上，较轻型的钢轨顶面常用一个半径 $300mm$ 圆弧组成，而较重型的钢轨顶面，则由三个半径分别为 80、300、80 或 80、500、$80mm$ 的复合圆弧组成。

轨腰必须有足够的厚度和高度，具有较大的承载能力和抗弯能力。轨腰的两侧或为直线，或为曲线，而以曲线最常用，有利于传递车轮对钢轨冲击动力作用和减少钢轨轧制后因冷却而产生的残余应力。轨腰与钢轨头部及底部的连接，必须保证夹板能有足够的支承面，并使截面的变化不致过分突然中，以免产生过大的应力集中。为此，轨腰与轨头之间可采用复曲线的连接方式，轨腰与轨底之间的连接曲线，一般采用单曲线。

钢轨底部应保持钢轨的稳定，轨底应有足够的宽度和厚度，并具有必要的刚度和抵抗锈蚀的能力。

钢轨的头部顶面宽度（b）、轨腰厚度（t）、钢轨高度（H）及轨底宽度（B）是钢轨断面的 4 个主要参数。钢轨高度应尽可能大一些，以保证有足够的惯性矩及截面系数来承受竖直的轮载动力作用。

钢轨的材质是指钢轨的化学成分及其金相组织，要使钢轨具有高可靠性的前提是钢轨的材质具有较高的纯净度。钢轨出现质量问题的主要形式是由于钢轨的内部夹杂、缺陷所引起的疲劳折损。所以提高钢轨材质的纯净度是减少钢轨疲劳折损、提高钢轨的可靠性、延长使用寿命的有效途径。

组成钢轨的主要元素为铁元素，除了铁元素外，还有一些有利元素和不利元素。不同的炉号，不同的生产批次，同一种类型的钢轨中，化学元素也有一些差别，所以，钢轨中的化学元素含量是一个范围。

钢轨钢的化学成分主要为铁（Fe），其他还含有碳（C）、锰（Mn）、硅（Si）、磷（P）、硫（S）等元素。

钢轨截面几何形状偏差大小和平直度也是钢轨质量的一个重要指标。如采用截面形状偏差过大，平直度不良的钢轨，则也就很难铺设高质量的铁路轨道。为保证列车运行的平稳性，则要求轨道的几何形位稳定，轨头的轮轨接触光带位置及宽度稳定，而要达到这一点，高精度的外形尺寸和高平直度的钢轨必不可少的。

由于钢轨焊缝材质、金相组织、硬度、韧度等与钢轨母材的差别，焊接设备的精度高低，操作工人的技术熟练程度等，都会造成钢轨焊接接头处的轨面不平整。钢轨焊接接头分三种，接触焊、气压焊和铝热焊。三种焊接方法的焊接接头质量也有差异，铝热焊钢轨接头的质量最差。所以，钢轨焊接接头是无缝线路轨道单独不平顺的来源之一。为保证列车高速、平稳性地运行，并减少轮轨之间的动力作用，对钢轨焊接接头的焊接质量、平直度等提出了更高的要求，所以钢轨焊接接头也是轨面不平直的控制部位。

2. 钢轨连接

钢轨连接是将标准长度的钢轨连接起来，使钢轨连接部分具有与钢轨一样的整体性，给列车提供连续的滚动表面，承受列车通过时作用于其上的动荷载，并满足钢轨伸缩的要求。

钢轨连接方式可分为钢轨接头连接、钢轨焊接两种。

钢轨接头相对于轨枕的承垫形式可分为两种：悬空式和承垫式。单枕承垫式因车轮通过时使轨枕左右摇摆而稳定性较差，故目前很少采用；双枕承垫式在正线绝缘接头使用较多；我国铁路采用悬空式钢轨接头。

按两股钢轨接头的位置可分为相对式和相错式。相错式的缺点是车轮轮流冲击接头，如轨道状态不良，加剧了车辆的摇晃。在轨道铺设时，也不能采用单根钢轨长度的轨排铺设，不利于机械化施工。美国铁路多采用相错式钢轨接头，我国铁路采用相对式钢轨接头。

钢轨焊接是指将标准长度的钢轨在工厂或现场用焊接方法焊接成所需长度的长钢轨，铺设于无缝线路的一种钢轨联结方式。发展无缝线路技术，消灭钢轨接头，不仅可以提高行车平稳性，降低牵引阻力，减少养护维修工作量，而且大大减少了钢轨接头破损，是合理使用钢轨的有效措施之一。

钢轨焊接的主要方法有闪光接触焊、气压焊、铝热焊三种。

（1）闪光接触焊。根据电流的热效应原理，把被焊接的钢轨安放在相对的两个夹具内，端部通以强大的电流，由于对接钢轨之间存在着较大的电阻，因而产生大量的热量把轨端加热，当钢轨被加热到塑性状态，然后以极快的速度予以挤压，这种在对焊机上进行的焊接方法叫闪光接触焊。

（2）气压焊。气压焊是用气体（乙炔—氧）燃烧的火焰加热钢轨端头，使其温度达到1200℃左右，轨端成为塑性状态，在预施的压力挤压下，使两根钢轨挤压在一起，从而把钢轨焊接起来。

（3）铝热焊。铝热焊是利用铝热焊剂的剧烈化学反应，铁的氧化物被铝还原成铁水，同时产生大量热量，把高温铁水浇铸于固定在两轨轨缝处的砂型内，将两根钢轨铸焊在一起。

三种焊接方法中，闪光接触焊焊接速度快，焊接质量稳定，但焊机投资大，所需电源功率也较大；气压焊的一次性投资小，无须大功率电源，焊接时间短，焊接质量好，缺点是在焊接时对接头断面的处理要求十分严格，并且在焊接时需要钢轨有一定的纵向移动，因此对超长钢轨的焊接有一定难度，特别是无法进行跨区间无缝线路的线上焊接；铝热焊的焊接方法较为简单，对操作人员的要求相对较低，焊接时间短，可在钢轨固定的情况下进行焊接，但焊接质量不如接触焊和气压焊。

3. 轨枕

轨枕是轨下基础的部件之一，它的功能是支承钢轨，保持轨距和方向，并将钢轨对它作用的各向压力传递到道床上。因此，轨枕必须具有坚固性、弹性和耐久性。

轨枕依其构造及铺设方法可分为横向轨枕、纵向轨枕及短枕等。横向轨枕与钢轨垂直间隔铺设，是一种最常用的轨枕。纵向轨枕一般仅用于特殊需要的地段。短枕是在左右两股钢轨下分开铺设的轨枕，常用于混凝土整体道床。

轨枕按其使用目的分为用于一般区间的普通轨枕，用于道岔上的岔枕，用于无砟桥梁上的桥枕。

轨枕按其材质分主要有木枕、混凝土枕和钢枕等。混凝土枕由于料源充分、轨道结构稳定、弹性均匀，是目前城市轨道交通的首选轨枕类型。虽然近年来世界经济的发展对木材的需求量增大，造成资木材资源缺乏，但北美一些国家的森林资源仍相当丰富，所以这些国家的普速铁路仍以木枕为主。钢枕的使用范围更小，只是在欧洲一些工业发达的国家和一些特殊地区使用。

（1）木枕。木枕是指用木材制成的轨枕，又称为枕木，其自铁路发明以来至今仍在广泛使用。在铁路发明的初期，由于当时经济的发展和技术水平都处于较低水平，但木材资源丰富，所以铁路轨枕都使用木枕。到目前为止，北美国家铁路仍然以使用木枕为主。由于木枕有其一些缺点，如易腐烂、轨道稳定性差、弹性不均匀等。

木枕也分普通木枕、岔枕和桥枕。我国铁路的普通木枕长为 2.5m，有 160（高）mm×220mm（宽）和 145mm×200mm（宽）两种规格。在不同的道岔部位，岔枕长度也不一样，最短为 2.6m，最长为 4.85m，级差为 0.15m，岔枕截面为 160mm×240mm（宽）。桥枕的截面高度为 220~300mm，宽度为 200~240mm。

木枕的使用寿命短，其失效原因很多，主要有腐朽、机械磨损和开裂。木枕腐朽是生物作用的过程，而机械磨损和开裂则是列车反复作用和时干时湿的结果，这三者是互为因果的。木枕一旦腐朽，强度就要降低，同时又会加剧机械磨损和开裂的发展。相反，木枕一旦出现机械磨损和开裂，木质受到损伤，就为加速腐朽提供了有利条件。为延长木枕使用寿命，应对这三者进行综合治理。

木枕的防腐处理是延长其使用寿命的最有效措施。木枕常用的防腐剂有水溶性防腐剂和油类防腐剂两类，其中以油类防腐剂为主要类型，木枕防腐处理按规定的工艺流程，在一个密封蒸制罐中进行。

（2）混凝土轨枕。混凝土轨枕由于其自重远大于木枕，且与道砟之间有较高的摩阻力，所以，混凝土轨枕可以给轨道提供更大的纵、横向阻力。由于混凝土轨枕不怕虫蛀、腐烂，自然因素对混凝土轨枕的损害较小，所以混凝土轨枕具有较长的使用寿命。由于混凝土轨枕有较大的自重，轨道结构较木枕线路稳定，在列车荷载作用下线路的变形小，所以相应的维修工作量少。由于混凝土制品厂生产的轨枕形状、尺寸、性能都比较标准、均一，为钢轨支承的均匀性和轨面的动态平顺性提供了更可靠的条件。用混凝土枕代替木枕已成为轨枕发展的主要方向。同时也存在列车通过不平顺的混凝土枕线路时，轨道附加动力增大，故对轨下部件的弹性提出了更高的要求，以提高线路减振能力。

混凝土枕按配筋方式分有普通钢筋混凝土枕和预应力混凝土枕两大类。普通钢筋混凝土枕抗弯能力很差，容易开裂失效，已被淘汰。预应力混凝土枕，在轨枕制造时给混凝土施加一定的预压应力，因而具有抗裂性能好、用钢量少的优点。我国主要采用整体式预应力混凝土枕，简称混凝土枕（PC枕）。

按照施工方法不同分为先张法和后张法预应力混凝土枕两类，配筋材料为钢丝或钢筋。我国主要采用先张法预应力混凝土枕。

混凝土轨枕的结构形式有整体式、组合式和短枕式三种。

我国铁路的混凝土轨枕自19世纪50年代开始开发研究、制造、使用以来，目前各大铁路干线都使用混凝土轨枕。Ⅰ型轨枕是在1980年以前制造，目前已停止生产，在一级干线上也不得使用；Ⅱ型轨枕目前使用得较为广泛，主要用于一般客货混跑的既有干线铁路轨道和城市轨道交通线路轨道。Ⅲ型轨枕是近些年开发研制，主要用于速度在140~160km/h，轴重为25t的提速重载线路。

（二）实习过程

实习方式：学生的实习地点在九亭基地；采用跟随实习指导教师学习形式进行；每班学生分两组进行，按照实习要求和内容进行相关实习。

实习安排：实验中心主要负责安排实习和现场技能教学，负责实习预安排、评阅实习报告、进行实习工作总结。

五、实习报告要求

（一）格式要求

实习报告主要包括以下几个项目：

（1）报告题目。

（2）专业和班级、姓名与学号、时间和地点。

（3）目的意义。

（4）内容与过程。

（5）感想与评价。

（6）回答指导书中提出的或实习教师设定的问题。

书写格式要求：实习报告字数 3000~5000 字，排版：字体：宋体。字号：小四号。行距：20 磅。段前段后：0 磅。页边距上下：2.54cm，左右：3.17cm。

（二）内容要求

实习报告的内容与过程、感想与评价等主要部分，结合本次实习及平时所写的实习报告应包含以下内容：

（1）通过实习，系统描述轨道交通的结构，主要从钢轨连接扣件、轨枕、道砟等方面填写。

（2）本次实习的收获及感想。

六、实习思考与讨论题

（1）为什么要设立缓和曲线？

（2）曲线半径的大小和行车的安全性有很大的关系，小的曲线半径对行车有什么不利影响？影响最小曲线半径的因素有哪些？

（3）城市轨道交通为什么要使用无缝线路？

（4）轨道道床分为无砟道床和有砟道床，各有什么优缺点？

七、实习注意事项

（1）在实习前对相关先修课程进行复习。

（2）服从实习指导老师的安排，并遵守纪律。

（3）实习过程中，认真做好实习日志。

（4）在实习过程中，注意人身的安全。

实习二　城市轨道交通信号设备检测实习

项目一　50Hz相敏轨道电路检测

一、实习目的与主要任务

（1）掌握 50Hz 相敏轨道电路的工作原理。

（2）掌握 50Hz 相敏轨道电路的故障分析方法。

（3）加深学生对信号专业知识的掌握和运用能力。

（4）培养学生分析解决信号系统实际问题的能力。

二、实习设备与场景要求

实习地点为上海申通地铁集团有限公司维护龙阳路基地，实习设备为实习基地各仪器、设备。

三、相关知识要点

（1）50Hz 相敏轨道电路的工作原理。

（2）50Hz 相敏轨道电路故障检测、分析方法。

四、实习内容与实习过程

（一）单轨条式 50Hz 相敏轨道电路原理

单轨条式 50Hz 相敏轨道电路原理如图 1 所示。

WXJ50 - Ⅱ：50Hz 微电子相敏接收器

TFQ：调相防雷器

SBJQ：报警器

JNQ：节能器

R1、R2：送、受电端限流电阻　　　　BG：送端电源变压器

RD1、RD2、RD3：熔断器　　　　　　BZ：受电端中继变压器

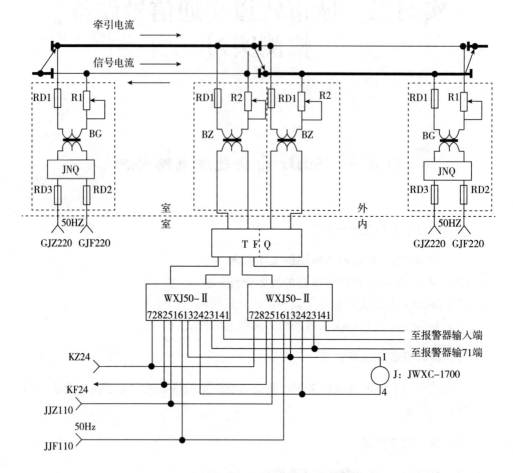

图1　单轨条式50Hz相敏轨道电路原理

（二）WXJ50 - Ⅱ微电子相敏接收器

1. 表示灯的作用

红灯亮：红灯亮表示直流24V电源工作正常。

红灯灭：红灯灭表示直流24V电源断电。

绿灯亮：绿灯亮表示对应的轨道区段空闲，没有车占用。

绿灯灭：绿灯灭表示对应的轨道区段有车占用，其执行继电器落下。

红灯、绿灯交替闪光表示局部电源断电。

2. WXJ50 – Ⅱ微电子相敏接收器结构

WXJ50 – Ⅱ微电子相敏接收器外形结构采用安全型继电器结构，安装在继电器罩内，其端子分配如图 2 所示。

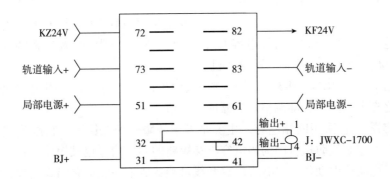

图2　WXJ50 – Ⅱ微电子相敏接收器端子分配

3. WXJ50 – Ⅱ微电子相敏接收器特性

（1）接收器的工作电源为直流 24V ± 15% 交流分量不大于 1V，由电源屏供给，每台接收器耗电小于 100mA；接收器的执行继电器两端的电压应为 20 ~ 30V。

（2）收器在接收信号为理想相角（0°）时，工作值为 12.5 ± 0.5V，返还系数大于 85%。

（3）接收器的不可靠工作值为 10V。

（4）两台接收器共同驱动执行继电器 JWXC – 1700 安全型继电器。

（5）接收器的返还系数高可提高轨道电路整体技术性能。

（6）接收器的两套设备中只要有一套能正常工作，就能保证系统正常运行，进一步提高了系统的可靠性；如果一套发生故障，能及时报警，通知维修人员进行维修，而且对其中单套维修时，不影响系统使用，提高了系统的可靠性，方便维修。

4. WXJ50 – Ⅱ微电子相敏接收器工作原理

电路基本上由五部分组成，即电源部分、输入电路、相位鉴别电路、输出电路、单片机电路。

（1）电源部分。72、82 端子分别接组合架上的 KZ24V、KF24V，经电容、电感滤波，经 7809、7805 两三断稳压器稳压后输出比较稳定的 24V、9V、5V 直流电源。

保险 FUSE：是为了防止外电源电压过高损坏接收器及由于接收器本身故障

使外电源短路。

二极管 D1：是为了防止外电源接反烧毁电源部分的带极性电容。

（2）输入电路。73、83 端子接轨道输入信号，经过整流后经压控振荡器将电压（模拟量）转换成频率（数字量）。

轨道信号经 R1*、R2*、R3* 经全波整流对电容 C1 进行充电；当电容两端电压达到一定电压时，再经电容 C1、三极管 N1、电阻 R6 及斯密特六位反向器（40106）放电、整形输入给单片机。

电阻 R1*、R2*、R3*：是调整电容 C1 的充电时间，电阻值大充电时间长，反之充电时间短；即调整接收器的工作值。

电容器 C1：采用四端电容，主要是考虑故障—安全原则。在故障安全电路对电容只考虑断线防护，因为当电容击穿短路的同时信号也被短路，信号不能造成下一级电路错误动作；只有当电容断线可能造成下一级电路错误动作，但选择四端电容后，电容器任何一端断线，信号也被断开，不能造成下一级电路错误动作。

斯密特六位反向器（40106）：作用起整形和门槛作用。

（3）相位鉴别电路。作用：检查轨道电路中轨道电压与局部电压的极性是否正确，即极性检查。

轨道信号输入到单片机的电路原理同轨道的输入电路。

局部信号是经过光耦将模拟量转换成数字量输入单片机。

（4）输出电路。当轨道电压和局部电压满足规定要求时，单片机的"6"脚输出 2KC 的高频信号，这样三极管 N5、N6 随着信号频率的变化导通、结止，使电阻 R17 上的电压也随信号频率的变化而变化，经磁芯变压器 T2 耦合到次级，在经整流、电容滤波输出端 32 为输出 +、42 端为输出 −；另外，输出信号经光电隔离后经 31、41 两端送至报警器。

电路特点：输出电路是动态安全电路，即当轨道电压和局部电压不满足规定要求时，单片机没有输出信号，电阻 R17 上的电压不会变化，瓷芯变压器次边不会有电压生成；当设备故障单片机输出或者高电平或者低电平，电阻 R17 上的电压不会变化，瓷芯变压器次边不会有电压生成，这样就构成了故障——安全电路。

三极管 N5 是射极跟随器起电流放大作用。

三极管 N6 选用达林顿三极管 TIP122：其特点输入、输出阻抗高，放大倍数高，耐压高。

三极管 N7 组成的是开关电路对输出电源起快通、快断的作用。

双机热备的实现方法：在接收器的输出端加二极管 D8，这样输出电路哪一路输出高就选择哪一路输出。

（5）单片机电路。当输入的轨道电压和局部电压满足规定要求时，单片机输出 2KC 高频信号，同时脚输出一个高电位，三极管 N3 导通 LED1 绿灯亮。

5. WXJ50 - Ⅱ微电子相敏接收器测试电路及测试方法

WXJ50 - Ⅱ微电子相敏接收器测试电路如图 3 所示。

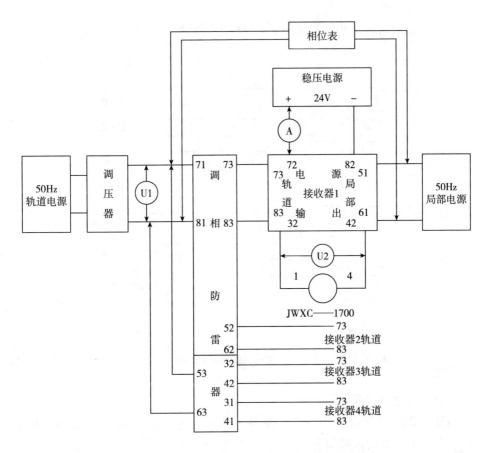

图3　WXJ50 - Ⅱ微电子相敏接收器测试电路

测试方法：

（1）工作值的测量。固定局部电压值为 110V，并使局部电压与轨道电压的相位差为 0°，处于理想相位角。从 0V 开始缓慢升高轨道接收电压，当执行继电器（JWXC—1700）刚吸起时，读取此时 U1 的读数，该值即为电子接收器的工作值（标准：12.5 ±0.5V）；再继续升高轨道接收电压至 30V，然后再缓慢降低轨道接收电压，当执行继电器（JWXC—1700）刚落下时，读取此时 U1 的读数，该值即为电子接收器的不工作值。用不工作值比工作值，可得返还系数。

（2）电源电流和输出电压测试。直流稳压电源为24V，调整轨道接收电压至16V（目前5号线调整在16～18V），执行继电器（JWXC—1700）吸起，此时电流测试表A的显示小于100mA；电压测试表U2显示25±5V。

（三）TFQ调相防雷器

1. TFQ调相防雷器结构

TFQ调相防雷器结构外形采用安全型继电器结构如图4所示。

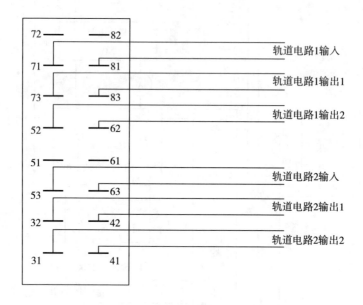

图4　TFQ调相防雷器结构

2. TFQ调相防雷器元器组成

TFQ调相防雷器由两个隔离变压器、两个硒堆（XT－22C5C）、两个电容（200V 2.8μF）组成，如图5所示。

3. TFQ调相防雷器作用

（1）轨道调相：室内送出的轨道电源与局部电源是同相的，但经钢轨的传输，由于道床的漏泄、分布电容、轨道电路室内外设备等因素的存在，造成相位的偏移，这样就需要轨道调相（电容调相）。

（2）轨道防雷：横向防雷用硒堆；纵向防雷用隔离变压器。

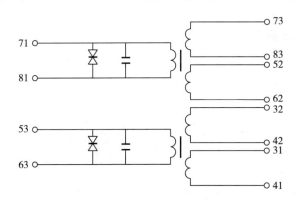

图 5   TFQ 调相防雷器元器组成

4. TFQ 调相防雷器测试电路及测试方法

TFQ 调相防雷器测试电路如图 6 所示。

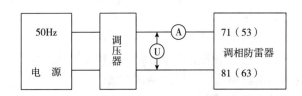

图 6   TFQ 调相防雷器测试电路

测试方法：按图 6 接线，调整调压器使电压 $U = 15V$，电流表的读数 A 应小于 10mA。

（四）50Hz 相敏轨道电路常见故障的处理办法

（1）室内报警器有黄灯闪光，报警继电器吸起，更换对应的接收器。

（2）室外轨道无车，室内控制台红光带；首先分清是室外还是室内原因，室内拔下对应的 TFQ 调相防雷器，测量分线盘轨道区段对应的端子如端子上有 40V 左右的电压为 TFQ 故障更换即可，如无电压或电压过低为室外原因，在室外查找。

（五）实习过程

实习方式：学生的实习地点在龙阳路基地；采用跟随实习指导教师学习形式进行；每班学生分两组进行，按照实习要求和内容进行相关实习。

实习安排：实验中心主要负责安排实习和现场技能教学，负责实习预安排、评阅实习报告、进行实习工作总结。

五、实习报告要求

（一）格式要求

实习报告主要包括以下几个项目：

(1) 报告题目。

(2) 专业和班级、姓名与学号、时间和地点。

(3) 目的意义。

(4) 内容与过程。

(5) 感想与评价。

(6) 回答指导书中提出的或实习教师设定的问题。

书写格式要求：实习报告字数 3000 ~ 5000 字，排版：字体：宋体。字号：小四号。行距：20 磅。段前段后：0 磅。页边距上下：2.54cm，左右：3.17cm。

（二）内容要求

实习报告的内容与过程、感想与评价等主要部分，结合本次实习及平时所写的实习报告应包含以下内容：

(1) 50Hz 相敏轨道电路的组成。

(2) WXJ50 – Ⅱ微电子相敏接收器组成、结构及测试方法。

(3) TFQ 调相防雷器组成、结构及测试方法。

(4) 本次实习的收获及感想。

六、实习思考与讨论题

(1) 为什么要采用相敏轨道电路?

(2) 测量 WXJ50 – Ⅱ微电子相敏接收器应注意哪些?

(3) TFQ 调相防雷器作用是什么?

七、实习注意事项

(1) 在实习前对相关先修课程进行复习。

(2) 服从实习指导老师的安排，并遵守纪律。

(3) 实习过程中，认真做好实习日志。

(4) 在实习过程中，注意人身的安全。

项目二　ZD9/ZDJ9 转辙机检测

一、实习目的与主要任务

（1）学习并掌握 ZD9/ZDJ9 转辙机的主要组成部分。

（2）学习并掌握 ZD9/ZDJ9 转辙机的工作原理。

（3）学习并掌握 ZD9/ZDJ9 转辙机的主要功能。

（4）学习并掌握 ZD9/ZDJ9 转辙机的调试、检查及养护方法。

（5）培养学生分析解决信号系统实际问题的能力。

二、实习设备与场景要求

实习地点为上海申通地铁集团有限公司维护剑川路基地，实习设备为实习基地各仪器、设备。

三、相关知识要点

（1）ZD9/ZDJ9 转辙机的主要功能。

（2）ZD9/ZDJ9 转辙机的工作原理。

（3）ZD9/ZDJ9 转辙机的调试、检查及养护方法。

（4）ZD9/ZDJ9 转辙机的故障分析。

四、实习内容与实习过程

ZD9/ZDJ9 系列转辙机（以下简称转辙机）用于电气集中站场，转换、锁闭道岔，改变道岔开通方向，指示道岔位置及状态。根据道岔的特性和应用要求，转辙机可以单机使用或多机配套使用，可以配套内锁闭道岔或外锁闭道岔。

（一）ZD9/ZDJ9 转辙机概述

1. ZD9/ZDJ9 转辙机的特点

ZD9/ZDJ9 转辙机主要用于铁路电气集中，调度集中的站场，或电力控制道岔状态的场所，其特点如下：

（1）电动机既可以采用 AC380V 50Hz 交流电机，也可以采用 DC160V 直流电机。

（2）机内设置可靠内锁闭机构，既可配套外锁闭装置使用，也可单独使用。

（3）传动机构采用滚珠丝杠传动，传动效率高。

（4）过载保护装置采用摩擦片式密封结构的摩擦联结器。

2. ZD9/ZDJ9 转辙机的规格

ZD9/ZDJ9 转辙机根据不同的划分标准，规格也有所不同，具体如下：

（1）根据外部供电电源不同，转辙机分为交流和直流两种规格。

（2）根据现场安装方式不同，转辙机分为左装和右装两种规格。

（3）按是否有挤脱功能区分，转辙机分为可挤型和不可挤型两种规格。

（4）根据检测杆特征，转辙机分为联动型、分动型和无检测杆型三种规格。

3. ZD9/ZDJ9 转辙机的使用环境

转辙机使用环境如下：

（1）大气压力：不低于 70.1kPa（相当于海拔高度 3000m 以下）。

（2）周围空气温度：−40℃～70℃。

（3）空气相对湿度：不大于 90%（+25℃）。

（4）周围无引起爆炸危险的有害气体及腐蚀性气体。

4. ZD9/ZDJ9 转辙机的工作条件

转辙机工作条件如下：

（1）交流机型的电源电压应为 AC380V 50Hz，控制电缆单线电阻不大于 54Ω；直流机型的电机端电压不小于 DC160V。

（2）转辙机配套的外锁闭装置、安装装置符合相关安装标准。

（二）ZD9/ZDJ9 转辙机的主要结构

转辙机主要包括电机、减速器、接点座、摩擦联结器、动作板、动作杆、表示（锁闭）杆、安全开关等，转辙机结构如图 7 所示。

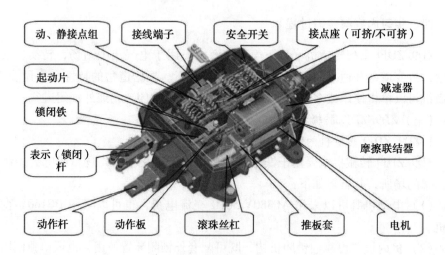

图 7　ZD9/ZDJ9 转辙机结构

（三）ZD9/ZDJ9 转辙机的工作原理

1. ZD9/ZDJ9 转辙机整机工作原理

图 8 以左装转辙机为例，图 8 左边各部件所处的位置为转辙机的拉入锁闭位置。此时接点座的第 1、3 排接点闭合。现使动作杆向右移动，即动作杆伸出，其工作过程如下：

（1）来自道岔控制电路的电源接至电动机 1，使电动机 1 旋转。

（2）电动机 1 输出扭矩经减速器 2 放大后，驱动摩擦联结器 3 旋转。

（3）摩擦联结器 3 驱动滚珠丝杠 4 旋转，丝杠旋转时驱动丝母做直线运动，丝母带动推板套 5 做直线运动。

（4）推板套 5 推动动作杆 10 上的锁块 6，在锁闭铁 7 的作用下，完成机械的解锁、转换、锁闭等动作。

（5）同时通过推板套上装配的动作板 8，在检测杆 11 的配合下，完成接点的转换，进而实现电路的通断。

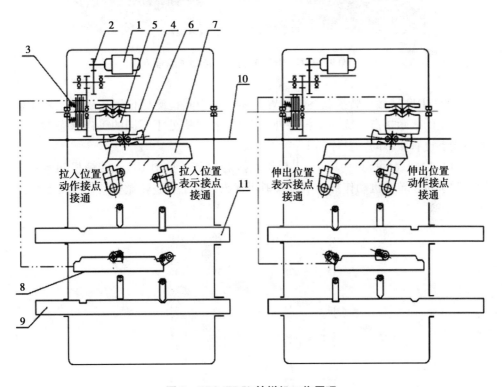

图 8　ZD9/ZDJ9 转辙机工作原理

2. ZD9/ZDJ9 转辙机接点工作原理

ZD9/ZDJ9 转辙机采用的接点为机械扫程式接点，接点组接点端子编号如图 9 所示。

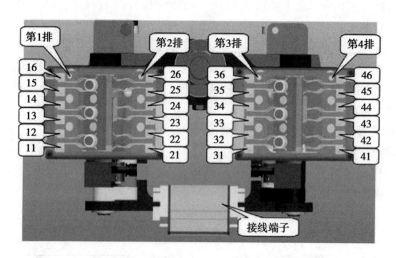

图 9　ZD9/ZDJ9 转辙机接点端子编号

ZD9/ZDJ9 转辙机转换到终端位置锁闭后，当其检测杆位置正确时，才能接通该位置的表示接点（无表示杆除外），故当转辙机处于不同的工作状态时，接通的接点也有所不同，具体如下：

（1）以圆表示接点为第 1、3 排接点接通为例（见图 10）。转辙机初始状态为：对于左装转辙机动作杆处于拉入锁闭状态，对于右装转辙机动作杆处于伸出锁闭状态。

图 10　ZD9/ZDJ9 转辙机第 1、3 排接点

（2）通电后断开已经接通的 3 排接点，转辙机处于转换状态。第 1 排和第 4 排接点接通，如图 11 所示，对于左装转辙机动作杆往外伸出，对于右装转辙机动作杆往里拉入。

图 11　ZD9/ZDJ9 转辙机第 1、4 排接点

（3）转辙机转换到位并锁闭，接通 2 排接点。如图 12 所示，对于左装转辙机动作杆处于伸出锁闭状态，对于右装转辙机动作杆处于拉入锁闭状态。

图 12　ZD9/ZDJ9 转辙机第 2、4 排接点

如果动作杆转换到位并锁闭，检测杆位置不正确时，锁闭柱（密贴检查柱）落在锁闭杆上平面（表示杆或检查块上平面），表示接点将可靠断开。

3. ZDJ9 转辙机电气原理

交流系列 ZDJ9 电动转辙机的机内配线按标准图册配线，图 13 是 ZDJ9 电动

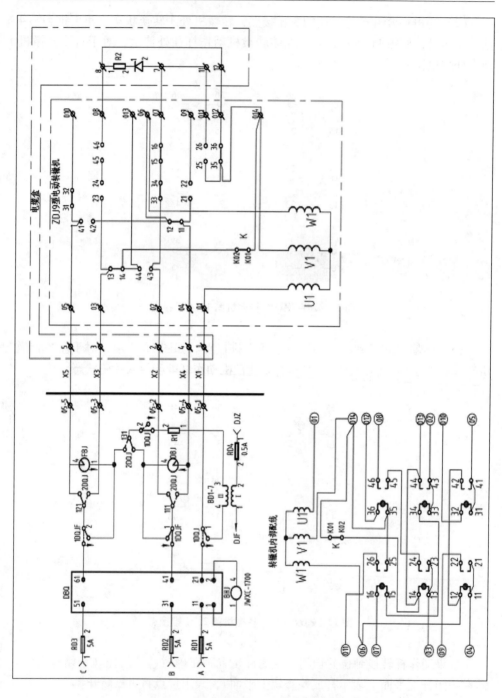

图 13　ZDJ9 电动转辙机内部配线（交流五线制，安全开关断单线）

转辙机机内配线图（交流五线制，安全开关断单线）。图 13 中第 1、3 排接点接通，对于左装转辙机动作杆处于拉入锁闭状态，对于右装转辙机动作杆处于伸出锁闭状态。

（四）ZD9/ZDJ9 转辙机的功能

1. 机内转换与锁闭功能

以左装转辙机为例，机内转换与锁闭过程如下：

（1）动作杆锁闭在拉入位，如图 14 所示。通电后电机旋转，带动推板套向右运动，动作杆开始解锁。

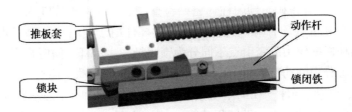

图 14 ZD9/ZDJ9 转辙机拉入锁闭位推板套、动作杆、锁块和锁闭铁位置

（2）推板套继续向右运动，推动锁块并带动动作杆一起向右运动，如图 15 所示。

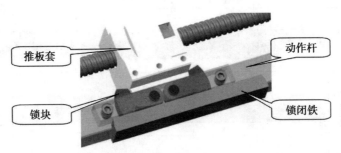

图 15 ZD9/ZDJ9 转辙机转换过程中推板套、动作杆、锁块和锁闭铁位置

（3）动作杆行程走完，推板套将锁块压入锁闭铁，将动作杆锁闭在伸出位，如图 16 所示。

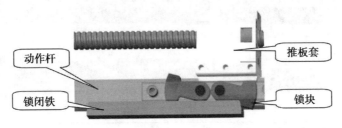

图 16 转辙机伸出锁闭位推板套、动作杆、锁块和锁闭铁位置

2. 锁闭及位置状态检测功能

锁闭及位置状态检测功能如下：

（1）转辙机的动作板、检测杆与接点座配合，使接点座的电气接点按照一定的规律接通和断开。电气接点的接通和断开使道岔控制系统的不同回路被接通或断开来显示转辙机的机内锁闭状态及检测杆位置状态，进而反映道岔可动部分牵引点处的位置及锁闭、密贴状态。表示接点的接通至少满足两个条件（无表示杆除外）：

1）动作杆转换到位并锁闭，滚轮从动作板上平面落下。

2）检测杆位置正确，锁闭柱（密贴检查柱）落入检查缺口。

（2）转辙机的检测杆外部连接安装装置杆件用于检测道岔牵引点处的位置状态，检测杆根据使用的牵引点不同分为锁闭杆和表示杆，同时根据配套安装装置的不同又可分为分动型或联动型。即检测杆共分为联动锁闭杆（LS）、分动锁闭杆（FS）、联动表示杆（LB）、分动表示杆（FB）四种，内锁闭复式交分道岔心轨用的联动表示杆（带辅助锁闭功能），用"LF"表示，如表1所示。

表1　检测杆的类型

序号	类型	图例
1	联动锁闭杆（LS）	
2	联动表示杆（LB）	
3	分动锁闭杆（FS）	
4	分动表示杆（FB）	
5	联动表示杆（带辅助锁闭功能）（LF）	副锁销

（3）用于检查检测杆缺口的锁闭柱、斥离检查柱、密贴检查柱如表2所示。

表2　锁闭柱、斥离检查柱、密贴检查柱类型

类型	锁闭柱	斥离检查柱	密贴检查柱
图例			

（4）分动锁闭杆和联动锁闭杆的表示缺口。锁闭杆与锁闭柱和斥离检查柱配套使用。如图17所示，分动锁闭杆和联动锁闭杆对应的锁闭柱检查缺口是直缺口，该缺口用于检查并辅助锁闭密贴尖轨，缺口宽度比锁闭柱宽度大4mm。如果密贴检查侧无特殊要求，则锁闭柱与锁闭杆直缺口的间隙调整为 2mm ± 0.5mm。

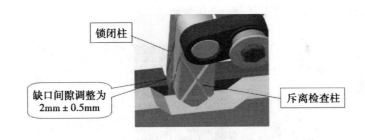

图17　锁闭柱与锁闭杆直缺口的间隙

（5）分动表示杆和联动表示杆的表示缺口。

1）表示杆与密贴检查柱和斥离检查柱配套使用。如图18所示，分动表示杆和联动表示杆均设置有检查块，检查块的直缺口宽度比密贴检查柱宽度大8mm，调整时根据密贴检查要求留密贴检查侧的间隙，如果密贴检查侧无特殊要求，则密贴检查柱与检查块直缺口间隙调整为4mm ± 0.5mm。

2）表示杆中安装的检查块用弹簧保持位置，当密贴尖轨在外力作用下向斥

离侧移动时（非正常情况，如发生挤岔），表示杆会随着尖轨运动。则密贴检查柱直角面会卡住检查块并压缩弹簧，表示杆的斜面会推动密贴检查柱斜面上升直至将表示接点可靠断开。

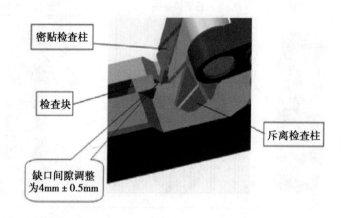

图18　密贴检查柱与表示杆检查块直缺口的单侧间隙

　　（6）联动表示杆（带辅助锁闭功能）的表示缺口。转辙机配套内锁闭复式交分道岔心轨时，配套专用的联动表示杆（带辅助锁闭功能），如图19所示，检测杆上安装副锁销，检查块的直缺口宽度比密贴检查柱大4mm，调整时根据密贴检查要求留密贴检查侧的间隙，如果密贴检查侧无特殊要求，则密贴检查柱与检查块直缺口两侧的间隙调整为2mm±0.5mm。

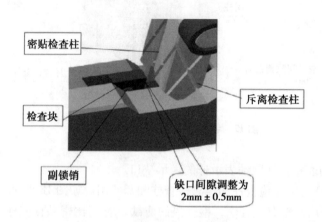

图19　密贴检查柱与检查块直缺口间隙

3. 挤岔表示功能

转辙机有不可挤型和可挤型，对应的接点座分为不可挤型和可挤型。不可挤型接点座无挤脱器，如图20所示。可挤型ZD9/ZDJ9电动转辙机在接点座上设有挤脱器，如图21所示，挤脱力为28kN±2kN。

图20　不可挤型接点座

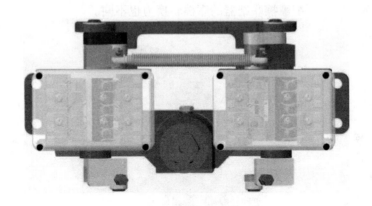

图21　可挤型接点座

挤脱器内部结构如图22所示，可挤型ZD9/ZDJ9电动转辙机挤岔时，在挤岔力作用下，动作杆带动锁块移动使锁闭铁产生一定位移，锁闭铁位移挤压滚柱上升至锁闭铁槽顶平面，滚柱带动挤脱柱压缩碟簧组；同时锁闭铁位移使水平顶杆推动竖顶杆向上移动，竖顶杆推动支架旋转，使动接点组脱离静接点组，从而切断已接通的第2或第3排接点。非经人工恢复锁闭铁位置，不能再接通表示接点。

图22　挤脱器内部结构

可挤型转辙机挤岔断表示采用冗余结构。当发生挤岔时，检测杆位移带动检测杆斜缺口抬起检查柱，断开已接通的第2排或第3排接点。

4. 系统过载保护功能

系统的过载保护是由摩擦联结器来实现的，如图23所示，正常工作时它等同于齿轮，与减速器一起来传递电机输出的扭矩，而当负载过大或道岔转换过程中遇阻，且阻力超过摩擦联结器所设定的力值时，摩擦联结器开始工作，以实现电机与减速器空转，从而保护电机以及整个转辙机设备不被损坏。根据转辙机额定转换力的不同，所配摩擦联结器的摩擦转换力也不同。

图23　摩擦连接器

5. 手动转换功能

在断开安全开关的情况下，可通过手摇把对转辙机进行手动转换。是否打开机盖进行手摇时的操作步骤有区别。手摇转辙机的步骤如下：

不打开机盖的情况下手摇：

（1）开锁，并断开安全开关。

（2）旋下手动盖，从转辙机盖的手摇把孔处将手摇把插入手摇短轴，如图24所示，按照需要摇动转辙机。

（3）手摇完成转辙机转换、锁闭后，拔下手摇把，旋紧手动盖。

（4）打开机盖恢复安全开关。

打开机盖的情况下手摇：

（1）开锁，并断开安全开关。

（2）将手摇把插入手摇短轴，如图24所示，按照需要摇动转辙机。

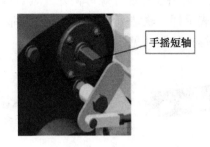

手摇短轴

图24　手摇短轴的位置

（3）手摇完成转辙机转换、锁闭后，拔下手摇把。恢复安全开关。

注意：单机牵引的道岔可以直接手摇至转辙机到位。多机牵引的道岔手摇时保证道岔的同步性，防止伤害道岔。

手摇转换可动心轨道岔时，必须检查尖轨和心轨开通方向一致。手摇双动道岔时，必须检查一动二动道岔开通方向一致。

（五）ZD9/ZDJ9电动转辙机调试

1. 分动锁闭杆和分动表示杆的调整

分动锁闭杆和分动表示杆的表示缺口调整方法如下：

（1）使转辙机转换到拉入锁闭位或伸出锁闭位。

（2）调整外部连接杆件，左、右两片分动锁闭杆或分动表示杆的调整不分先后。

（3）调整直至锁闭柱（密贴检查柱）落入检查缺口，且密贴检查一侧间隙满足要求［如果没有具体要求，则调整至锁闭柱（密贴检查柱）两侧间隙基本相等，即分动锁闭杆的单侧间隙调整为2mm±0.5mm，分动表示杆的单侧间隙调整为4mm±0.5mm］。

（4）锁紧外部连接杆件的调节部位。

2. 联动锁闭杆和联动表示杆的调整

联动锁闭杆和联动表示杆的表示缺口调整方法如下：

（1）先使转辙机处于拉入锁闭状态。

（2）调整外部连接杆件至锁闭柱（密贴检查柱）落入检查缺口，且密贴检查一侧间隙满足要求［如果没有具体要求，则调整至锁闭柱（密贴检查柱）两侧间隙基本相等，即联动锁闭杆单侧间隙为 2mm ± 0.5mm，联动表示杆单侧间隙为 4mm ± 0.5mm］，然后锁紧外部连接杆件调节部位。

（3）再使转辙机处于伸出锁闭状态。

（4）松开连接螺栓（先将连接螺栓螺母松开，然后再旋松螺栓杆）。对于新结构联动锁闭杆和联动表示杆，联结螺栓位于接头铁头部；对于老结构联动锁闭杆和联动表示杆，联结螺栓位置（见图 25）。

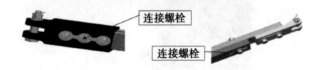

图 25　新、老结构连接螺栓位置

（5）旋下联动锁闭杆（表示杆）外的保护管。

（6）用扳手或螺丝刀旋转杆子尾部的调整杆，从图 26 左侧看，右旋调整杆，检测行程减小。左旋调整杆，检测行程增大。

图 26　调整杆的位置

（7）旋转调整杆至锁闭柱（密贴检查柱）落入另一个检查缺口，且密贴检查一侧间隙满足要求［如果没有具体要求，则调整至锁闭柱（密贴检查柱）两侧间隙基本相等，即联动锁闭杆单侧间隙为 2mm ± 0.5mm，联动表示杆单侧间隙为 4mm ± 0.5mm，内锁闭复式交分道岔心轨专用的联动表示杆（带辅助锁闭功能）的单侧间隙为 2mm ± 0.5mm］。

（8）调整完毕拧紧连接螺栓，并旋上表示杆（锁闭杆）处的保护管。

注意：表示缺口一定要在道岔开口、密贴各项指标符合要求以后进行调整。

3. 摩擦连接器的调试

转辙机在出厂时，摩擦联结器已按照技术条件调至规定值，一般无须调整。特殊情况需要调整摩擦转换力时，可用本机附带的摩擦扳手进行摩擦转换力的调整，如图 27 所示。如果道岔转换阻力超标且无法及时进行道岔整治时，可临时将摩擦转换力增加保证道岔的转换，但严禁超出推荐范围上限的 10%；同时，应尽快对道岔进行整治，并将摩擦转换力降至推荐范围。

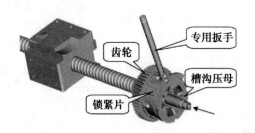

专用扳手
齿轮
槽沟压母
锁紧片

图 27 摩擦转换力的调整

注意：强行调大摩擦转换力转换道岔，则可能导致转辙机提前失效、损坏尖轨、4mm 检查失效、机内反弹增大。

摩擦连接器调整方法：翘起锁紧片，摩擦扳手卡住摩擦联结器，用手摇把摇动电机就可以调整。从手摇把处面向电机，手摇把顺时针转动，摩擦转换力增大。手摇把逆时针转动，摩擦转换力减小。调整完成后对锁紧片进行恢复。

（六）故障分析与排除

ZD9/ZDJ9 电动转辙机常见故障原因分析与排除方法（见表 3）。

表 3 ZD9/ZDJ9 电动转辙故障分析与排除

序号	故障现象	原因分析	排除方法	应急措施	故障风险及后果	备注
1	转辙机不动作	配线脱落	松脱处紧固	—	影响行车效率	
		插头座松脱				
		线束是有破损	更换破损线束或更换配线或更换备机	临时连接并做绝缘处理		
		电机故障	更换故障电机	将故障转辙机手动操作到规定位置并加锁确认		
		安全接点未闭合	闭合安全接点	—		

续表

序号	故障现象	原因分析	排除方法	应急措施	故障风险及后果	备注
2	转换过程中动作杆运动停止或转换时间超时或电机空转	转换阻力过大（道岔夹杂异物、转辙机外部杆件卡阻）	清除道岔夹杂异物，对转辙机外部杆件进行调整	—	影响行车效率	
		机内发生卡阻	排除机内卡阻或更换备机	拆除转辙机与外部连接，将道岔用撬棍等工具转换到位，并加锁确认		
		摩擦连接器摩擦转换力小	调整摩擦转换力或更换摩擦联结器	人工辅助驱动道岔转换到位		
3	转换到位后无表示或转换到位时动接点打入静接点的速度缓慢	接头铁与安装装置连接销孔或连接销磨损造成旷量大	更换磨损件	—	影响行车效率	如接点座卡阻现场无法排除，则更换接点座
		表示杆缺口位置不正确	调整表示缺口	—		
		检查柱卡阻	注油润滑	—		
		接点虚接	调整接点	—		
		配线是否有破损处	更换配线	临时连接并做绝缘处理		
		速动片卡住未回弹	注油润滑、往返推动充分润滑	—		
		1、4排动接点打入静接点的打入深度浅	重新将接点切入深度调整至合格范围后对螺钉进行重新紧固	—		
4	道岔4mm障碍检测时转辙机锁闭并给出表示	摩擦连接器摩擦转换力过大	调整摩擦连接器摩擦转换力	—	内耗增加，转辙机寿命降低	
		道岔密贴力调整过大	调整外锁闭或者安装装置，减小密贴力	—		
5	挤脱恢复后仍无表示	水平顶杆或竖顶杆未复位	润滑油润滑并用尖口钳推拉竖顶杆使其复位或更换接点座	—	影响行车效率	

续表

序号	故障现象	原因分析	排除方法	应急措施	故障风险及后果	备注
6	转辙机进水造成绝缘下降	转辙机安装时杆件伸出端过高	少量进水可松开机壳底部的放水螺栓将水排出并擦拭干净，并在转辙机尾部增加垫板进行高度调整；严重进水更换备机	—	转辙机性能下降或影响行车效率	
		维护后机盖未压紧盖严	压紧机盖后再上锁	—		
		手动盖丢失	安装手动盖	用胶带或塞子对手摇孔进行堵封		
		外露杆件未装防雨罩	根据规格选装防雨罩	—		

（七）部分零件拆装

这里仅介绍部分零部件的拆卸。至于安装，则按相反的次序进行。

1. 电动机及减速器的拆卸

从接线端子上取下电机引出线，并从电机出线线夹中逐段抽出。松开安全开关组的开口销与连接销（见图28），松开四个电机安装螺钉，就可方便地取出电机减速器，在工作台上卸下减速器上的三个紧固螺栓，如图29所示就可分开电机和减速器。

注意：电机减速器更换时建议附带连接安全开关的接口零件。

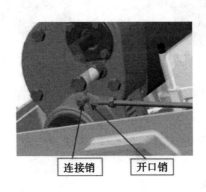

图28　安全开关与减速器间的拆卸

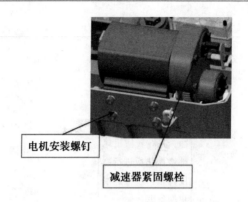

电机安装螺钉

减速器紧固螺栓

图 29　减速器与电机、电机与底壳间的拆卸

2. 检测杆及其方孔套的拆卸

将转辙机用手摇把摇到两侧滚轮均处于抬起状态时，检测杆就可以抽出。如果需将用于检测杆导向的方孔套一起拆下，则只需松开方孔套的四个固定螺钉即可。

3. 端盖的拆卸

如图 30 所示，左端盖的拆卸，松开方孔套的四个螺钉即可拆卸左端盖。对于右端盖，可将防护管连同方孔套一起旋松取下，然后松开剩下的四个紧固螺钉就可取下端盖。

组装前先把端盖、方孔套和转辙机底壳的密封面洁化并采用密封胶重新密封，对螺钉用锁固剂涂抹螺纹后再进行紧固。

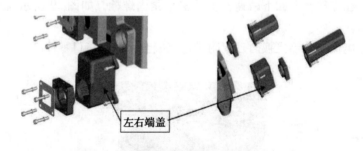

左右端盖

图 30　端盖的拆卸

4. 动作杆连接孔 SF2 衬套（$\phi 26/\phi 22 \times 20$）的更换

更换步骤如下：

（1）将转辙机摇解锁。

（2）拆下动作杆外部连接孔的螺栓。

（3）使用外径不大于 φ25 的钢棒（可在端头留外径不大于 φ21 的导向柱）压在衬套端头，敲击钢棒退出衬套。

（4）用同一工具装入新的 SF2 衬套与连接孔端面平齐即可。

（5）连接安装装置的动作杆。

（6）检查表示缺口，如不符合要求则需进行调整。

（7）转辙机转换多次检查表示。

5. 检测杆接头铁连接孔 SF2 衬套（φ20/φ16 × 14）的更换

更换步骤如下：

（1）将转辙机摇解锁。

（2）拆下检测杆外部连接孔的螺栓。

（3）使用外径不大于 φ19 的钢棒（可在端头留外径不大于 φ15 的导向柱）压在衬套端头，敲击钢棒退出衬套。

（4）用同一工具装入新的 SF2 衬套与连接孔端面平齐即可。

（5）连接安装装置的表示杆。

（6）检查表示缺口，如不符合要求则需进行调整。

（7）转辙机转换多次检查表示。

6. 直流电机碳刷的更换

更换步骤如下：

（1）拧下碳刷盖。

（2）更换碳刷组（刻线一面朝观察窗方向）。

（3）检查碳刷在刷握内移动灵活无卡阻。

（4）拧上碳刷盖。

（5）转辙机转换多次检查应动作正常。

7. ZD9/ZDJ9 电动转辙机检查

ZD9/ZDJ9 电动转辙机检查时间间隔及技术说明如表 4 所示。

表 4　检查时间间隔及技术说明

序号	检查项点	技术说明	时间间隔
1	检查转辙机的固定与外部杆件连接	检查转辙机的四个固定螺栓（见图 31）有无松动。检查动作杆和检测杆的外部连接孔与螺栓销是否有明显旷量，对于出现明显旷量的情况应及时更换磨损的 SF2 衬套（见图 32）	2 个月或动作 1 万次
2	检查转辙机的内部状态	转辙机内部应保持洁净、干燥，机内无异物，各滑动面润滑充分	2 个月或动作 1 万次

续表

序号	检查项点	技术说明	时间间隔
3	检查紧固件的状态	检查转辙机机内外各螺纹连接无松动，标记处（点红漆）零件无错位。做标记的地方：紧固受力侧丝杠盖的4个螺钉，固定接点座的4个螺栓，挤脱器的调整螺母1个，固定动作板的3个螺栓，摩擦连接器上的2个锁紧片，固定减速器的螺栓3个螺栓。用户也可根据现场实际情况对转辙机的其他零件位置做标记	2个月或动作1万次
4	检查配线线束的状态	检查配线线束电缆夹的固定。检查导线绝缘层是否破损，如有破损则要进行防护，且需进一步检查芯线是否受损，如受损则需更换；如电动机电线的芯线受损，则应更换电动机	2个月或动作1万次
5	检查零件是否受损	目视检查主要零部件表面应无裂纹和破损，如动作杆、检测杆、动作板、接点座、底壳	2个月或动作1万次
6	检查安全开关的功能	安全开关接通时，检查连板应有效阻止手摇把插入手摇短轴，且手摇短轴与连板不接触。 安全开关断开时，检查手摇把应能顺利地插入手摇短轴手摇转辙机。 安全开关断开时，检查不经人工提起拨扣，不得接通安全接点	6个月或动作3.5万次
7	检查推板套、锁块、锁闭铁各摩擦面	手摇转辙机至拉入锁闭位和伸出锁闭位，检查推板套与锁块摩擦面、锁块与锁闭铁的摩擦面无明显磨损（见图33）	6个月或动作3.5万次
8	检查动作板	检查速动片压入和弹出，应动作灵活（见图34） 检查滚轮爬上动作板上平面时，起动片尖端不应刮蹭动作板（见图34）	2个月或动作1万次
9	检查接点座	检查接点座的转动机构应动作灵活不卡阻 检查滚轮在动作板上应转动灵活不卡阻 检查滚轮从动作板上落下时，接点入应速动 检查动接点轴两端卡簧（见图35）应无松脱 滚轮从动作板上落下后，扳起起动片和调整板使动接点组打入1或4排静接点组极限位置，缓慢松开后检查接点应快速落下	2个月或动作1万次
10	检查表示缺口	在检测杆伸出或拉入到位时，检查表示缺口是否满要求。锁闭杆的单侧间隙调整为2mm±0.5mm，表示杆的单侧间隙调整为4mm±0.5mm	随值检检测

续表

序号	检查项点	技术说明	时间间隔
11	检查动接点组和静接点组	检查动接点环和静接点片接触面应洁静无污物 动接点块和静接点块表面应整洁无污物 挡环应无锈蚀、松脱或明显翘起	2个月或 动作1万次
12	检查直流电机	检查碳刷在刷握内移动灵活无卡阻,工作时无过大火花 碳刷与换向器接触面积不小于碳刷面积的3/4,碳刷长度不小于碳刷原长的3/5(9.6mm),如不符合要求应及时更换碳刷 检查换向器表面应整洁,槽内无碳粉	2个月或 动作1万次
13	检查运动到位后推板套是否反弹	检查转辙机转换到位后,目测推板套应无明显反弹。当推板套反弹使动作板端头斜面(见图36)距离滚轮小于5mm时,如果转辙机外部供电正常,则应检查摩擦转换力是否正常,如果将摩擦转换力调至正常范围内不能解决此问题,则该转辙机应下道维修	6个月或 动作3.5万次
14	检查滚珠丝杠组是否窜动	电操转辙机转换至少一个往返,目测滚珠丝杠组相对转辙机底壳侧壁应无宏观的窜动	6个月或 动作3.5万次

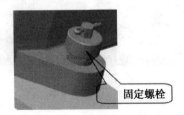

固定螺栓

图31 转辙机的固定螺栓

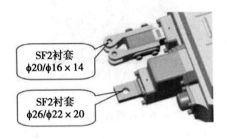

SF2衬套
φ20/φ16×14

SF2衬套
φ26/φ22×20

图32 动作杆和检测杆外部连接孔的SF2衬套

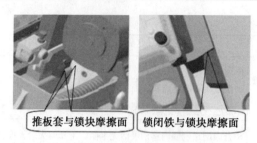

推板套与锁块摩擦面　　锁闭铁与锁块摩擦面

图 33　推板套、锁块、锁闭铁的检查

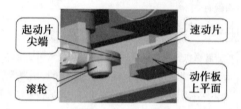

起动片尖端　　　速动片

滚轮　　　动作板上平面

图 34　动作板的检查

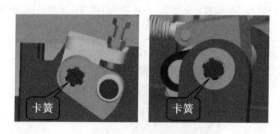

卡簧　　　卡簧

图 35　接点座卡簧

动作板端头斜面

图 36　推板套反弹检查

8. ZD9/ZDJ9 电动转辙机保养

ZD9/ZDJ9 电动转辙机检查时间间隔及技术说明如表 5 所示。

表5 ZD9/ZDJ9 电动转辙机保养时间间隔及技术说明

序号	保养项点	技术说明	时间间隔
1	减速器保养	在齿轮2及齿轮3表面涂适量润滑脂（见图37）	2个月或动作1万次
2	滚珠丝杠保养	手摇转辙机将推板套转换至靠近摩擦连接器侧，在丝杠远离摩擦连接器端的表面涂润滑脂（见图38） 在丝母的注油孔（见图39）注入润滑脂	2个月或动作1万次
3	底壳滑动面保养	手摇转辙机至拉入锁闭位和伸出锁闭位，在底壳底滑动面和侧滑动面（见图40）涂适量润滑脂	2个月或动作1万次
4	推板套、锁块、锁闭铁各摩擦面保养	手摇转辙机至拉入锁闭位和伸出锁闭位，在推板套与锁块的摩擦面、锁块与锁闭铁的摩擦面涂润滑脂（见图41）	2个月或动作1万次
5	动作杆的保养	动作杆伸出在外的部分在表面涂润滑脂 在伸出、拉入两种情况下在动作杆注油孔（见图42）内注入润滑脂 在动作杆两侧的方孔套上的注油孔（见图43）注润滑油（拧下该处螺钉，注油后拧紧螺钉）	2个月或动作1万次
6	动作杆与推板套的摩擦面保养	动作杆与推板套的摩擦块相互摩擦的侧面（见图44）涂润滑脂	2个月或动作1万次
7	动作板的保养	在动作板上平面涂适量滑润脂 在速动片周边间隙滴注少量润滑油，挤压速动片进行润滑，挤压反复多次	2个月或动作1万次
8	接点座的保养	在动接点轴两端面涂抹润滑脂 在滚轮两端面缝隙注润滑油 沿锁闭柱（主检查柱）和辅助检查柱的表面和储油槽（见图45）注适量润滑油 拉簧接头与销轴连接处（见图45）注入润滑油	2个月或动作1万次
9	检测杆保养	检测杆伸出后，在其表面涂适量润滑脂 在检测杆两侧方孔套上的注油孔（见图46）注入润滑油。（拧下该处螺钉，注油后拧紧螺钉）	2个月或动作1万次
10	动接点组和静接点组的保养	对于磨掉的铜粉应及时清理，必要时更换动、静接点组（见图46）	2个月或动作1万次
11	直流电机的保养	定期擦拭直流电机的换向器。及时更换磨损量超标的碳刷	2个月或动作1万次

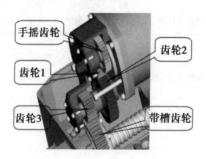

图 37　减速器的保养

图 38　滚珠丝杠的保养

图 39　丝母注油

图 40　底壳各滑动面的保养

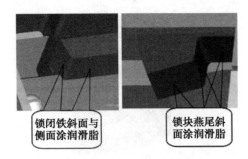

锁闭铁斜面与侧面涂润滑脂

锁块燕尾斜面涂润滑脂

图41 推板套、锁块、锁闭铁各摩擦面的保养

注油孔

图42 动作杆的保养

表示杆注油

动作杆注油

图43 动作杆、检测杆的保养

摩擦块

动作杆与摩擦块接触面

图44 动作杆与推板套摩擦面的保养

图45 检查柱、锁闭柱等润滑

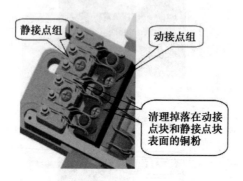

图46 动、静接点组的保养

（八）实习过程

实习方式：学生的实习地点在剑川路基地；采用跟随实习指导教师学习形式进行；每班学生分两组进行，按照实习要求和内容进行相关实习。

实习安排：实验中心主要负责安排实习和现场技能教学，负责实习预安排、评阅实习报告、进行实习工作总结。

五、实习报告要求

（一）格式要求

实习报告主要包括以下几个项目：

（1）报告题目。

（2）专业和班级、姓名与学号、时间和地点。

（3）目的意义。

（4）内容与过程。

（5）感想与评价。

（6）回答指导书中提出的或实习教师设定的问题。

书写格式要求：实习报告字数 3000 ~ 5000 字，排版：字体：宋体。字号：小四号。行距：20 磅。段前段后：0 磅。页边距上下：2.54cm，左右：3.17cm。

（二）内容要求

实习报告的内容与过程、感想与评价等主要部分，结合本次实习及平时所写的实习报告应包含以下内容：

（1）ZD9/ZDJ9 转辙机的主要功能。

（2）ZD9/ZDJ9 转辙机的工作原理。

（3）ZD9/ZDJ9 转辙机的调试、检查及养护方法。

（4）ZD9/ZDJ9 转辙机的故障分析。

（5）本次实习的收获及感想。

六、实习思考与讨论题

（1）ZD9/ZDJ9 转辙机有哪些优势？

（2）五线制道岔控制电路的动作流程？

七、实习注意事项

（1）在实习前对相关先修课程进行复习。

（2）服从实习指导老师的安排，并遵守纪律。

（3）实习过程中，认真做好实习日志。

（4）在实习过程中，注意人身的安全。

项目三　电源屏及 UPS 检测

一、实习目的与主要任务

（1）学习并掌握信号电源系统的主要组成部分。

（2）学习并掌握信号电源系统的工作原理。

（3）学习并掌握信号电源系统的常见故障与处理。

（4）培养学生分析解决信号系统实际问题的能力。

二、实习设备与场景要求

实习地点为上海申通地铁集团有限公司维护与保障分公司龙阳路基地，实习设备为实习基地各仪器、设备。

三、相关知识要点

（1）信号电源系统的主要组成部分。
（2）信号电源系统的工作原理。
（3）信号电源系统的常见故障与处理。

四、实习内容与实习过程

电源屏和 UPS 不间断电源统称为电源系统。电源设备是任何一个系统、设备所不能缺少的，它的质量直接影响系统设备的工作状态和运行质量，地铁信号系统使用的电源尤其重要，是地铁运输安全运行的基本保障。地铁信号系统属于国家一级负荷供电，由两路不同的电源同时供电，并往往同时配有大型在线式 UPS，以保证系统稳定运行。

（一）信号电源系统功能

信号电源屏有两路独立的交流电源供电，选择其中一路向设备供电。两路电源之间有切换电路，具有自动和手动转换功能。当检测到当前供电的主电源欠压、过压、断相、缺相等故障时，设备可以自动将负载接入另一路供电电源上，而且切换过程不会影响设备的供电。

信号电源屏提供多种需要的标准电源输出，如 AC220V、DC60V、DC24V 等，保证不间断地供电，并且不受外电网电压波动和负载变化的影响。智能电源屏的输出电源采用模块化，具有稳压滤波作用，输出电压更稳定，并具有自动检测功能，包括欠压、过压、断相、缺相等故障的检测。

信号电源屏具有较完善的保护功能，当电源或负载发生严重异常情况，能即时切断输出，且具有防雷、防火、防触电等措施，从而提高了电源的安全性和可靠性。电源屏具有实时输入输出电源的电压、电流等多种电气参数测量功能，并能直观显示出来。智能电源屏有良好的用户界面，能提供更多信息及能根据用户需求进行个性化设置。当发生故障时电源屏能立即发出声光报警。智能电源屏具有更加完善的故障检测系统，能判断故障类别，并能存储多条报警信息。具有远程监控功能，可以对全线各个站点的电源设备进行集中组网监控，实时获取设备状态信息。

（二）信号电源提供的电压输出

信号电源主要是提供以下两种的电压输出：24V、60V 的直流电压的输出；220V、380V 交流电压的输出。

（三）信号电源的组成

信号电源系统主要由以下部分组成：

（1）电源模块：包括直流模块、25Hz交流模块、50Hz交流模块。

（2）监控模块。

（3）直流屏配电：包括两路交流输入的自动切换控制、系统的输入防雷、配电监控板、监控转接板、交流电流采样板、直流输出配电部分。

（4）交流屏配电：包括交流模块输入配电、交流输出配电。

（四）信号电源屏切换电路工作原理

信号电源屏切换电路可以用多种方式实现，该切换电路由检测回路（包含输入交流电压采样板、切换逻辑控制板、切换驱动板）和动作回路（包含供电线路和四个输入交流接触器KM1～KM4）组成。

信号电源屏检测回路不间断地对交流Ⅰ路和交流Ⅱ路进行检测，首先由电压采样板完成输入电压采样，并把采样到的输入电压值送给切换逻辑控制板，切换逻辑控制板完成输入过压、欠压判断和切换逻辑的实现并产生切换控制信号，切换控制信号送到切换驱动板，由切换驱动板驱动相应输入交流接触器，交流接触器的动作。

供电部门输入的两路电源均正常时，交流接触器KM1与KM3闭合，KM2与KM4断开，切换电路选交流Ⅰ路输出，交流Ⅱ路作为备用。当检测回路检测到交流Ⅰ路电出现过压、欠压、断电等情况同时交流Ⅱ路时供电正常时，交流接触器KM1与KM3断开，KM2与KM4闭合。切换电路选交流Ⅱ路输出。当检测到交流Ⅰ路恢复正常后，切换电路会切换回交流Ⅰ路供电。

切换电路支持人工手动切换功能。无论何种供电方式，两路电源的切换时间（包括自动或手动）不大于0.15s，以满足切换时不影响设备正常工作，也就是常说的无缝切换。

（五）信号电源设备告警信息及主要操作

1. 信号电源系统的告警信息

信号电源系统的报警信息：包括灯显示报警、监控屏上的提示报警，同时伴有声音报警。信号电源系统的报警信息一般分为以下几类：

配电监控报警：包括系统电源输入故障、UPS输出故障、电源系统内部空开断、电源系统的防雷单元故障，及对应设备的电源输出断等。

UPS告警信息：包括逆变器故障、整流器故障、电池放电、电池电压偏低、电池温度超限、电池空开跳、负载不受保护、UPS过载、输入超限等。

模块告警：包括模块通信中断、模块故障等。日常维护中，我们可以通过监控中心（ATS的人机界面）、信号电源系统的后台集中报警界面、现场信号电源系统的监控单元界面等，实时监控电源系统的工作状态。

2. 故障模块的更换

在信号电源系统中，交流模块采用"1+1"或"N+1"热备份工作方式，而直流模块采用的是"N＋1"自主均流并联工作方式。每个模块具有完善的保护（过压、欠压、过温、过流）功能，每个模块内的通用监控板采集模块的工作状态，在模块通过指示灯（模块前板）指示模块的工作状态：红灯表示故障、绿灯表示模块在正常工作状态、黄灯表示保护状态，并将模块的工作状态送给系统的监控模块。在模块发生故障时，因其独特的"1＋1"或"N＋1"结构，故信号电源系统均支持模块的热插拔。具体操作步骤如下：

（1）拆卸模块。断开模块的交流输入空开断开；取下模块前面板的固定螺钉；沿模块导轨方向轻轻拉出模块，并托住模块底部，取下模块；将模块放在平稳的台面上。

（2）安装模块。确保模块的交流输入空开断开；把模块放入导轨、缓慢推进机柜，使后端连接器可靠连接；固定模块的正面紧固螺钉（注意用力不要太大，螺丝不会松动即可）；合上模块的输出空开。

注意：在模块插入过程中，若感觉受阻时，不要使劲强行推入，应该检查模块是否正确进入滑道，检查无误后才能继续将模块推入到位，以部分的模块更换后需重新调整其参数避免模块撞针和背板的损坏；部分模块更换后需重新调整其电流参数。

3. 防雷保险盒的更换

（1）打开下插框前门。

（2）用手向外拉防雷保险拉手，拉开防雷保险盒。

（3）取出原有防雷保险。

（4）装入新的防雷保险。

（5）关闭防雷保险盒。

（六）电源屏故障处理

电源常见的故障主要有供电模块故障，电源切换故障，报警回路故障等，这时我们应根据电源的面板或指示灯提示、设备报警信息、设备供电情况结合电源的工作原理和图纸进行测量、分析，进而查出故障原因。

1. 故障一

现象：设备报警60VDC模块供电故障。

检查：各设备供电正常，检查电源屏，有一个60VDC模块工作指示灯灭。初步判断为此模块故障。

分析：60VDC模块是使用N＋1备用方式供电。断开故障模块供电输出电缆，测量输出电压，电压为59.9VDC（属于正常范围），排除此模块供电回路故障；检查此模块检测回路，此模块是使用一组继电器接点向电源屏反馈模块是否工作正常信息。使用电压挡测量此接点，接点有24VDC压降，说明此接点已断开。

原因：根据上述分析原因，可以判断是 60VDC 模块的工作状态信息反馈回路故障，导致模块工作正常情况下，仍向电源屏输出报警信息。

处理：此故障暂不影响行车，在结束运营后，更换该模块。

2. 故障二

现象：所有设备断电

检查：交流一、二路电源供电正常，所有电源模块工作指示灯灭，UPS 电源工作正常。

分析：测量 UPS 输出三相电压正常；电源屏输入空气开关处于闭合状态，但测量空气开关输出端没电，测量空气开关输入端三相电压正常；若此故障中空气开关处于断开状态，此种故障往往是由于短路或接地造成。需切断空气开关输出端，然后合上空气开关测量输出是否正常，如此类推，逐级向下测量，查找故障点。

原因：空气开关故障。

处理：此故障严重影响行车，立即断开 UPS 输出端开关，更换故障的空气开关。

（七）实习过程

实习方式：学生的实习地点在龙阳路基地；采用跟随实习指导教师学习形式进行；每班学生分两组进行，按照实习要求和内容进行相关实习。

实习安排：实验中心主要负责安排实习和现场技能教学，负责实习预安排、评阅实习报告、进行实习工作总结。

五、实习报告要求

（一）格式要求

实习报告主要包括以下几个项目：

（1）报告题目。

（2）专业和班级、姓名与学号、时间和地点。

（3）目的意义。

（4）内容与过程。

（5）感想与评价。

（6）回答指导书中提出的或实习教师设定的问题。

书写格式要求：实习报告字数 3000～5000 字，排版：字体：宋体。字号：小四号。行距：20 磅。段前段后：0 磅。页边距上下：2.54cm，左右：3.17cm。

（二）内容要求

实习报告的内容与过程、感想与评价等主要部分，结合本次实习及平时所写的实习报告应包含以下内容：

（1）信号电源系统的主要组成。

（2）信号电源系统的工作原理。

（3）信号电源系统的故障分析与处理。

（4）本次实习的收获及感想。

六、实习思考与讨论题

（1）信号电源系统在哪些方面使用了双机热备？

（2）信号电源系统常见故障与处理流程。

七、实习注意事项

（1）在实习前对相关先修课程进行复习。

（2）服从实习指导老师的安排，并遵守纪律。

（3）实习过程中，认真做好实习日志。

（4）在实习过程中，注意人身的安全。

项目四　地线及防雷元件检查

一、实习目的与主要任务

（1）学习并掌握接地与防雷元件的工作原理。

（2）学习并掌握接地与防雷元件的技术指标。

（3）学习并掌握接地与防雷元件的检查内容。

（4）培养学生分析解决信号系统实际问题的能力。

二、实习设备与场景要求

实习地点为上海申通地铁集团有限公司维护与保障分公司龙阳路基地，实习设备为实习基地各仪器、设备。

三、相关知识要点

（1）接地与防雷元件的工作原理。

（2）接地与防雷元件的技术指标。

（3）接地与防雷元件的检查内容。

四、实习内容与实习过程

（一）接地及防雷要求

（1）防雷及接地装置的材料质量符合设计要求。

（2）电气装置的下列金属部分，均应接地或接零：

1）电机、变压器、电器、携带式或移动式用电器具等的金属底座和外壳。

2）电气设备的传动装置。

3）室内外配电装置的金属以及靠近带电部分的金属遮栏和金属门。

4）配电、控制、保护用的屏（柜、箱）及操作台等的金属框架和底座。

5）交、直流电力电缆的接头盒、终端头和膨胀器的金属外壳和电缆的金属护层、可触及的电缆金属保护管和穿线的钢管。

6）电缆桥架、支架和井架；电除尘器的构架。

7）封闭母线的外壳及其他裸露的金属部分；六氟化硫封闭式组合电器和箱式变电站的金属箱体；电热设备的金属外壳。

8）控制电缆的金属护壳。

（3）电气装置的下列金属部分可不接地或不接零：

1）在木质、沥青等不良导电地面的干燥房间内交流额定电压为380V及以下或直流额定电压为440V及以下的电气设备的外壳，但当有可能同时触及上述电气设备外壳和已接地的其他物体时，则仍应接地。

2）在干燥场所，交流额定电压为127V及以下或直流额定电压为110V及以下的电气设备的外壳。

3）安装在配电屏、控制屏和配电装置上的电气测量仪表、继电器和其他低压电器等的外壳以及当发生绝缘损坏时，在支持物上不会引起危险电压的绝缘子的金属底座等。

4）安装在已接地金属构架上的设备，如穿墙套管等。

5）额定电压为220V及以下的蓄电池室内的金属支架。

（4）需要接地的直流系统的接地装置应符合下列要求：

1）能与地构成闭合回路且经常流过电流的接地线应沿绝缘垫板敷设，不得与金属管道、建筑物和设备的构件有金属的连接。

2）在土壤中含有在电解时能生产腐蚀性物质的地方，不宜敷设接地装置必要时可采式取外，引接地装置或改良土壤的措施。

3）直流电力回路专用的中性线和直流两线制正极的接地体、接地线不得与自然接地体有金属连接，当无绝缘隔离装置时，相互间的距离不应小于1m。

（5）接至电气设备、器具和可拆卸的其他非带电金属部件接地（接零）的分支线，必须直接与接地干线相连，严禁串联连接。

（6）接地装置安装应按以下程序进行：

1）建筑物基础接地体：底板钢筋敷设完成，按设计要求做接地施工，经检查确认，才能支模或浇捣混凝土。

2）人工接地体：按设计要求位置开挖沟槽，经检查确认，才能打入接地极和敷设地下接地干线。

3）接地模块：按设计位置开挖模块坑，并将地下接地干线引到模块上，经检查确认，才能相互焊接。

4）装置隐蔽：检查验收合格，才能覆土回填。

（7）引下线安装应按以下程序进行：

1）利用建筑物柱内主筋作引下线，在柱内主筋绑扎后，按设计要求施工，经检查确认，才能支模；

2）直接从基础接地体或人工接地体暗敷埋入粉刷层内的引下线，经检查确认不外露，才能贴面砖或刷涂料等；

3）直接从基础接地体或人工接地体引出明敷的引下线，先埋设或安装支架，经检查确认，才能敷设引下线。

（8）等电位联结应按以下程序进行：

1）总等电位联结：对可作导电接地体的金属管道入户处和供总等电位联结的接地干线的位置检查确认，才能安装焊接总等电位联结端子板，按设计要求做总等电位联结。

2）辅助等电位联结：对供辅助等电位联结的接地母线位置检查确认，才能安装焊接辅助等电位联结端子板，按设计要求做辅助等电位联结。

3）对特殊要求的建筑金属屏蔽网箱，网箱施工完成，经检查确认，才能与接地线连接。

（9）接闪器安装：接地装置和引下线应施工完成，才能安装接闪器，且与引下线连接。

（10）防雷接地系统测试：接地装置施工完成测试应合格；避雷接闪器安装完成，整个防雷接地系统连成回路，才能系统测试。

（11）接地线不应作其他用途。

（二）接地与防雷单元检查

与实习带教老师共同完成表6的检查内容。

表6 接地与防雷检查表

序号	检查内容和项目	检查依据	检查记录	检查结果
1	供电系统中电气装置与设施的外露可导电部分,除有特殊规定外均应接地	《地铁设计规范》（GB50157—2003）第14.7.1条		
2	低压配电系统接地与建筑物防雷接地宜采用共用接地系统,接地电阻应符合其中最小值的要求	《地铁设计规范》（GB50157—2003）第14.7.2条		
3	变电所按地装置的形式,考虑保护接地的要求,应降低接触电位差和跨步电位差	《地铁设计规范》（GB50157—2003）第14.7.3条		
4	变电所应敷设以水平接地极为主的人工接地网,此外,宜利用自然换地体作为接地装置。自然接地体与人工接地网的接地电阻值的测量应能分别进行	《地铁设计规范》（GB50157—2003）第14.7.5条		
5	当人工接地网和自然接地体同时利用时,两者间应采用不少于两根导体在不同地点相连接	《地铁设计规范》（GB50157—2003）第14.7.6条		
6	降压变电所的配电变压器低压倒中性点应直接接地,配电系统应采用TN—S系统接地形式	《地铁设计规范》（GB50157—2003）第14.7.7条		
7	直流牵引供电为不接地系统。牵引变电所中的直流设备应绝缘安装	《地铁设计规范》（GB50157—2003）第14.7.8条		
8	当直流牵引供电系统利用走行轨做回流网时,对杂散电流应加以有效地限制及防护	《地铁设计规范》（GB50157—2003）第14.7.9条		
9	兼做回流的走行轨应焊接成长钢轨,并在上、下行间根据信号系统要求采取均流措施	《地铁设计规范》（GB50157—2003）第14.7.12条		
10	变电所应提供杂散电流的检测排流条件。根据杂散电流的检测情况,决定是否将排流系统投入使用	《地铁设计规范》（GB50157—2003）第14.7.14条		

续表

序号	检查内容和项目	检查依据	检查记录	检查结果
11	在各车站及车辆段检修库应设置钢轨电位限制装置,该装置的动作电压应可调整,并具有遥信功能	《地铁设计规范》(GB50157—2003)第14.7.15条		
12	常年正常运行的地铁线路,应在运行方式上力求减小杂散电流值。地铁的线路和线路上部建筑,应经常处于清洁、干燥和良好绝缘的状态	《地铁杂散电流腐蚀防护技术规程》(CJJ49—1992)第1.0.5条		
13	应对运行中的地铁建筑、结构与设备等进行相应的电气空量,以判断其受杂散电流腐蚀的情况	《地铁杂散电流腐蚀防护技术规程》(CJJ49—1992)第3.0.1条		
14	在采用走行轨回流的直流牵引供电系统中,接触网应与牵引变电站的正母线相连接,回流走行轨应与负母线连接	《地铁杂散电流腐蚀防护技术规程》(CJJ49—1992)第4.1.1条		
15	牵引变电站的负回流线应使用电缆,其根数不应少于两根。耐压等级不应低于工频skv	《地铁杂散电流腐蚀防护技术规程》(CJJ49—1992)第4.1.5条		
16	地铁结构铜筋、自来水管及电缆金压外铠装等金属管线结构,与回流走行轨和电源负极间不应有直接的电气连接	《地铁杂散电流腐蚀防护技术规程》(CJJ49—1992)第4.1.6条		
17	牵引变电站的负极回流线应与主线路的走行轨相连接,并应保证在走行轨的任何线路区段实现牵引电流沿双方向回流。只有在车站线路上长度不超过12.5m的单线区段以及车辆段车场及检修库中的连接线路等,可允许单方向回流	《地铁杂散电流腐蚀防护技术规程》(CJJ49—1992)第4.1.7条		
18	地铁车辆段中的牵引供电网,应具有来自本段牵引变电站的主电源及来自正线的备用牵引电源。在两电源的接合处,接触网和回流轨应分别实现电气分断并分别装设相应的断路器与隔离开关,两者应能实现同步操作	《地铁杂散电流腐蚀防护技术规程》(CJ49—1992)第4.1.8条		

续表

序号	检查内容和项目	检查依据	检查记录	检查结果
19	在车辆段的检修与停车库中，每一条绣路的走行轨均应使用绝缘接头与车场线路的走行轨相隔离。在绝缘接头处，应设置隔离开关，以保证列车能驶出停车位置。轨道和接地回路之间应具有良好绝缘。轨道和金属结构、管道、电缆外铠装壳、混凝土铜筋等之间亦应具有良好绝缘	《地铁杂散电流腐蚀防护技术规程》（CJ49—1992）第4.2.5条		
20	地铁隧洞内及沿线的各种金属设施和设备、临时存放洞内的铜轨、备用材料及设备等与走行轨之间不得有金属连接	《地铁杂散电流腐蚀防护技术规程》（CJJ 49—1992）第4.2.6条		
21	地铁线路中的道岔与辙岔的连接部位应设置铜引连接线，其截面面积不应小于120，铜引线与钢轨之间应焊接，接头电阻不应超过1m长完整轨道的电阻值	《地铁杂放电流腐蚀防护技术规程》（CJJ 49—1992）第4.2.10条		
22	地铁走行轨的下述部位，应实现电气隔离。 （1）所有的电气化与非电气化区段之间； （2）地铁的运行线路与正在建设的线路区段之间； （3）地铁与地面铁道线路之间； （4）尽头线每条轨道的车挡装置与电气化轨道之间	《地铁杂散电流腐蚀防护技术规程》（CJ 49—1992）第4.2.14条		
23	地铁中各种电缆应以绝缘方式进行敷设。电缆在支架上敷设时应并有5mm以上的塑料绝缘垫层	《地铁杂散电流腐蚀防护技术规程》（CJ49—1992）第5.2.2条		
24	敷设在隧洞中的电缆、水管等金属管线结构，不得与地下水流、积水、潮混培壁、土壤以及含盐沉积物等发生接触	《地铁杂散电流腐蚀防护技术规程》（CJJ49—1992）第5.2.3条		
25	所有通向地铁隧洞外部的电缆和管道，必须装有绝缘接头或绝缘法兰，并应装设在地铁中的干燥和可以接近的部位，以便于进行观察和检测。上述电缆及管道结构位于绝缘法兰至穿越部位的区段应与周围的结构绝缘	《地铁杂散电流腐蚀防护技术规程》（CJJ49—1992）第5.2.5条		

序号	检查内容和项目	检查依据	检查记录	检查结果
26	在供水贮槽的水管出口处，应设置绝缘法兰	《地铁杂散电流腐蚀防护技术规程》（CJ49—1992）第5.2.6条		
27	地铁与城市管网相连接的电缆和水管线路，在其离开车辆段的部位，应设置绝缘接头、绝缘套管或绝缘法兰	《地铁杂散电流腐蚀防护技术规程》（CJJ49—1992）第5.3.1条		

（三）实习过程

实习方式：学生的实习地点在龙阳路基地；采用跟随实习指导教师学习形式进行；每班学生分两组进行，按照实习要求和内容进行相关实习。

实习安排：实验中心主要负责安排实习和现场技能教学，负责实习预安排、评阅实习报告、进行实习工作总结。

五、实习报告要求

（一）格式要求

实习报告主要包括以下几个项目：

（1）报告题目。

（2）专业和班级、姓名与学号、时间和地点。

（3）目的意义。

（4）内容与过程。

（5）感想与评价。

（6）回答指导书中提出的或实习教师设定的问题。

书写格式要求：实习报告字数3000～5000字，排版：字体：宋体。字号：小四号。行距：20磅。段前段后：0磅。页边距上下：2.54cm，左右：3.17cm。

（二）内容要求

实习报告的内容与过程、感想与评价等主要部分，结合本次实习及平时所写的实习报告应包含以下内容：

（1）接地与防雷单元的技术要求。

（2）接地与防雷单元的检查内容。

（3）本次实习的收获及感想。

六、实习思考与讨论题

如果接地与防雷单元有纰漏，可能造成何种事故？

七、实习注意事项

（1）在实习前对相关先修课程进行复习。
（2）服从实习指导老师的安排，并遵守纪律。
（3）实习过程中，认真做好实习日志。
（4）在实习过程中，注意人身的安全。

参考文献

［1］戴胜华，李正交．轨道交通信号与控制综合实验［M］．北京：中国铁道出版社，2017.

［2］何文卿．6502电气集中电路［M］．北京：中国铁道出版社，2011.

［3］林瑜筠，魏艳，赵炜．城市轨道交通信号基础设备［M］．北京：中国铁道出版社，2012.

［4］刘伯鸿，李国宁．城市轨道交通信号［M］．成都：西南交通大学出版社，2011.

［5］王秉文．6502电气集中工程设计［M］．北京：中国铁道出版社，1997.

［6］王祖华，刘晓娟．车站信号自动控制系统［M］．兰州：兰州大学出版社，2003.

［7］徐金祥，冲蕾．城市轨道交通信号基础［M］．北京：中国铁道出版社，2010.